Anderson Toni
Flávio Denis Dias Veloso

intersaberes

PRÁTICA MUSICAL EM CONJUNTO:

um olhar ao ensino
e à aprendizagem

SÉRIE COMO A BANDA TOCA

Rua Clara Vendramin, 58 . Mossunguê
CEP 81200-170 . Curitiba . PR . Brasil
Fone: (41) 2106-4170
www.intersaberes.com
editora@intersaberes.com

Conselho editorial
Dr. Alexandre Coutinho Pagliarini
Drª Elena Godoy
Dr. Neri dos Santos
Dr. Ulf Gregor Baranow

Editora-chefe
Lindsay Azambuja

Gerente editorial
Ariadne Nunes Wenger

Assistente editorial
Daniela Viroli Pereira Pinto

Preparação de originais
Word Clouds

Edição de texto
Monique Francis Fagundes Gonçalves
Natasha Suellen Ramos de Saboredo
Palavra do Editor

Capa e projeto gráfico
Charles L. da Silva (*design*)
New Africa/Shutterstock
(imagem de capa)

Diagramação
Carolina Perazzoli

***Designer* responsável**
Charles L. da Silva

Iconografia
Regina Claudia Cruz Prestes
Sandra Lopis da Silveira

Dados Internacionais de Catalogação na Publicação (CIP)
(Câmara Brasileira do Livro, SP, Brasil)

Toni, Anderson
  Prática musical em conjunto: um olhar ao ensino e à aprendizagem/Anderson Toni, Flávio Denis Dias Veloso. Curitiba: InterSaberes, 2022. (Série Como a Banda Toca)

  Bibliografia.
  ISBN 978-65-5517-276-8

  1. Conjunto musical 2. Conjuntos instrumentais 3. Música - Estudo e ensino 4. Música na educação 5. Prática de ensino I. Veloso, Flávio Denis Dias. II. Título. III. Série.

21-90232   CDD-780.7

Índices para catálogo sistemático:
1. Música em conjunto: Educação musical 780.7

Cibele Maria Dias - Bibliotecária - CRB-8/9427

1ª edição, 2022.

Foi feito o depósito legal.

Informamos que é de inteira responsabilidade dos autores a emissão de conceitos.

Nenhuma parte desta publicação poderá ser reproduzida por qualquer meio ou forma sem a prévia autorização da Editora InterSaberes.

A violação dos direitos autorais é crime estabelecido na Lei n. 9.610/1998 e punido pelo art. 184 do Código Penal.

SUMÁRIO

7 Prefácio
10 Apresentação
14 Como aproveitar ao máximo este livro

Capítulo 1
21 Introdução à prática musical em conjunto

23 1.1 Prática musical em conjunto: aspectos teórico-conceituais
27 1.2 Análise e apreciação musical: elementos essenciais à prática em conjunto
33 1.3 A audição musical no âmbito das práticas em conjunto
36 1.4 Um pouco de história: as origens das práticas musicais coletivas
53 1.5 Prática em conjunto e aprendizagem musical: algumas aproximações possíveis

Capítulo 2
67 As práticas musicais em conjunto e as metodologias de ensino de música

69 2.1 Pedagogias em educação musical: uma breve revisão

75   2.2 Pedagogias musicais ativas da primeira geração: as contribuições de Dalcroze, Kodály, Orff e Suzuki

83   2.3 Pedagogias musicais ativas da segunda geração: as contribuições de Paynter e Schafer

88   2.4 Práticas musicais em conjunto no contexto educacional brasileiro

98   2.5 Pedagogias musicais brasileiras e as práticas musicais em conjunto

Capítulo 3

112 Fazer musical em grupo: espaços para a prática, o ensino e a aprendizagem musical

113   3.1 Práticas musicais em conjunto: usos e funções

118   3.2 Aprendizagem musical em conjunto: da enculturação ao treino

124   3.3 Práticas musicais formais e informais: contribuições para a aprendizagem da música

128   3.4 Práticas informais no exercício docente em música

133   3.5 Dimensão social das experiências musicais coletivas em contextos educativos

Capítulo 4

149 Dimensões educacional, social e psicológica das práticas musicais em conjunto

151   4.1 As bases sociais das práticas musicais em conjunto

158	4.2 Aspectos psicológicos nas práticas musicais em conjunto
162	4.3 Questões afetivas nas práticas musicais em conjunto
168	4.4 O desenvolvimento de habilidades musicais nas práticas de conjunto
174	4.5 Motivação para a prática e a aprendizagem da música em contextos coletivos

Capítulo 5

191 Ensino coletivo de instrumentos musicais: aportes teórico-práticos

192	5.1 Novas perspectivas para a educação musical: contribuições para o ensino de instrumentos
196	5.2 Criatividade no ensino e aprendizagem de música
203	5.3 O ensino coletivo de instrumentos musicais
210	5.4 Ensino coletivo de instrumentos musicalizadores: flauta doce
217	5.5 Ensino coletivo de instrumentos musicalizadores: percussão

Capítulo 6

241 Contribuições para pensar a prática musical em conjunto e seu ensino

243	6.1 Práticas de conjunto musical no âmbito da música de concerto: considerações a respeito da música de câmara

250   6.2 Práticas musicais em conjunto no contexto da música popular
256   6.3 Para além da sala de aula: práticas musicais em conjunto no espaço escolar e na comunidade
261   6.4 Realizações coletivas na aula de música: aportes à prática docente
268   6.5 Perspectivas para as pesquisas sobre práticas musicais em conjunto

280   Considerações finais
282   Lista de siglas
283   Referências
311   Bibliografia comentada
315   Respostas
317   Sobre os autores

PREFÁCIO

Desde o início da minha formação musical, sempre gostei muito das atividades que envolviam práticas musicais coletivas. Da minha infância até a idade adulta, tive oportunidade de participar de diferentes experiências musicais coletivas, como corais, orquestras, grupos de música popular, grupos de música de câmara (de repertório de concerto), grupos de música vinculados às práticas musicais em igrejas e grupos de música antiga (medieval, renascentista e barroca). Todas essas experiências, em diferentes épocas e com diferentes grupos – duos, trios, grupos de médio porte e grandes formações –, trouxeram para minha vida musical momentos muito especiais, de muita aprendizagem e de muita alegria.

Considerando minha vivência com as práticas musicais em conjunto, sou capaz de afirmar que essa modalidade do fazer musical é uma das atividades mais prazerosas e motivadoras para quem ensina/aprende/executa música. Por isso, escrever sobre a obra *Prática musical em conjunto: um olhar ao ensino e à aprendizagem* é, para mim, uma tarefa gratificante. Trata-se de um livro elaborado com o intuito de apresentar uma visão abrangente sobre as práticas musicais coletivas, possibilitando ao leitor um olhar aprofundado, esclarecedor e informativo a respeito da natureza dessas experiências musicais – que são plurais e multifacetadas – e das possibilidades de suas realizações – que podem englobar diferentes formações e repertórios, incluindo participantes diversos.

É possível encontrar as práticas musicais em conjunto em vários contextos de ensino e execução musical. Do ponto de vista didático, pode-se afirmar que tais práticas geram interesse, engajamento e, consequentemente, uma aprendizagem que resulta de experiências comuns e compartilhadas. No entanto, nem sempre essas atividades são construídas de forma estruturada ou são gerenciadas de maneira coerente pelos participantes, que podem ser músicos profissionais, amadores, docentes e/ou estudantes. Este livro, portanto, é um excelente instrumento para orientar o desenvolvimento dessas *performances* coletivas. Nesse sentido, este material possibilita o aprofundamento de conhecimentos sobre essa modalidade de execução musical, fornecendo ao leitor novas perspectivas sobre o potencial que a prática em conjunto pode propiciar à formação musical do indivíduo.

A presente obra, singular em sua concepção e em seu conteúdo, é um convite a todos os envolvidos em processos de ensino e aprendizagem e também a músicos em geral, que buscam compreender e aprofundar seus conhecimentos sobre as atividades musicais de grupo. Nessa perspectiva, Anderson Toni e Flávio Denis Dias Veloso, dois jovens professores pesquisadores e brilhantes em suas trajetórias acadêmicas, fornecem uma série de conteúdos, orientações e atividades que propiciam a compreensão das especificidades e características dessas práticas. Para tanto, eles se debruçam sobre seis capítulos, os quais abordam: aspectos teórico-conceituais das práticas musicais em conjunto; análise e apreciação musical; história das práticas musicais coletivas; propostas pedagógicas internacionais e nacionais; usos e funções das práticas musicais coletivas; enculturação e treino; processos formais e informais; docência e práticas musicais em conjunto; práticas musicais em diferentes contextos formativos; aspectos sociais e psicológicos envolvidos nas práticas musicais em conjunto; motivação para a prática e a aprendizagem da música em contextos coletivos; desenvolvimento de habilidades musicais nas práticas em conjunto; criatividade; ensino coletivo de instrumentos musicais; práticas de conjunto musical no âmbito da música de concerto e da música de câmara; e práticas musicais em conjunto no contexto da música popular. Por fim, os autores também incluem na obra um olhar sobre o uso das práticas musicais coletivas nas escolas brasileiras, considerando os elementos da legislação atual que regem o ensino no Brasil.

Enfim, todos os tópicos citados são conteúdos abordados no livro que proporcionam ao leitor uma visão ampla e aprofundada sobre as práticas musicais em conjunto e sua importância na formação musical de todos aqueles que estudam, ensinam e praticam música, seja no âmbito amador, seja no âmbito profissional. Por esse motivo, a obra é relevante e indispensável para quem quiser conhecer mais sobre o referido tema. Espero que a leitura deste livro seja instigante a todos, assim como foi para mim, e, ao mesmo tempo, motivadora para quem quer utilizar as práticas musicais coletivas como instrumento de ensino, formação e desenvolvimento musical.

Rosane Cardoso de Araújo

Professora associada da Universidade Federal do Paraná (UFPR) nos cursos de graduação e pós-graduação em Música.

Curitiba, 9 de novembro de 2021

APRESENTAÇÃO

Percebemos que há uma inquietação no que se refere às práticas musicais em conjunto e suas várias nomenclaturas (prática de conjunto musical, prática artística, prática coletiva/grupo etc.). Essa inquietação permeia a formação em nível superior, inclusive nos cursos de formação de professores de música, e estende-se à educação básica, entre outros contextos. Desse modo, entendemos que há dois grandes questionamentos sobre o tema: (1) Como os licenciandos podem fazer música juntos, de maneira que isso contribua com sua formação musical e pedagógica?; (2) Como os futuros professores de música podem pensar a prática em conjunto para/com seus alunos em sua atuação docente? Essas questões também permearam a formação dos autores desta obra ao longo de suas trajetórias musicais como alunos e professores em diferentes contextos do processo de fazer e aprender música em conjunto.

Como veremos, o tema se apresenta de maneira multifacetada e um leque de possibilidades será aberto ao longo do livro. Nesse sentido, voltamos nossa atenção para a construção de diálogos, reflexões e proposições de forma interdisciplinar. Nossa postura se pautou na busca por orientações teóricas e empíricas de diferentes áreas: educação musical e suas subáreas, psicologia da música, cognição musical, musicologia, estudos sociais sobre a música e suas interfaces, entre outros referenciais que discutem aspectos da prática musical em conjunto com base em um amplo espectro de visões de mundo. Sem dúvida, ao escrevermos um livro, deparamo-nos com a necessidade de considerar recortes alinhados às nossas orientações pedagógicas, ideológicas e filosóficas, bem como às nossas práticas docentes na área. Uma vez que não há a possibilidade de revisar todo o material de pesquisa já produzido no mundo sobre o tema, realizamos um exercício de seleção que implica fazer escolhas para auxiliá-lo no aprofundamento em aspectos específicos que mais lhe interessarem.

O desafio da escrita sobre o tema aumenta ao pensarmos na escrita colaborativa entre dois autores, cada um com suas experiências pedagógicas e interesses de pesquisa, os quais foram devidamente debatidos e reunidos nas discussões realizadas. Com base nas inquietações que o tema gerou e no amplo material teórico e empírico consultado, pudemos perceber a necessidade de estudar as práticas musicais em conjunto com o objetivo de fornecer subsídios para um olhar à prática, ao ensino e à aprendizagem da música em contextos coletivos.

O livro foi organizado em seis capítulos. No Capítulo 1, apresentamos uma introdução aos aspectos teórico-conceituais, históricos, apreciativos e educacionais das práticas musicais em conjunto. Já no Capítulo 2, analisamos as contribuições oferecidas por algumas propostas pedagógicas em música, além de discutirmos questões relacionadas às legislações no Brasil. Destacamos a importância de se conhecer o percurso histórico da área, tanto na música quanto na atuação docente, como uma forma de adquirir segurança profissional na atuação em diversos contextos. Além disso, essa bagagem de informações possibilita a aquisição de subsídios legais e teóricos na defesa do ensino de música e a reflexão sobre as mais diversificadas propostas educativas.

No Capítulo 3, fornecemos subsídios teórico-empíricos para refletirmos sobre as experiências práticas e de ensino e aprendizagem da música em contextos coletivos, com destaque para os usos e funções da música na sociedade e na escola, bem como sobre os pontos de vista cognitivos acerca do desenvolvimento de competências nas realizações musicais em grupo – da infância à vida adulta – e as práticas formais e informais de ensino e aprendizagem musical em conjunto.

No Capítulo 4, organizamos um conjunto de informações sobre as bases educacionais, psicológicas e sociais das práticas musicais coletivas. Por sua vez, no Capítulo 5, explicamos a perspectiva do ensino coletivo de instrumentos, com enfoque na revisão dos paradigmas tradicionais do ensino de instrumentos, na reflexão acerca do ensino e aprendizagem criativos em música e na discussão de abordagens do ensino coletivo de instrumentos musicalizadores, destacando a flauta doce e a percussão. Por fim, no Capítulo 6, apresentamos uma revisão a respeito das práticas em conjunto nos âmbitos popular e de concerto, assim como em outros contextos educativo-musicais, além de propor aportes à prática docente e indicar direções futuras para as investigações na área.

Nossa escrita esteve comprometida com o rigor da pesquisa acadêmica e com o debate de ideias para construir o todo de nossas narrativas. Em complemento, abrimos espaço para a discussão e a reflexão sobre experiências pessoais em nossa formação musical e em nossa atuação como docentes. Além disso, buscamos permear cada capítulo com indicações culturais, curiosidades, reflexões e propostas de atividades para enriquecer seu repertório musical e pedagógico.

Outro aspecto importante a ser considerado é o fato de que os materiais não se esgotam neste livro, ou seja, abrimos uma possibilidade de exploração de ideias sobre o tema que deve ser um ponto de partida para o exercício da pesquisa, da autonomia e do raciocínio crítico. Por esse motivo, desejamos que nossas inquietações se estendam a você e que se mantenha a cautela com as generalizações feitas a partir da leitura desta obra. Tais cuidados são necessários para que seja possível pensar na transposição das proposições, considerações e convenções apresentadas para cada contexto e situação de atuação musical e pedagógica. Ademais, você deve ter em mente que não estamos propondo um "método" no sentido de um "passo a passo" para realizar determinada prática; tampouco estamos propondo um caderno de atividades. Trata-se de um livro que organiza uma série de conhecimentos sobre o tema das práticas musicais em conjunto e que discute aspectos relativos ao ensino e aprendizagem de música em diferentes contextos coletivos.

Desde o início, nosso compromisso esteve atrelado à ideia de alcançar leitores que podem estar em diferentes espaços de atuação e interesse: alunos de cursos de Licenciatura em Música, professores de música, pesquisadores, pais e curiosos da área, professores da educação básica, profissionais que trabalham como mediadores musicais em comunidades, entre outros. Mais do que somente refletir sobre as práticas musicais realizadas em grupo, buscamos pensar em como oportunizar encontros pedagógico-musicais que fomentem a ação coletiva e a formação do leitor disposto a refletir sobre o tema.

Desejamos que você tenha uma boa leitura e que as reflexões propostas possam ser compartilhadas e vivenciadas de maneira coletiva em sua vida musical.

COMO APROVEITAR AO MÁXIMO ESTE LIVRO

Empregamos nesta obra recursos que visam enriquecer seu aprendizado, facilitar a compreensão dos conteúdos e tornar a leitura mais dinâmica. Conheça a seguir cada uma dessas ferramentas e saiba como estão distribuídas no decorrer deste livro para bem aproveitá-las.

Primeiras notas

Logo na abertura do capítulo informamos os temas de estudo e os objetivos de aprendizagem que serão nele abrangidos, fazendo considerações preliminares sobre as temáticas em foco.

Ampliando o repertório

Sugerimos a leitura de diferentes conteúdos digitais e impressos para que você aprofunde sua aprendizagem e siga buscando conhecimento.

Vamos ouvir?

Nesta seção, sugerimos uma breve interrupção da leitura para que você se conecte com a maior motivação da trajetória de formação musical: o contato direto com a música.

Importante!

Algumas das informações centrais para a compreensão da obra aparecem nesta seção. Aproveite para refletir sobre os conteúdos apresentados.

Em alto e bom som

Apresentamos informações complementares a respeito do assunto que está sendo tratado.

Afinando o conhecimento

Nesta seção, destacamos definições e conceitos elementares para a compreensão dos tópicos do capítulo.

Mãos à obra

Nesta seção, propomos atividades práticas com o propósito de estender os conhecimentos assimilados no estudo do capítulo, transpondo os limites da teoria.

Curiosidade

Nestes boxes, apresentamos informações complementares e interessantes relacionadas aos assuntos expostos no capítulo.

Resumo da ópera

Ao final de cada capítulo, relacionamos as principais informações nele abordadas a fim de que você avalie as conclusões a que chegou, confirmando-as ou redefinindo-as.

Teste de som

Apresentamos estas questões objetivas para que você verifique o grau de assimilação dos conceitos examinados, motivando-se a progredir em seus estudos.

Treinando o repertório

Aqui apresentamos questões que aproximam conhecimentos teóricos e práticos a fim de que você analise criticamente determinado assunto.

Bibliografia comentada

Nesta seção, comentamos algumas obras de referência para o estudo dos temas examinados ao longo do livro.

BIBLIOGRAFIA COMENTADA

ELLIOTT, D. J.; SILVERMAN, M. **Music Matters**: a Philosophy of Music Education. 2. ed. New York: Oxford Press, 2015.

Voltado a um estudo mais aprofundado sobre o ensino e aprendizagem de música, esse livro apresenta uma ampla revisão de discussões sobre educação, psicologia, antropologia, estudos culturais e curriculares para embasar uma proposta de filosofia da educação musical. Para além das discussões sobre o que é música, filosofia, educação e pessoalidade, os autores buscam desenvolver um projeto curricular que abarque reflexões sobre o fazer e a escuta musical de maneira integrada. Outros assuntos sobre dimensões dos produtos musicais, desenvolvimento de habilidades musicais e criatividade e valores na prática e ensino de música também são discutidos ao longo da obra. Para o ensino coletivo de música, a obra ainda possibilita a reflexão sobre os processos de ensino e aprendizagem que levem em consideração o acolhimento da diversidade em sala de aula, bem como o estabelecimento da importância de se pensar a música como uma atividade compartilhada coletivamente.

Capítulo 1
INTRODUÇÃO À PRÁTICA MUSICAL EM CONJUNTO

O tema *prática de conjunto musical* é consideravelmente amplo, assumindo diferentes definições e características de acordo com os contextos musicais nos quais se insere. Desse modo, contempla aplicações relacionadas à música popular e de concerto em âmbitos artísticos/performáticos, educacionais, religiosos, entre outros. É necessário, portanto, delimitarmos alguns elementos teórico-conceituais subjacentes à prática musical coletiva para alcançarmos o objetivo central do presente livro: estabelecer uma aproximação entre tal prática e os processos de ensino e aprendizagem da música. Entre os objetivos específicos delineados para este capítulo introdutório, destacam-se:

- estabelecer os marcos teóricos e conceituais referentes à prática musical em conjunto;
- abordar os elementos fundamentais à apreciação musical com ênfase na instrumentação/orquestração;
- apresentar o percurso histórico das práticas de conjunto musical no Ocidente (da Idade Média à Contemporânea);
- realizar considerações introdutórias acerca das práticas musicais em conjunto nos âmbitos educativo-musicais;
- apresentar os elementos comuns e as distinções entre a prática de conjunto musical e o ensino coletivo de instrumentos.

Para o alcance desses objetivos, definimos algumas questões norteadoras para este primeiro capítulo, a saber:

- O que é prática de conjunto musical?
- Quais são os elementos teóricos imprescindíveis à compreensão desse conceito?
- Quais são os aspectos históricos inerentes às práticas de conjunto em música?

- Como são as diferentes modalidades do fazer musical contempladas nas experiências musicais em grupo?
- Quais são as relações entre as práticas coletivas em música e os processos de aprendizagem?
- Quais são as diferenças entre a prática de conjunto e o ensino coletivo de instrumentos musicais?

Essas indagações orientarão nossas reflexões introdutórias e abrirão caminho para os temas que serão aprofundados nos capítulos subsequentes.

1.1 Prática musical em conjunto: aspectos teórico-conceituais

As reflexões e proposições apresentadas neste livro estão centradas em uma modalidade específica da prática musical, a qual tem sido identificada de diversas maneiras, como *prática musical em conjunto, prática musical coletiva, prática de conjunto musical, prática musical em grupo, ensemble*, entre outras nomenclaturas equivalentes. Podendo ser tratados como sinônimos, esses diferentes termos descrevem a execução musical (instrumental e/ou vocal) desenvolvida em contextos coletivos. De acordo com a definição encontrada no *Dicionário Grove de Música*, o termo *ensemble* (conjunto musical) designa "um grupo de executantes e/ou cantores; também se aplica à música que executam e ao grau de precisão com que tocam e/ou cantam juntos" (Sadie, 1994, p. 299). Portanto, a prática de conjunto musical engloba a formação de um grupo de musicistas (considerando-se a quantidade, a diversidade e as características dos instrumentos e das vozes), os repertórios específicos e a natureza social da *performance* musical em contextos coletivos.

> ### 🔊 Em alto e bom som
>
> O termo *ensemble* deriva do francês e significa "juntos". Esse conceito define as muitas formações musicais que envolvem mais de uma pessoa, variando de um duo a uma orquestra sinfônica (Goodman, 2002).

Via de regra, podemos considerar como práticas em conjunto as realizações musicais empreendidas por diferentes formações: de um pequeno grupo de câmara[1] a uma orquestra sinfônica; de um quarteto vocal a um grande coro; de um trio de *jazz* a uma *big band*; de uma dupla de voz e violão a uma banda completa. Diferentemente das práticas individuais (solo), os conjuntos musicais, como o nome sugere, demandam a interação entre um grupo de musicistas, atendem a repertórios específicos (obras compostas ou arranjadas para grupos), conservam práticas culturais/musicais particulares e requerem um conjunto de habilidades musicais, sociais e psicológicas exclusivas, como demonstraremos ao longo deste livro.

Considerando-se as múltiplas acepções do conceito de *prática musical*, importa esclarecer que, no presente trabalho, esse termo é definido de acordo com as concepções atualizadas da área de educação musical no que concerne às chamadas *abordagens integradoras do ensino e aprendizagem da música*. Assim, a execução – como sinônimo de **execução musical** (tocar, cantar, explorar objetos sonoros ou o corpo com finalidades performático-musicais) – extrapola a *performance* musical em nível de *expertise*, valorizando as experiências de execução musical em diversos níveis de complexidade

---
1   O tema *música de câmara* será abordado de maneira mais aprofundada na Seção 6.1, "Práticas de conjunto musical no âmbito da música de concerto: considerações a respeito da música de câmara".

e refinamento. Corroborando essa ideia, França e Beal (2004, p. 69) explicam que

> O ensino de *performance* precisa ampliar seu olhar para além do desenvolvimento técnico e da execução do repertório [...]. Acreditamos no trabalho baseado na pesquisa e na tomada de decisão criativa e que encoraja os alunos a explorarem sonoridades, fraseados, possibilidades expressivas e interpretativas. Além de desenvolver a crítica e a autonomia, essa prática contribui para conservar os componentes de espontaneidade e imaginação.

À luz dessas concepções, lançaremos um olhar às práticas de conjunto musical que se estabelecem da infância à vida adulta, desde as realizações musicais destituídas de pretensões formativas até as práticas coletivas como via para o desenvolvimento de habilidades musicais nos contextos formais de ensino. Como evidenciaremos, essa visão abrangente do conceito de prática musical está alinhada aos novos paradigmas educativo-musicais e, portanto, afetará a totalidade das proposições apresentadas no decorrer desta obra.

Retomando a introdução teórica aqui proposta, podemos recorrer à definição de Goodman (2002) acerca do conceito de prática musical em conjunto. Segundo a autora, a *performance* em grupo envolve a interação social e musical entre um grupo de musicistas e considera quatro categorias de habilidades fundamentais:

1. a coordenação e manutenção de parâmetros musicais como o andamento;
2. a comunicação auditiva e visual entre os membros do grupo musical;
3. o papel dos fatores individuais, tendo em vista que as práticas coletivas e individuais não se opõem, mas se complementam;

4. fatores sociais, levando em conta aspectos cooperativos e colaborativos da prática musical em grupo, as motivações de natureza social e as interações estabelecidas em nível afetivo e psicológico.

Sobre esse último aspecto, Goodman (2002, p. 165, tradução nossa) reforça que "as relações sociais e musicais entre *performers* estão sempre se desenvolvendo para que cada grupo constitua continuamente um novo espírito, o que provavelmente é a razão pela qual as práticas de conjunto musical podem ser tão empolgantes".

Em alto e bom som

O **andamento** é um fenômeno musical relativo à velocidade, orientado pelas pulsações (marcações métricas contínuas e regulares).

Tocar e cantar em conjunto, independentemente do contexto musical, requer habilidades e conhecimentos técnico-instrumentais, teóricos e interpretativos (Yamauchi; Sinico; Gualda, 2012). Para uma melhor compreensão dos aspectos musicais necessários à prática de conjunto – em termos teórico-musicais, analíticos e apreciativos –, realizaremos a seguir uma exposição com base nos elementos básicos da estruturação musical, com ênfase nos processos auditivo-musicais.

1.2 Análise e apreciação musical: elementos essenciais à prática em conjunto

O principal objetivo desta seção é apresentar informações de cunho teórico e apreciativo-musical que serão resgatadas ao longo deste livro à medida que nos aprofundarmos nos temas subjacentes à prática de conjunto musical. Atente às considerações a respeito dos elementos musicais estruturantes. Nos próximos capítulos, tais conhecimentos serão necessários para um aproveitamento satisfatório.

Com vistas a estabelecer marcos teóricos, precisaremos definir alguns conceitos. A **análise musical**, concebida como uma área do conhecimento em música, é compreendida como o processo de "decomposição de uma estrutura musical nos seus elementos constitutivos mais simples e a investigação desses elementos no interior dessa estrutura"(Bent, 1980, citado por Corrêa, 2006, p. 34). Associada à análise, a apreciação musical oferece suporte aos processos de escuta, criação e execução/produção musical nos âmbitos individuais e, especialmente, nos contextos coletivos.

Para fins de definição, tomaremos a **apreciação musical** como um campo de estudo cujo foco é a oferta de subsídios teórico-práticos para o direcionamento da escuta musical, possibilitando uma audição focalizada. Os parâmetros básicos da estruturação musical (intimamente relacionados à análise) configuram temas de interesse da apreciação musical como disciplina, a exemplo dos aspectos rítmicos e métricos, melódicos, harmônicos e formais/estruturais. O Quadro 1.1 organiza alguns desses elementos e apresenta desdobramentos em termos de conteúdo e temas de estudo.

Quadro 1.1 – Elementos básicos da estruturação musical

Aspectos rítmicos e métricos	Aspectos melódicos	Aspectos harmônicos	Aspectos formais e estruturais
♦ Compassos ♦ Organização rítmica: sons e pausas. ♦ Fenômenos rítmicos específicos: síncope, contratempo, quiálteras etc. ♦ Agógica, articulação, dinâmica, andamento etc.	♦ Tonalidades e modos. ♦ Construção melódica: contorno, movimento e direcionamento melódico; intervalos. ♦ Traços estilísticos da melodia.	♦ Formações e progressões de acordes. ♦ Funções harmônico-tonais. ♦ Cadências. ♦ Fenômenos e procedimentos harmônicos específicos.	♦ Texturas mono, homo e polifônicas. ♦ Formas e estruturas. ♦ Instrumentação (timbres). ♦ Fraseologia musical. ♦ Aspectos estilísticos.

Tendo em vista um aprofundamento em alguns dos elementos apresentados anteriormente, consideremos a seguinte questão introdutória aos estudos apreciativo-musicais:

O que é *estilo* em música?

Estilo é a maneira particular com que um compositor combina elementos estruturantes, como melodia, harmonia, ritmo, timbre, forma e textura (Bennett, 1986; Copland, 2011). Segundo Bennett (1986, p. 11), "empregamos a palavra estilo para designar a maneira pela qual compositores de épocas e países diferentes apresentam esses elementos básicos em suas obras". O estilo pode, portanto, conservar características de um período histórico-musical, de um compositor ou de um grupo de compositores específicos.

Aliás, os estilos de interpretação podem designar as idiossincrasias interpretativo-musicais de cada *performer*, caracterizando as identidades artístico-musicais dos diferentes instrumentistas e cantores.

Considerando que os temas relacionados à teoria e à estruturação musical não compõem o escopo deste livro, apresentaremos considerações sobre um aspecto em particular: a instrumentação. Essa escolha se justifica pela necessidade de orientá-lo a respeito de alguns conceitos musicais que serão reiterados ao longo da obra.

Ampliando o repertório

Para um aprofundamento acerca dos demais elementos – melodia, harmonia, ritmo, timbre, forma e textura –, recomendamos a consulta à bibliografia especializada:

ALMADA, C. **Arranjo**. Campinas: Ed. da Unicamp, 2000.
BENNETT, R. **Elementos básicos da música**. Rio de Janeiro: Agir, 1990.
BENNETT, R. **Uma breve história da música**. Rio de Janeiro: J. Zahar, 1986.
COPLAND, A. **Como ouvir e entender música**. Rio de Janeiro: Artenova, 2011.

O conceito de **timbre** diz respeito à qualidade de cada som (a origem/fonte sonora). O reconhecimento auditivo de uma fonte é possível graças às particularidades de cada instrumento, voz ou objeto sonoro. A identificação da voz de um cantor específico e a discriminação auditiva entre um violino e uma viola, um oboé e um clarinete, um trompete e uma trompa, por exemplo, só são possíveis graças ao reconhecimento da cor sonora de cada fonte acústica. Partindo dessas considerações, definiremos *timbre* com base em dois sistemas de classificação dos instrumentos musicais: a classificação tradicional (por famílias) e o sistema Hornbostel-Sachs.

Bergmann Filho (2014, p. 27, grifo nosso) esclarece que "segundo o **sistema tradicional**, são quatro as famílias de instrumentos: cordas, madeiras, metais e percussão[2]. Esta divisão costuma ser associada à orquestra sinfônica, em que a própria distribuição dos instrumentos no palco é organizada em setores, ou naipes, de acordo com esta classificação". Em termos gerais, no sistema tradicional, a classificação é realizada com base na constituição física do instrumento, nos elementos produtores do som e nas técnicas de execução (como friccionar, dedilhar, pinçar, assoprar e percutir).

Quadro 1.2 – Classificação tradicional dos instrumentos (por famílias)

Cordas	Madeiras	Metais	Percussão
♦ Friccionadas (tocados com arco). ♦ Dedilhadas e beliscadas (ex.: violão). ♦ Pinçadas (ex.: cravo).	♦ Aerofones de bisel (ex.: flautas). ♦ Palhetas simples (ex.: clarinetes). ♦ Palhetas duplas (ex.: oboé).	♦ Aerofones de embocadura (ex.: trompete, trompa, trombone, eufônio e sousafone).	♦ Percussão de altura definida (teclados). ♦ Percussão de altura não definida. ♦ Piano.

...
2   Alguns autores consideram ainda uma quinta família de instrumento: a família das teclas/teclados.

O sistema Hornbostel-Sachs

Esse sistema foi desenvolvido em 1914 (e revisado em 1940) pelos austríacos Erich von Hornbostel e Curt Sachs, que problematizaram as limitações do sistema tradicional – o qual dá ênfase aos instrumentos no contexto orquestral. Em vez de considerarem vários parâmetros, como a constituição física, os recursos e as técnicas para a produção sonora, no caso da classificação tradicional, Hornbostel e Sachs elaboraram um novo sistema fundamentado em um único parâmetro: "**o elemento produtor de som em cada instrumento**. A partir daí, estabeleceram quatro famílias: instrumentos **cordófonos**, **aerófonos**, **membranófonos** e **idiófonos**[3] – e posteriormente incluíram uma quinta, os **eletrófonos**"(Bergmann Filho, 2014, p. 28, grifo nosso).

Na elaboração de uma música para um conjunto instrumental, o compositor ou arranjador pode combinar diferentes timbres para enriquecer a sonoridade de uma obra associando instrumentos de sonoridades equivalentes ou contrastantes, por exemplo. Portanto, ao exercitarmos a escuta musical, devemos considerar, entre outros aspectos, o propósito de aguçar a percepção para as características dos instrumentos, compreendendo as finalidades expressivas da utilização de determinadas fontes e recursos instrumentais. Estamos tratando aqui de uma audição em nível "puramente musical", tópico a ser explorado na próxima seção.

• • •
3   Esta classificação será retomada na Seção 5.5, "Ensino coletivo de instrumentos musicalizadores: percussão". Para saber mais sobre esse sistema de classificação instrumental, sugerimos consultar a literatura especializada (Bergmann Filho, 2014).

Em alto e bom som

Arranjador é o músico que se dedica à adaptação de músicas já compostas para diferentes formações instrumentais/vocais e/ou que atribui às obras musicais já existentes uma nova roupagem, realizando modificações na construção harmônica e formal, por exemplo.

Vamos ouvir?

Ouça as obras a seguir e descreva a instrumentação utilizada em termos de características timbrísticas, combinações e contrastes sonoros, entre outros parâmetros que você conseguir identificar.

GRUPO de percussão da Escola de Música da UFMG – Harmonia. **Programa Harmonia**, 25 fev. 2015. 52 min. [minutagem: 41:15]. Disponível em: <https://youtu.be/iqGmO0GpPnU?t=2482>. Acesso em: 12 jan. 2022.

FILARMÔNICA em: Quinteto de Sopros e Paquito D'Rivera. **Orquestra Filarmônica de Minas Gerais**, 8 out. 2013. 2 min. Disponível em: <https://www.youtube.com/watch?v=d56QVKRJVm4>. Acesso em: 12 jan. 2022.

1.3 A audição musical no âmbito das práticas em conjunto

Segundo Copland (2011, p. 21), "se você quiser entender música melhor, não há coisa mais importante a fazer do que ouvir música". Nesse sentido, os processos de escuta musical atendem às diferentes funções e modos de ouvir música constituídos individual e socialmente. Copland (2011, p. 25) esclarece que "o processo completo da audição [essencial à execução musical em grupo] pode se tornar mais claro se nós o decompusermos nas suas partes e componentes". Esse processo contempla três planos distintos de audição musical: o plano sensível, o plano expressivo e o plano puramente musical.

O **plano sensível** diz respeito à audição musical em nível primário, quando ouvimos música sem necessariamente tomar consciência e refletir sobre o exercício da escuta. Um exemplo é quando criamos uma *playlist* para uma sessão de exercícios físicos ou para a realização de uma atividade doméstica. A audição em plano sensível não é menos importante que as demais, uma vez que "a mera percepção do som já é capaz de produzir um estado mental que não é menos atraente por ser desprovido de ideias" e engajamento em nível cognitivo (Copland, 2011, p. 25).

A audição musical em um **plano expressivo**, por sua vez, assume um viés comunicativo e afetivo (emocional), considerando-se que

> a música expressa, em momentos diferentes, serenidade ou exaltação, tristeza ou vitória, fúria ou delícia. Ela expressa cada um desses humores, e muitos outros, em uma variedade infinita de nuances e diferenças. Ela pode até mesmo apontar para estados

de espírito a que não corresponde palavra alguma em língua conhecida. (Copland, 2011, p. 27).

Embora não demande uma compreensão da obra em nível essencialmente musical, a audição em plano expressivo requer competências cognitivas (para o estabelecimento de representações, associações e atribuições de significado, por exemplo) e um maior envolvimento no campo emocional. Podemos citar como exemplo uma situação em que ouvimos determinada música com o intuito de potencializar ou amenizar um estado emocional (Boal Palheiros; Bourscheidt, 2011).

Vamos ouvir?

- Recorde os momentos nos quais você geralmente ouve música de maneira menos engajada (plano sensível). Você consegue identificar uma relação entre os gêneros musicais e as diferentes situações de escuta?
- Para exercitar a audição em um plano expressivo, ouça as seguintes obras e realize uma breve descrição destacando suas percepções e sensações:
    - 4º movimento da Nona Sinfonia de A. Dvorák;
    - 1º movimento do Concerto para Piano n. 1 de P. I. Tchaikovsky.

Por fim, a audição em um **plano puramente musical** é assim identificada por Copland (2011, p. 29): "além da atração do som [plano sensível] e dos sentimentos expressivos que ela transmite [plano expressivo], a música existe no plano das próprias notas e da sua manipulação. A maioria dos ouvintes não têm suficiente consciência desse terceiro plano". Nesse contexto, devemos, na condição de musicistas, buscar formas mais ativas de apreciar auditivamente a arte musical, direcionando nossa escuta (de maneira consciente e intencional) para a percepção de elementos específicos da estruturação musical, por exemplo. Desse modo, o ouvinte que alcança o nível de escuta puramente musical deve ter a capacidade de reconhecer, caracterizar, relacionar e (re)organizar mentalmente os eventos musicais, aumentando "sua percepção do material musical e do que acontece a ele. Deve ouvir as melodias, os ritmos, as harmonias, o colorido tonal, [e a forma] de maneira mais consciente [...]. Entender todos esses elementos é entender o plano exclusivamente musical" (Copland, 2011, p. 29).

Diante da complexidade dos processos de audição musical, comumente acessamos os três planos (sensível, expressivo e puramente musical) simultaneamente. O ouvinte atento e consciente – o qual a educação musical contemporânea almeja formar – pode, por meio da intencionalidade, fazer uso dessas distintas formas de apreciar a música em diferentes circunstâncias e espaços sociais.

Mas qual é a relação entre os fenômenos perceptivo-musicais aqui descritos e as práticas de conjunto musical? Praticar música em conjunto requer a habilidade de ouvir, ouvir a si mesmo no contexto de um grupo, ouvir os demais musicistas que compõem determinado conjunto musical e ouvir o resultado das realizações artístico-musicais que emergem coletivamente. Esta é uma forma de garantir que as partes individuais soarão juntas, nos momentos corretos, com o necessário equilíbrio e clareza sonora.

Ao praticar música em grupo, além de considerar todos os elementos dispostos na partitura e/ou convencionados previamente entre os músicos, é preciso estar atento às pequenas nuances interpretativas que cada *performer* promove, como suspensões e fermatas breves, variações de agógica (acelerandos, ralentandos e rubatos), gradações de dinâmica (crescendos, decrescendos, acentos), manipulação de recursos timbrísticos, afinação, articulação e respiração. Na execução em conjunto, a concentração dos musicistas é dividida entre o monitoramento do som produzido na própria parte e a atenção para os sons produzidos pelo resto do grupo. Assim, por meio da escuta musical, ajustes refinados são feitos (de forma consciente ou não) para o equilíbrio da sonoridade que emerge da *performance* em grupo (Goodman, 2002). Em síntese, os processos auditivos – particularmente a escuta em nível puramente musical – são importantes reguladores da *performance* em conjunto e da qualidade das realizações musicais nesses contextos e estão condicionados, entre outros fatores, à acurácia da audição musical dos membros do grupo.

1.4 Um pouco de história: as origens das práticas musicais coletivas

Nesta seção, apresentaremos um panorama histórico das práticas em conjunto guiado pelos seis períodos da história da música ocidental, a saber: (1) medieval; (2) renascentista; (3) barroco; (4) clássico; (5) romântico; (6) moderno. Foge ao escopo deste livro apresentar amplas considerações a respeito de cada período da história da música. Dessa forma, abordaremos temas específicos relacionados a cada momento histórico-musical do Ocidente e, para um aprofundamento, recomendamos a consulta de literatura especializada (Grout; Palisca, 2007). Daremos enfoque às realizações musicais coletivas, com destaque para as práticas instrumentais.

A complexidade dos fenômenos históricos impossibilita o estabelecimento de datas precisas para o início e o fim dos períodos. Entretanto, visando à sistematização dessas informações, comumente realizamos delimitações temporais para cada período, conforme demonstra a Figura 1.1.

Figura 1.1 – Os seis períodos da história da música ocidental

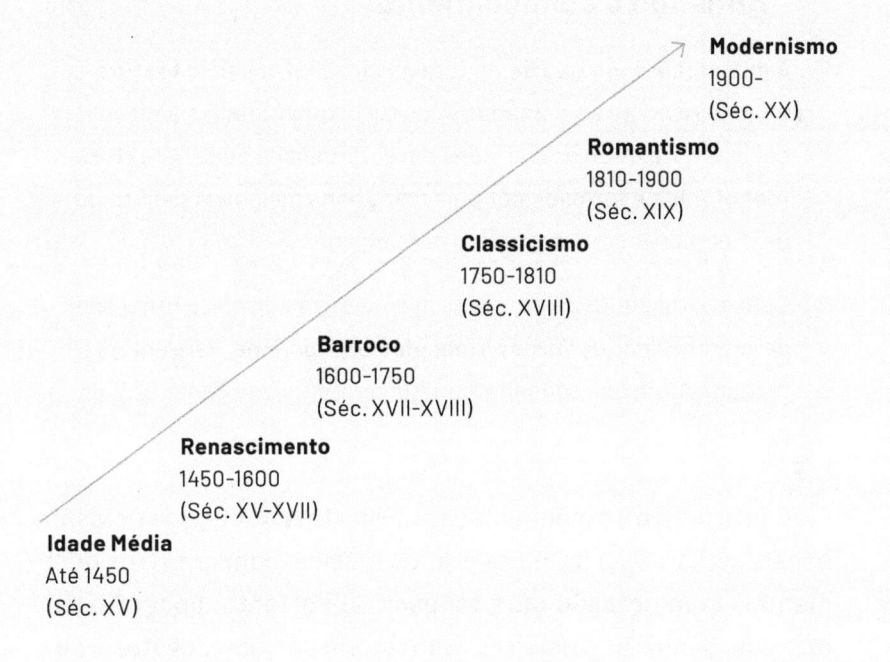

Modernismo
1900–
(Séc. XX)

Romantismo
1810-1900
(Séc. XIX)

Classicismo
1750-1810
(Séc. XVIII)

Barroco
1600-1750
(Séc. XVII-XVIII)

Renascimento
1450-1600
(Séc. XV-XVII)

Idade Média
Até 1450
(Séc. XV)

As realizações musicais na Idade Média estiveram majoritariamente associadas à música vocal sacra. Nesse sentido, a gênese da música ocidental remonta às práticas vocais do período medieval, destacando-se o cantochão, um "canto monofônico e em uníssono, originalmente sem acompanhamento [instrumental ou harmônico-vocal], empregado em liturgias cristãs. A palavra refere-se [...], num sentido mais restrito, ao repertório do canto gregoriano, o canto oficinal da Igreja Católica Romana" (Sadie, 1994, p. 166).

> **Afinando o conhecimento**
>
> A monofonia é um tipo de textura musical. Em música, **textura** é a maneira como as camadas sonoras (a quantidade e a disposição das vozes) são organizadas em determinada peça. A **textura monofônica** é formada por uma única linha melódica, destituída de qualquer acompanhamento harmônico.
>
> Com o surgimento do *organum*, iniciou-se um discreto processo de sobreposição de vozes na monofonia gregoriana. Para um aprofundamento desse conceito, sugerimos a leitura de Bennett (1986, p. 14-15).

O **cantochão** é a manifestação musical mais antiga do Ocidente, constituindo-se na primeira prática musical com registros documentais com notação musical escrita. Portanto, podemos afirmar que, dentre as primeiras práticas em conjunto, destaca-se a execução vocal em grupo no âmbito da música sacra por meio do cantochão.

As práticas musicais baseadas no cantochão conservam algumas características particulares, a saber (Grout; Palisca, 2007):

- uso da textura monofônica;

- execução puramente vocal realizada exclusivamente por homens;
- utilização de textos de caráter litúrgico (em latim);
- ausência de regularidade métrica, impossibilitando a marcação de um pulso contínuo e regular;
- ampla utilização do canto melismático (prolongamento de uma mesma sílaba sobre diferentes notas de uma melodia);
- uso da notação musical neumática – "sinais gráficos desenhados sobre as palavras indicando sem muita precisão o contorno melódico" (Bennett, 1986, p. 14);
- contorno melódico constituído majoritariamente por graus conjuntos;
- uso dos modos eclesiásticos.

As características elencadas, embora elucidem seus princípios fundamentais, não abrangem toda a complexidade do cantochão como manifestação musical. Para ampliar a compreensão sobre esse fenômeno, associe essas informações com experiências de apreciação auditivo-musical. Sugerimos que consulte a obra *Benedicamus Domino*.

Sacro *versus* profano

As práticas em conjunto na Idade Média não se limitaram ao contexto sacro. A esse respeito, Bennett (1986) salienta as danças e canções profanas compostas pelos trovadores e troveiros medievais (especialmente os poetas e músicos franceses da Idade Média). Embora também fosse baseada na monofonia vocal, a música praticada nesses contextos diferia do cantochão por ser acompanhada de instrumentos (possivelmente flautas, gaitas, tambores e pandeiretas), por adotar uma estrutura bem delimitada, com introdução, versos e interlúdios (marcando uma aproximação explícita com a poesia) e por conceber a aproximação com a dança. Para uma experiência apreciativo-musical, ouça as canções *Kalenda Maya* (de trovadores) e *C'est la fin* (de troveiros).

De acordo com Randel (2003), do século XVI (após o período medieval) até meados do século XVIII, as práticas em conjunto estiveram associadas a três categorias, as quais basearam-se especialmente nas funções sociais da música e, de modo menos enfático, nos aspectos estilísticos e formais da música; a saber: (1) música de câmara, (2) música religiosa e (3) música e teatro. Apesar de a produção musical ocidental até o século XVII ter sido predominantemente vocal, ainda no século XVI, durante o Renascimento, assistimos a um discreto surgimento de grupos exclusivamente instrumentais. Nesse período, "os compositores passaram a ter cada vez mais interesse em escrever músicas para instrumentos – não apenas danças [ou acompanhamentos instrumentais para canções profanas], mas peças destinadas a serem simplesmente tocadas e ouvidas" (Bennett, 1986, p. 29). Em termos de recursos instrumentais, o Renascimento foi marcado pelo uso de instrumentos medievais e pelo aperfeiçoamento/criação de outros instrumentos, como o alaúde.

Figura 1.2 – Instrumentos musicais característicos do período renascentista

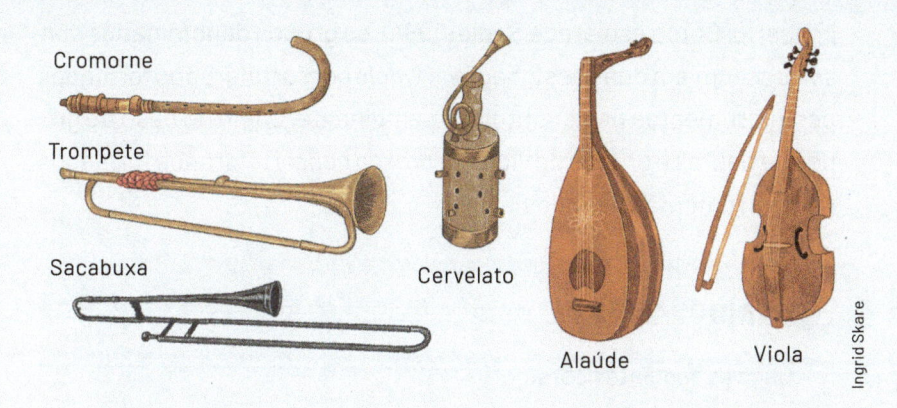

Ingrid Skare

- **Alaúde**: com relação à Idade Média, o braço foi inclinado para trás, recebeu trastes (como um violão) e a afinação passou a ser por pares em uníssono.
- **Viola**: instrumento de corda com arco, "tampo abaulado e fundo chato; seis cordas [...] tocadas na posição vertical" e apoiada no queixo (Bennett, 1986, p. 30).
- **Cromorne**: instrumento de sopro de madeira com palheta dupla que produzia um som suave e agudo.
- **Cervelato**: instrumento de sopro com palheta dupla que produzia um som grave.
- **Sacabuxa**: instrumento que deu origem ao trombone e, portanto, se assemelha ao seu sucessor.
- **Trompete**: o trompete desse período não tinha sistema de válvulas e emitia "poucas notas, exclusivamente através da pressão dos lábios" (Bennett, 1986, p. 30).

No que concerne à formação dos primeiros conjuntos essencialmente instrumentais, na Inglaterra quinhentista surgiram os *consorts* instrumentais, termo cujo significado aproxima-se do conceito de *concerto*. Como esclarece Sadie (1994), os grupos denominados *consorts* assumiam duas designações: *whole consorts* (grupos formados por instrumentos de constituição semelhante, como no caso de grupos de flautas e grupos de violas) e *broken consorts* (grupos formados por instrumentos variados).

Vamos ouvir?

Ouça as seguintes obras:

- *Lavolto*
- *La Coranto*

Ambas são do compositor inglês Thomas Morley (1557-1602), escritas para grupo instrumental *broken consort*.

Na transição do período renascentista para o barroco, a música vocal foi altamente valorizada por meio da ópera, manifestação artístico-musical cujo surgimento esteve relacionado à produção de compositores italianos como Jacopo Peri (1561-1633) e Giulio Caccini (1551-1618) – autores da primeira ópera que conhecemos: *Eurídice* (1600) – e, ainda, Claudio Monteverdi (1567-1643) – autor de *L'Orfeo* (1609), tida por muitos como a primeira grande ópera. As óperas influenciaram também na ascensão da música instrumental, dado o surgimento e a ampla utilização (no contexto operístico) do baixo contínuo e de pequenas orquestras no acompanhamento do drama musical, prática inaugurada por Monteverdi (Grout; Palisca, 2007).

> ### Em alto e bom som
>
> O **baixo contínuo** consiste no acompanhamento harmônico feito por instrumentos de teclado (a exemplo do órgão ou do cravo) ou cordas (como o violão da gamba, o alaúde ou o teorba), baseado em um sistema de cifragem com indicações numéricas na parte inferior de uma linha do baixo. Tal sistema demandava uma resolução, isto é, a construção das unidades de acordes, por parte do continuísta, o instrumentista responsável pela realização do baixo contínuo no acompanhamento de cantores e instrumentistas solistas (Veloso, 2020). Para verificar um exemplo, ouça a canção *Amarilli*, de G. Caccini.

O desenvolvimento da música barroca em seus primórdios incluiu, entre outros fenômenos, o surgimento do baixo contínuo (acompanhamento instrumental harmônico), a monodia recitada (intervenção vocal solista característica das óperas) e uma "importância crescente atribuída à música instrumental" (Sadie, 1994, p. 437). A música seiscentista apresentou uma inédita equivalência, em termos de produção e relevância, entre a música vocal e a instrumental. Pela primeira vez no Ocidente, a música instrumental ganhou autonomia e passou a ocupar um espaço exclusivo na práxis musical barroca. Sobre as práticas em conjunto, Bennett (1986), Michels (1992) e Sadie (1994) destacam algumas formas musicais e formações instrumentais que surgiram nesse período. São elas:

- **Suíte barroca**: é um conjunto de pequenas peças que podem ou não assumir caráter dançante; são de mesma tonalidade e comumente estão estruturadas em forma binária (AB). A suíte destina-se a um grupo de instrumentos ou a um instrumento solista (a exemplo do cravo ou do violino). Ademais, o esquema de suítes barrocas mais comuns contemplava, além de uma seção introdutória (prelúdio), as seguintes danças originadas de diferentes regiões da Europa: *allemande*, *courante*, sarabanda, giga, *minueto*, *bourrée*, gavota e *passe-pied*.
- **Sonata barroca**: o termo *sonata barroca*, diferentemente da forma *sonata* do século XVIII, designa obras a serem tocadas, e não cantadas, como no caso das cantatas. Boa parte das sonatas barrocas foram escritas para conjuntos instrumentais compostos por dois violinos, ou violino e flauta, ou violino e oboé, sempre acompanhados por baixo contínuo (a ser realizado pelo cravo ou pelo violoncelo). Essas obras geralmente "consistiam em quatro movimentos [em forma binária], quase sempre na mesma tonalidade, mas com andamentos contrastantes (lento: rápido: lento: rápido)" (Bennett, 1986, p. 41).
- **Estilo concertante**: consiste na alternância (em diálogo ou duelo) entre um grupo instrumental (o *tutti* ou *ripieno*) e um grupo de solistas denominado *concertino* (no concerto grosso) ou um único solista (no concerto solista). No concerto grosso, o *concertino* normalmente é composto por dois violinos e um violoncelo, ao passo que o *ripieno* constitui uma pequena orquestra de cordas com a presença do baixo contínuo – frequentemente conduzido por um órgão ou um cravo – preenchendo o acompanhamento realizado pelo *tutti* ou acompanhando harmonicamente momentos solísticos do *concertino* (Michels, 1992).

- **Orquestra barroca**: corresponde a um conjunto musical cujo núcleo é formado pelas cordas friccionadas (com arco). Segundo Bennett (1986, p. 43), a partir desta base instrumental, "os compositores acrescentavam outros instrumentos [...] de acordo com as circunstâncias: flautas, oboés, fagotes, por vezes trompas, e, eventualmente, trompetes e tímpanos". Um traço exclusivo das orquestras barrocas é a presença do baixo contínuo, realizado por um órgão ou um cravo.

Vamos ouvir?

Ouça as obras musicais a seguir orientado pelas características de cada gênero/forma descrito(a) anteriormente. Observe atentamente quais são e como estão sendo trabalhados os diferentes instrumentos.

- **Suíte barroca**: J. S. Bach (Alemanha, 1685-1750) – Suíte Orquestral em Ré Maior n. 3, BWV 1068.
- **Sonata barroca**: A. Corelli (Itália, 1653-1713) – Sonata da Chiesa em Ré Maior, Op. 3, n. 2.
- **Concerto grosso**: J. S. Bach – Concerto de Brandenburgo em Sol Maior n. 4, BWV 1049.

O classicismo, que caracterizou a segunda metade do século XVIII e teve como marco inicial a morte de J. S. Bach (1685-1750), pode ser considerado o primeiro período no qual a música instrumental superou a vocal em termos de volume de produção e impacto artístico e sociocultural.

> ### Em alto e bom som
>
> Segundo Bennett (1986, p. 47), "durante o período clássico, pela primeira vez em toda a história da música, as obras para instrumentos passaram a ter mais importância do que as composições para canto".

Trata-se do período de valorização da proporção e do equilíbrio nas concepções de forma e estrutura – vide a consolidação (e a expansão, na forma de sinfonia e concerto solista) de uma das principais formas da música ocidental: a sonata); de uma clareza e leveza inéditas no tratamento das texturas – com predominância da homofonia em detrimento da complexidade contrapontística das fugas barrocas e da polifonia vocal renascentista; de avanços nos recursos instrumentais – como a ampliação (embora discreta) e a consolidação da orquestra e a criação de instrumentos como o piano.

> O classicismo é entendido na história da música como o período e o estilo dos três grandes mestres vienenses: Haydn, Mozart e Beethoven, [representantes do] classicismo vienense [...]. [A produção desse período é] motivada pela perfeição da forma, pelo profundo conteúdo humanístico e pelo ideal de beleza, especialmente a música de Mozart. Clássico significa, em geral, o exemplo, verdadeiro, bonito, cheio de proporção e harmonia, além de simples e compreensível, [...] [de modo que] conteúdo e forma encontram um equilíbrio na obra de arte. O resultado é atemporal. (Michels, 1992, p. 367, tradução nossa)

Considerando a vasta produção musical destinada aos mais variados conjuntos instrumentais durante o classicismo, bem como nos períodos seguintes (romantismo e modernismo), vamos nos ater exclusivamente ao conceito de **música de câmara**, o qual ganhou representatividade no referido período. Conforme Randel (2003), esse conceito, embora tenha sofrido alterações ao longo da história, geralmente diz respeito a obras musicais destinadas a pequenos grupos instrumentais, nas quais cada instrumentista executa uma parte específica.

No período clássico, em que se constituiu a tradição da música de câmara, boa parcela das obras camerísticas foram estruturadas na forma de sonata e em quatro movimentos, recebendo títulos genéricos de acordo com a quantidade de instrumentos empregados (trio, quarteto, quinteto, sexteto, septeto, octeto, noneto). No período clássico e especificamente entre os membros da chamada *Primeira Escola de Viena* – J. Haydn (1732-1809), W. A. Mozart (1756-1791) e L. W. Beethoven (1770--1827) –, consolidou-se a prática da escrita de música de câmara para cordas em conjuntos com configurações instrumentais padronizadas, com destaque para o quarteto de cordas (com e sem piano), conjunto de sopros (com e sem cordas) e outros agrupamentos instrumentais características do período clássico (Randel, 2003).

Vamos ouvir?

Ouça as obras musicais a seguir e observe atentamente quais são e como estão sendo trabalhados os diferentes instrumentos nos conjuntos de câmara selecionados.

- J. Haydn – Quarteto de Cordas, Op. 76, n. 1.
- W. A. Mozart – Quinteto em Lá Maior, K 581.
- W. Beethoven – Septeto em Mi Bemol Maior, Op. 20.

A música de câmara produzida no século XIX (romantismo) e em boa parte do século XX (modernismo) derivou da tradição difundida pelos clássicos vienenses Haydn, Mozart e Beethoven (Sadie, 1994). No período romântico, enquanto a orquestra passava por um processo de ampliação – em tamanho, possibilidades técnicas e timbrísticas, repertório e inserção/difusão sociocultural –, as práticas em música de câmara (principal manifestação das práticas de conjunto musical entre o século XVIII e meados do século XX), mantiveram-se mais restritas, com o foco em experiências musicais de maior refinamento artístico e intelectual (Randel, 2003). Apontada como uma tendência geral do período romântico, a ampliação da complexidade composicional e performática, relacionada à ascensão da figura dos virtuoses, aumentou a demanda por artistas de elite e, desse modo, os concertos de câmara realizados por músicos profissionais se tornaram mais frequentes em comparação as performances amadoras (Randel, 2003).

Vamos ouvir?

Ouça as obras musicais a seguir e observe atentamente quais são e como estão sendo trabalhados os diferentes instrumentos nos conjuntos de câmara selecionados.

- F. Schubert (Áustria, 1797-1828) – Octeto em Fá Maior, D 803.
- J. Brahms (Alemanha, 1833-1897) – Trio em Lá Menor, Op. 114.
- A. Dvorák (República Tcheca, 1841-1904) – *Serenade* em Ré Menor para madeiras, violoncelo e contrabaixo, Op. 44, B 77.

De acordo com Griffiths (1998), a produção musical da primeira metade do século XX (do romantismo tardio à gênese do modernismo) foi marcada por novas tendências estéticas e posturas artísticas diante dos processos criativos e interpretativo-musicais. Entre essas novas tendências, destacam-se a expansão das possibilidades timbrísticas – com o uso menos convencional de instrumentos tradicionais, tendo em vista as chamadas *técnicas estendidas* na *performance* musical, e a criação de novas fontes sonoras – e o novo olhar lançado para o ritmo, que passou a ocupar posição central nos processos composicionais (em contraste com a demasiada ênfase melódico-harmônica, característica do período romântico).

No que concerne aos conjuntos musicais, em termos de grupos instrumentais e práticas artísticas e culturais, as tradições clássica e romântica da música de câmara se mantiveram fortes no século XX, com o quarteto de cordas sendo muito explorado por compositores de vertentes distintas, como Béla Bartók, Arnold Schoenberg, Darius Milhaud, Heitor Villa-Lobos, entre outros (Randel, 2003).

Embora as práticas consagradas da música de câmara tenham alcançado o século XX, o período do modernismo musical assistiu à emergência de experimentações e combinações instrumentais incomuns, incluindo vozes e elementos eletrônicos mediante o uso de novos procedimentos composicionais. Esse movimento ofereceu independência e autonomia a formações instrumentais até então secundarizadas, com especial destaque à família dos instrumentos de percussão, que no modernismo ganhou independência, consagrando-se no âmbito orquestral e camerístico – principalmente com a consolidação dos grupos de percussão (Griffiths, 1998).

> **Vamos ouvir?**
>
> Ouça as obras a seguir considerando as características da música do século XX aqui apresentadas. Atente para os diferentes recursos instrumentais e para as combinações timbrísticas utilizadas.
>
> - B. Bartók (Hungria, 1881-1945) – Quarteto de Cordas n. 1.
> - H. Villa-Lobos (Brasil, 1887-1959) – Trio para Oboé, Clarinete e Fagote, W 182.
> - I. Stravinsky (Rússia, 1882-1971) – *A história do soldado*, para cordas, sopro e percussão.
> - E. Varèse (França, 1883-1965) – *Ionisation*, para grupo de percussão formado por treze instrumentistas.

O percurso histórico-musical das práticas de conjunto não se limita à música de concerto[4]. Ao nos aproximarmos das práticas da música popular, compreendemos que alguns traços estilísticos de boa parte da produção musical do século XX podem ser atribuídos às influências jazzísticas proeminentes desde a primeira metade do século passado. Como exemplos, destacamos, entre outros procedimentos, a exploração de ritmos mais enérgicos, incluindo a utilização de polirritmia, síncopas e contratempos, agrupamentos irregulares, quiálteras menos usuais e modulações métricas; o uso de escalas que não se enquadram no sistema tonal; a experimentação com base em microtons – culminando nas chamadas *blue notes*;

...
4   Ao longo desta obra, o termo *música de concerto* será utilizado em substituição às expressões *música erudita* e *música clássica*. A esse respeito, Romanelli (2014, p. 65-66) explica que "o termo música clássica é amplamente utilizado para se referir à música de concerto. Entretanto, a locução também pode designar a música do classicismo europeu, período que ocorreu na segunda metade do século XVIII" e teve como principais expoentes os compositores da Primeira Escola de Viena.

a expansão harmônico-tonal em direção à dissolução do tonalismo; e a utilização de combinações instrumentais menos usuais. Como esclarece Bennett (1986, p. 71),

> Alguns compositores – como Ravel, Milhaud, Gershwin, Kurt Weill, Stravinsky, Walton e Copland – enfatizaram deliberadamente muitos desses elementos jazzísticos em alguns de seus trabalhos. Por exemplo: Milhaud em seu balé *La Création du Monde*; Stravinsky em seu *Ragtime* para onze instrumentos e na *Histoire du Soldat*; e Gershwin em Concerto para Piano, *Um Americano em Paris* e *Rhapsody in Blue* (que ele mesmo descreveu como "peça de concerto de inspiração jazzística").

O *jazz*, como manifestação artística, surgiu no início do século XX. Trata-se de uma expressão musical da cultura negra estadunidense (embora também carregue elementos musicais europeus e africanos). Além das características musicais mencionadas anteriormente, esse gênero é marcado pela liberdade improvisatória que lhe é inerente. Boa parte dos grupos musicais vinculados ao *jazz* se organizam sob o rótulo das formações instrumentais da música de câmara (desde trios, quartetos e quintetos até formações originalmente jazzísticas, como as *big bands*) e são constituídos geralmente por instrumentos de sopro, cordas dedilhadas, percussão (especialmente a bateria) e acompanhamento pianístico.

A respeito dessa temática, importa salientar alguns dos principais subgêneros do *jazz*, a saber: o *jazz* de Nova Orleans (1910), primeira manifestação jazzística, altamente influenciada pelo *ragtime* e pelo *blues*; o *swing* (1930-1940), característico das *big bands*; o *bebop* (1940), vertente de elevada complexidade, prevendo a "improvisação de melodias rápidas, cheias de frases assimétricas e padrões de acentuação" (Sadie, 1994, p. 472); o *jazz* latino (1950-1960), que contempla influências cubanas e brasileiras (incluindo especialmente a Bossa Nova); e o *fusion jazz* (1970-1980), "que uniu a improvisação jazzística com os instrumentos amplificados e o caráter rítmico do rock" (Sadie, 1994, p. 472).

> **Vamos ouvir?**
>
> Ouça as obras musicais a seguir e observe atentamente quais são e como estão sendo trabalhados os diferentes instrumentos nos conjuntos de câmara selecionados.
>
> - Louis Armstrong (1901-1971) – *Someday*.
> - Charlie Parker (1920-1955) – *Donna Lee*.
> - Tito Puente (1923-2000) – *Take Five*.

A breve incursão histórico-musical aqui realizada teve como objetivo auxiliá-lo na compreensão de como, de modo geral, as práticas de conjunto musical se desenvolveram no Ocidente ao longo dos últimos séculos. Excetuando-se o período da Idade Média, destacamos as práticas instrumentais (e não vocais) e mantivemos o foco nas práticas de música de câmara (tema que será retomado no Capítulo 6). Considerando os limites e as pretensões desta obra, abordamos temas específicos e abdicamos conscientemente de outros tópicos de inegável relevância. Para um aprofundamento acerca das temáticas aqui tratadas e de conteúdos subjacentes, recomendamos a consulta à literatura especializada referenciada ao longo do texto.

1.5 Prática em conjunto e aprendizagem musical: algumas aproximações possíveis

Como o título desta seção indica, muitas são as aproximações possíveis entre a educação musical, no que se refere aos processos de ensino e aprendizagem da música, e as práticas em conjunto em diferentes contextos e com distintos objetivos pedagógicos e artísticos. Neste primeiro momento, vamos nos ater a um ponto de reflexão específico: a necessidade da ação direta (isto é, de experiências práticas) para a aprendizagem da música. A associação entre as realizações práticas – especialmente aquelas que possibilitam trocas em nível social, a exemplo das práticas musicais em conjunto – e o desenvolvimento de habilidades parece ser um consenso entre a maioria das formulações teóricas do campo da educação e da psicologia educacional (Portilho, 2011; Azzi; Basqueira, 2017; Assis; Coleto, 2017).

As pesquisas demonstram que a aprendizagem por meio da prática instrumental torna-se mais efetiva à medida que os músicos em formação, entre outros aspectos, se engajam em processos autorreflexivos, observando atentamente e autoavaliando os próprios desempenhos; empregam estratégias como a prática mental, simulando situações de *performance*, e o estudo "por partes" orientado às principais fragilidades; conduzem sua aprendizagem com base em um conjunto de metas (de curto, médio e longo prazo); se dedicam a tarefas analítico-musicais no contato com as partituras e em situações de apreciação auditivo-musicais; conservam a regularidade e a sistematização (em diferentes níveis) das sessões de estudo, compreendendo a relação entre o tempo investido e os altos níveis de desempenho; se motivam intrinsecamente, engajando-se em atividades de prática musical que ofereçam respostas emocionais positivas, e buscam manter crenças de autoeficácia realísticas, isto é, julgam-se competentes para superar os desafios da aprendizagem musical, considerando as habilidades e recursos de que dispõem para a superação de dificuldades; e selecionam modelos que servirão de referência para os processos de aprendizagem observacional (Barry; Hallam, 2002; Hallam; Jørgensen, 2011; Veloso, 2019; Toni, 2020).

Evidentemente, além das experiências coletivas, a prática individual também colabora para os processos de aprendizagem musical. Todavia, algumas habilidades específicas são particularmente trabalhadas no âmbito da prática de conjunto: a manutenção coletiva de aspectos como o andamento e inflexões expressivo-musicais (a exemplo da agógica, da dinâmica e dos fraseados); a acurácia da comunicação auditiva (em interação com a comunicação visual) entre musicistas; a regulação da *performance* em grupo, permitindo que os músicos de um conjunto permaneçam sempre tocando juntos, entre outros fatores (Goodman, 2002). Desse modo, evidencia-se a relação de complementaridade entre as práticas individuais e coletivas, como esclarece Arrans (2002, citado por García, 2014, p. 15) ao afirmar que "a classe coletiva supõe o trabalho individual integrado num projeto comum que deve comportar a aquisição de hábitos, atitudes, valores e normas de convivência fundamentais para a atividade musical".

Em García (2014) encontramos algumas considerações pertinentes às competências pedagógicas e psicológicas relacionadas às práticas instrumentais coletivas. A autora apoia-se em quatro aspectos do desenvolvimento humano, com base nas propostas de

Jean Piaget: psicomotor, intelectual, afetivo e social. Assim, apresenta uma visão construtivista do desenvolvimento musical por meio dos exercícios coletivos. O **desenvolvimento psicomotor**, fundamentado na relação estabelecida entre os reflexos neurológicos e os comportamentos físico-motores, relaciona-se com as práticas em conjunto na medida em que as experiências musicais grupais reafirmam esquemas corporais e demandam a sincronização e coordenação de movimentos. Tais aspectos influenciam a precisão rítmica, de afinação e articulação na execução instrumental (Ceballos, 2002, citado por García, 2014).

Em alto e bom som

O psicólogo suíço Jean Piaget (1896-1980) foi um importante representante da psicologia do desenvolvimento. Suas proposições teóricas são apresentadas no âmbito da Epistemologia Genética e se vinculam ao paradigma construtivista.

O **desenvolvimento intelectual** está relacionado, segundo Braghirolli et al. (2014), com o conceito de inteligência, que pode ser definido brevemente como a "capacidade de aprender com a experiência" com base em uma série de competências cognitivas, comportamentais e afetivas, proporcionando as condições "para se adaptar ao ambiente ao redor" (Sternberg; Sternberg, 2016, p. 497). Nesse contexto, García (2014) frisa que, no trabalho em grupo, o musicista em formação encontra oportunidades para tomar consciência de suas fragilidades e potencialidades por meio das interações sociais estabelecidas. A autora reforça que "quando os alunos interagem entre si produzem melhores resultados do que quando trabalham individualmente, produzindo-se assim uma reestruturação e aumento dos esquemas intelectuais de percepção, atenção e memória que [...] são [algumas dentre] as capacidades cognitivas necessárias para a aprendizagem" musical (García, 2014, p. 16). No Quadro 1.3, estabelecemos relações entre competências cognitivas específicas e habilidades desenvolvidas no âmbito da prática musical em conjunto.

Quadro 1.3 – Competências cognitivas e aspectos das práticas de conjunto

Percepção	Atenção	Memória
O trabalho musical em grupo proporciona um aprimoramento das capacidades sensoriais (especialmente da audição e visão), possibilitando o controle de aspectos musicais, como tempo, dinâmica, clareza e equilíbrio sonoro.	Nas práticas coletivas, a concentração se volta aos mais sutis gestos e movimentos reproduzidos pelos membros de um grupo (aspectos visuais) e requer uma acurada atenção da audição (aspectos aurais) para a exatidão, o equilíbrio e a precisão na emissão sonora.	Tocar em conjunto requer o armazenamento de informações sobre a obra, as partes individuais e as convenções estabelecidas pelo grupo. Para isso, é necessário relacionar dados com base na audição, na visão e na cinestesia, por exemplo.

Fonte: Elaborado com base em Cerqueira; Zorzal; Ávila, 2012; Schellenberg; Weiss, 2013; García, 2014; Swaminathan; Schellenberg, 2018.

O **desenvolvimento afetivo**, no contexto das práticas em conjunto, está vinculado aos aspectos emocionais das experiências musicais. A esse respeito, Arrans (2002, citado por García, 2014) salienta o aprimoramento das capacidades expressivo-musicais e de aspectos relacionados à personalidade dos musicistas.

Destacam-se também o desenvolvimento geral possibilitado pelas relações sociomusicais estabelecidas nas práticas em grupo e nas variáveis motivacionais que intervêm no fazer musical coletivo (aspecto que será abordado de maneira mais aprofundada na Seção 4.5).

O **desenvolvimento social**, por outro lado, relaciona-se com as práticas em conjunto pelo fato de essas atividades serem essencialmente sociais. Assim, o conhecimento acerca da dinâmica de funcionamento de grupos sociais, a vivência em uma comunidade de prática com caraterísticas particulares, considerando-se, além do grupo, as influências do entorno social, a consciência do trabalho em equipe e o sentido de cooperação são alguns dos aspectos inerentes às atividades musicais em grupo. "Neste sentido, a interação humana e musical produzida nas aulas de grupo fomenta a colaboração, a responsabilidade, a tolerância e o respeito pelos outros, educando para os valores, valias fundamentais na nossa profissão, devido à necessidade de estabelecer grupos ao interpretar música" (Arrans, 2002, citado por García, 2014, p. 17).

Em alto e bom som

O conceito de *comunidades de prática*, criado pelo psicólogo suíço Etienne Wenger (1952), é parte de uma formulação teórica do campo da psicologia social e cognitiva que tem oferecido interessantes contribuições ao campo musical (Torres; Araújo, 2009).

As considerações aqui realizadas a respeito da aproximação entre as práticas em conjunto e a aprendizagem musical estão fundamentadas em proposições do campo da psicologia cognitiva, educacional e do desenvolvimento. Acreditamos que a compreensão sobre o desenvolvimento e os processos de aprendizagem em música é favorecida quando lançamos mão de relações interdisciplinares, encontrando suporte teórico em diferentes áreas do saber. Esse será, a propósito, um posicionamento epistemológico recorrente ao longo deste livro.

> **Importante!**
>
> Assis e Coleto (2017, p. 133) chamam a atenção para uma necessária distinção entre os conceitos de *desenvolvimento* e *aprendizagem*: "[Piaget] restringe a noção de aprendizagem à aquisição de um conhecimento novo e específico proveniente do meio, diferenciando-a do desenvolvimento da inteligência, que corresponderia à totalidade das estruturas do conhecimento construídas"; porém, "a aprendizagem deve ser radicalmente vinculada ao desenvolvimento".

Além dos apontamentos feitos a respeito do desenvolvimento musical, há muitos outros pontos de reflexão possíveis a partir da associação entre as práticas musicais em conjunto e os processos de aprendizagem em música. Um deles é a perspectiva do ensino coletivo de instrumentos musicais e seus aspectos didático-pedagógicos. A distinção entre os conceitos de *prática musical em conjunto* e *ensino coletivo de instrumentos musicais* reside, entre outros aspectos, nos objetivos desses empreendimentos. Enquanto as práticas em conjunto podem ou não assumir pretensões formativas e pedagógico-musicais, o ensino coletivo de instrumentos prevê uma condução didática orientada por objetivos pedagógicos.

Tendo em vista os objetivos didático-pedagógicos deste livro, frequentemente tomaremos as práticas musicais em conjunto como uma ferramenta para o ensino da música. Nesse sentido, proporemos uma intersecção entre as características, os objetivos, os usos e os recursos de tais práticas e do ensino coletivo. Aprofundamentos acerca dessa temática serão realizados no decorrer deste livro, particularmente no Capítulo 5.

▷▷ Resumo da ópera

A seguir, apresentamos uma síntese dos principais temas e desdobramentos teóricos abordados ao longo deste capítulo.

I. Aspectos teórico-conceituais
- Conceitos de *prática musical em conjunto* e *música de câmara*.
- Habilidades requeridas nas práticas em conjunto.

II. Análise e apreciação musical
- Elementos básicos da estruturação musical e sua relação com as práticas coletivas.
- Introdução à organologia instrumental.

III. Aspectos auditivo-musicais
- Funções e modos de ouvir música.
- Planos sensível, expressivo e puramente musical.

IV. História das práticas musicais em conjunto
- Abordagem teórico-apreciativa baseada nos seis períodos da história da música ocidental.

v. Prática em conjunto e aprendizagem musical
- Abordagem interdisciplinar: aproximação entre educação musical e contributos da psicologia educacional e cognitiva.

Teste de som

1. O termo *prática musical*, a depender do contexto ao qual se refere, pode apresentar diferentes definições e enfoques. Analise as afirmações a seguir e assinale aquela que melhor representa a concepção de prática musical que apresentamos na primeira seção deste capítulo:

    a) A prática (como sinônimo de tocar, cantar e explorar musicalmente objetos ou o corpo) contempla não apenas as realizações performáticas de alto nível, mas execuções musicais em diferentes contextos e níveis de refinamento.

    b) O termo *prática musical* remete exclusivamente às realizações dos musicistas de alto nível (os chamados *experts*) e, portanto, não contempla os estágios iniciais da formação musical.

    c) O termo *prática* está associado somente à formação dos músicos instrumentistas profissionais nos cursos de práticas interpretativas, não incluindo as realizações musicais de iniciantes ou contextos não acadêmicos.

    d) O termo *prática musical* remete exclusivamente às experiências musicais individuais, não sendo utilizado para tratar das realizações musicais em conjunto.

e) O termo *prática musical* não tem relação com os processos de aprendizagem, uma vez que as experiências de prática instrumental não necessariamente influenciam a aprendizagem musical.

2. Considere a citação a seguir.

> Instrumentos musicais são objetos produtores de som, das formas mais variadas. Ao longo da história, a necessidade de organização fez com que surgissem diferentes sistemas de classificação. Nos últimos anos, dois deles têm aparecido com frequência nos métodos e manuais: a chamada classificação [...] e a classificação [...]. (Bergmann Filho, 2014, p. 27)

A citação de Bergmann Filho se refere aos dois principais sistemas de classificação de instrumentos musicais utilizados no Ocidente. Analise as alternativas a seguir e assinale aquela que preenche corretamente os trechos suprimidos:

a) tradicional (por famílias); orquestral.

b) sinfônica; por famílias.

c) tradicional (por famílias); Hornbostel-Sachs.

d) tradicional; por famílias.

e) Hornbostel-Sachs; natural.

3. Leia o trecho a seguir.

> Todos nós ouvimos música de acordo com as nossas aptidões variáveis. Mas, para utilidade da análise, o processo completo da audição pode se tornar mais claro se nós o decompusermos nas suas partes componentes. Sob certo aspecto, todos nós ouvimos música em três planos distintos. (Copland, 2011, p. 25)

Em sua análise sobre a apreciação musical e os diferentes níveis de profundidade da escuta, Copland (2011) sugere a audição musical em três planos. Relacione cada plano à respectiva conceituação.

1) Plano sensível
2) Plano expressivo
3) Plano puramente musical

( ) Audição musical em nível primário – quando ouvimos música sem obrigatoriamente tomar consciência e refletir sobre o exercício da escuta.
( ) Audição que requer engajamento ativo para o direcionamento da escuta à percepção de elementos específicos da estruturação da música.
( ) Audição que requer maior engajamento cognitivo e envolvimento emocional em comparação com a escuta primária.

Agora, assinale a alternativa que apresenta a sequência correta:

a) 2 – 1 – 3.
b) 2 – 3 – 1.
c) 1 – 3 – 2.
d) 3 – 1 – 2.
e) 1 – 2 – 3.

4. Os conhecimentos de natureza histórico-musical nos auxiliam na compreensão de como as práticas de conjunto musical se desenvolveram no Ocidente ao longo dos últimos séculos. A esse respeito, analise as afirmações a seguir e marque V para as verdadeiras e F para as falsas.

( ) As práticas de conjunto musical na Idade Média eram majoritariamente instrumentais.
( ) Não há registros da realização de práticas instrumentais coletivas no período renascentista.
( ) As práticas em conjunto dos períodos clássico e romântico podem ser compreendidas sob a perspectiva da música de câmara.
( ) O estudo da história das práticas de conjunto musical não contempla manifestações da música popular.

Agora, assinale a alternativa que apresenta a sequência correta:

a) F – F – V – V.
b) V – F – V – V.
c) V – V – V – F.
d) F – V – V – F.
e) F – F – V – F.

5. Tendo em vista as contribuições do campo da educação musical em aproximação com a educação e a psicologia educacional, podemos estabelecer diversas relações entre as práticas musicais em conjunto e a aprendizagem da música. A esse respeito, analise as afirmações a seguir e marque V para as verdadeiras e F para as falsas.
( ) Há uma relação de complementaridade entre as práticas individuais e as práticas coletivas, e ambas oferecem contribuições específicas para o aprendizado da música.
( ) Considerando-se suas muitas contribuições, as práticas em conjunto apresentam-se como mais efetivas para a aprendizagem musical do que as práticas individuais.

( ) Por meio das práticas coletivas, podemos desenvolver competências psicomotoras, intelectuais, afetivas e sociais.

( ) A relação entre as práticas em grupo e a aprendizagem musical podem ser pensadas com base na perspectiva do ensino coletivo de instrumentos musicais.

Agora, assinale a alternativa que apresenta a sequência correta:

a) F – F – V – V.
b) V – F – V – V.
c) V – V – V – F.
d) F – V – V – F.
e) F – F – V – F.

Treinando o repertório

Questões para reflexão

1. Você toca ou já tocou em grupo? Se sim, em qual(is) contexto(s)?

2. Quais são os maiores desafios que você enfrentou como musicista no âmbito das práticas de conjunto musical?

Você poderá relacionar essas reflexões às temáticas e proposições que serão apresentadas ao longo desta obra, favorecendo a construção de novos conhecimentos sobre as práticas de conjunto musical.

Atividade aplicada: prática

1. Ao longo deste capítulo, você foi convidado(a) a ouvir uma diversidade de obras relacionadas aos diferentes momentos históricos das práticas de conjunto musical no Ocidente. Selecione três dessas obras (contemplando períodos históricos diferentes), analise-as e identifique a instrumentação utilizada pelo compositor. Você pode utilizar tanto a classificação tradicional (por famílias) quanto o sistema Hornbostel-Sachs.

Listagem das obras musicais indicadas ao longo do capítulo:

- 4º movimento da Nona Sinfonia de A. Dvorák.
- 1º movimento do Concerto para Piano n. 1 de P. I. Tchaikovsky.
- T. Morley (1557-1602) – *Lavolto* e *La Coranto*.
- J. S. Bach (Alemanha, 1685-1750) – Suíte Orquestral em Ré Maior n. 3, BWV 1068.
- A. Corelli (Itália, 1653-1713) – Sonata da Chiesa em Ré Maior, Op. 3, n. 2.
- J. S. Bach – Concerto de Brandenburgo em Sol Maior n. 4, BWV 1049.
- J. Haydn – Quarteto de Cordas, Op. 76, n. 1.
- W. A. Mozart – Quinteto em Lá Maior, K 581.
- W. Beethoven – Septeto em Mi Bemol Maior, Op. 20.
- F. Schubert (Áustria, 1797-1828) – Octeto em Fá Maior, D 803.
- J. Brahms (Alemanha, 1833-1897) – Trio em Lá Menor, Op. 114.
- A. Dvorák (República Checa, 1841-1904) – *Serenade* em Ré Menor para madeiras, violoncelo e contrabaixo, Op. 44, B 77.
- B. Bartók (Hungria, 1881-1945) – Quarteto de Cordas n. 1.

- H. Villa-Lobos (Brasil, 1887-1959) – Trio para Oboé, Clarinete e Fagote, W 182.
- Louis Armstrong (1901-1971) – *Someday*.
- Charlie Parker (1920-1955) – *Donna Lee*.
- Tito Puente (1923-2000) – *Take Five*.

Capítulo 2

AS PRÁTICAS MUSICAIS EM CONJUNTO E AS METODOLOGIAS DE ENSINO DE MÚSICA

Ao iniciarem os estudos musicais, os alunos podem interagir com professores que trabalham com determinada proposta para o ensino de música de maneira individual ou coletiva, seja na musicalização, seja no ensino de instrumentos. Também há docentes que preferem utilizar diversas propostas em seu repertório pedagógico em encontros de ensino e aprendizagem de música. De qualquer forma, professores, pais e interessados no desenvolvimento musical dos alunos costumam se deparar com as frequentemente chamadas *pedagogias ativas* para o ensino de música.

Dessa forma, este capítulo tem como objetivos específicos:

- realizar uma revisão sobre pedagogias musicais ativas em educação musical e discutir seus paradigmas pedagógico-musicais para o ensino e aprendizagem de música;
- relacionar algumas propostas da primeira geração das pedagogias musicais ativas com as práticas musicais coletivas, com destaque para quatro autores principais: Dalcroze, Orff/Wuytack, Kodály e Suzuki;
- relacionar algumas propostas da segunda geração das pedagogias musicais ativas com as práticas musicais coletivas, com destaque para Paynter e Schafer;
- apresentar uma breve revisão sobre o ensino de música no contexto brasileiro e as legislações referentes à educação musical com base na visão das práticas musicais em conjunto;
- revisar as propostas de ensino de música em grupo de alguns educadores musicais brasileiros, com destaque para Villa-Lobos, Sá Pereira, Liddy Mignone, Gramani e Ciavatta.

2.1 Pedagogias em educação musical: uma breve revisão

Ao pensarmos nos padrões musicais ao longo da história, vamos nos deparar com práticas individuais e coletivas que, sem dúvida, perpassaram alguma metodologia de ensino e aprendizagem. No que concerne à sistematização da educação musical no contexto ocidental, os primeiros registros formais provêm das instruções realizadas pela Igreja Católica (Fonterrada, 2008). A sistematização da escrita musical permitiu à Igreja explorar ainda mais a música para catequizar e divulgar a fé cristã. Vale lembrar que, durante muito tempo, a música executada dentro das igrejas era exclusivamente vocal e, dessa forma, "a criança musicalmente talentosa e portadora de boa voz cantada era levada às instituições religiosas para aprender o ofício de músico" (Fonterrada, 2008, p. 39). Apesar de haver poucos registros, podemos inferir que, de maneira semelhante, o ensino e aprendizagem e as práticas musicais realizadas fora da Igreja também envolviam alguma forma de aprendizagem. Esses aspectos nos levam a considerar a predominância do ensino baseado no sistema mestre-discípulo durante a "formação" do ofício de músico em boa parte da história da música ocidental.

Entre os séculos XVIII e XIX, houve uma mudança no ensino de música, visto que, como indica Fonterrada (2008), surgiram as primeiras escolas particulares profissionalizantes. Muitas dessas escolas ficaram conhecidas como **conservatórios** ou **academias de música**, como é o caso do Conservatório de Paris (fundado em 1794) e da The Royal Academy of Music (fundada em 1822). Esses espaços para o ensino de música se difundiram na Europa e na América. No Brasil, tornaram-se uma tendência com a fundação do Conservatório Brasileiro de Música (1845), no Rio de Janeiro, e do Conservatório Dramático e Musical (1906), em São Paulo. Em consonância com o movimento musical do romantismo, esses espaços de ensino e aprendizagem de música primavam pela "formação do instrumentista virtuose e corroboravam a tendência ao individualismo, ainda hoje, presente na formação de grande parte dos músicos" (Fonterrada, 2008, p. 81).

Tal modelo de ensino passou a ser profundamente discutido ao longo da história da educação musical nos séculos XX e XXI, tendo em vista as tendências subsequentes que apontam para a superação de um modelo demasiadamente tecnicista, apesar da forte adesão mundial. Com relação a esse tema e ao que será chamado de *habitus conservatorial* para o ensino de música praticado nos conservatórios, Pereira (2014) destaca pontos que indicam a persistência desse formato de instituição conservatorial no Brasil, como a figura do professor como exemplo máximo e detentor de todo o conhecimento, a existência de programas fixos e progressivos de estudo, o aluno sem possibilidades de escolha e a música de concerto ocidental como conhecimento oficial.

O pensamento romântico, calcado no individualismo e no virtuosismo, contrapunha-se a um mundo de grandes mudanças no que se refere ao pensamento intelectual, social e artístico do final do século XIX e início do século XX. Nesse sentido, salientamos que o aspecto da vida social em coletividade começou a ganhar relevância, até mesmo no ensino e aprendizagem de música, uma vez que o fenômeno do crescimento populacional se tornou cada vez mais presente. Além disso, o campo do pensamento científico se estabeleceu de maneira a permitir a reflexão sobre diversos aspectos da vida social e psicológica, com destaque para o estabelecimento da psicologia no século XIX e os posteriores trabalhos sobre a cognição musical humana.

Gainza (2004, 2011) reforça que o início do século XX apresenta novidades no pensamento educacional, como as propostas do filósofo John Dewey e o movimento chamado **Escola Nova**, que tinha como base uma educação ativa centrada na experiência. Esse movimento também teve adeptos no Brasil, entre eles Anísio Teixeira, e influenciou a maneira de pensar a educação e os processos de ensino e aprendizagem em nosso território.

Nesse cenário de mudança de paradigmas no âmbito dos processos de ensino e aprendizagem na educação geral e na educação musical, surgiram pensadores e educadores musicais que propuseram pedagogias ativas para o ensino de música. Essas pedagogias ativas em educação musical são entendidas como novas formas de pensar o ensino e aprendizagem de música de maneira a superar os padrões tradicionais até então em vigência. Brito (2003) apresenta alguns comparativos nos quais caracteriza o ensino denominado *tradicionalista*, como aquele em que há uma atenção exacerbada à *performance*, a predominância do tecnicismo e do ensino teórico, a inclusão de repertórios alheios à vivência dos alunos, entre outros elementos. Já as pedagogias ativas privilegiam outro aspecto da formação musical, ligado à experimentação, ao fazer musical ativo, ao aluno no centro do processo, à atenção aos movimentos e ao fazer musical ativo.

Mateiro e Ilari (2012) observam que o termo *pedagogias* parece ser o mais apropriado para as ideias dos educadores musicais do século XX, visto que alguns nos legaram métodos ou sequências mais estruturadas, enquanto outros propuseram ideias e reflexões para que outros educadores delas se apropriem e as adaptem a seu cotidiano e a seu contexto educacional. Nesse sentido, Penna (2012) destaca a necessidade de se analisar o contexto e os fundamentos de cada pedagogia em educação musical, verificando-se os papéis atribuídos ao aluno e ao professor, os objetivos pedagógicos, as visões de mundo e o contexto educativo no qual a atividade se desenvolve. Mesmo em se tratando de pedagogias musicais pensadas e desenvolvidas no século XX, Mateiro e Ilari (2012, p. 9) afirmam que "conhecer o legado pedagógico implica entender as formas de pensamento e ensino de música, muitas das quais em voga nos tempos atuais".

A Figura 2.1 apresenta um recorte temporal das pedagogias ativas na educação musical do século XX.

Figura 2.1 – Pedagogias em educação musical: primeira e segunda gerações

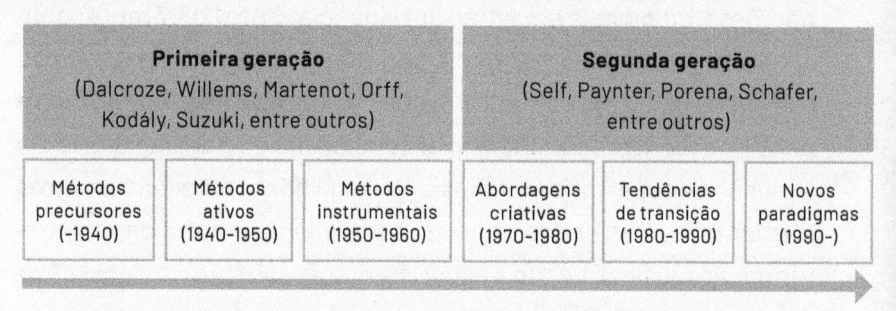

Primeira geração (Dalcroze, Willems, Martenot, Orff, Kodály, Suzuki, entre outros)			Segunda geração (Self, Paynter, Porena, Schafer, entre outros)		
Métodos precursores (-1940)	Métodos ativos (1940-1950)	Métodos instrumentais (1950-1960)	Abordagens criativas (1970-1980)	Tendências de transição (1980-1990)	Novos paradigmas (1990-)

Percebemos dois grandes grupos que as discussões da área da educação musical categorizaram de maneira consagrada: a primeira e a segunda geração das pedagogias em educação musical. Ao revisar as pedagogias em educação musical no século XX, Gainza (2004) propõe seis momentos distintos. Com base na categorização da autora, podemos segmentar a **primeira geração** em três períodos, compreendidos como as propostas que surgiram até a década de 1960:

1. **Métodos precursores**: são aqueles que serviram de base pedagógica para tendências futuras e que estavam relacionados a mudanças essenciais na maneira de se conceber a educação musical. Entre as propostas estava o modelo Tônica Sol-Fá, um método para facilitar a leitura musical que foi muito aplicado ao canto coral. Trata-se de um modelo que utiliza um sistema de recordação para cada nota na forma de símbolo (números ou letras), o que permite a utilização em diferentes tonalidades (relação com o Dó móvel, proposta que permite relativizar as tonalidades mantendo-se a nota inicial em diferentes alturas). Esse modelo já era empregado no século XIX e foi aperfeiçoado no início do século XX, além de ter influenciado as propostas de educadores como Zoltán Kodály no período seguinte.
2. **Métodos ativos**: correspondem aos métodos desenvolvidos no período em que se estruturaram as pedagogias musicais que exploravam novas possibilidades. Destacam-se nesse período três nomes: Émile Jaques-Dalcroze, que propôs atividades musicais voltadas à exploração dos movimentos corporais com a música e uma proposta para o ensino da rítmica; Edgar Willems, que buscou investigar a inteligência auditiva, as questões afetivas e as bases científicas para o ensino de música; e Maurice Martenot, que atentou para o desenvolvimento pessoal de cada aluno e para o elemento rítmico da música.
3. **Métodos instrumentais**: Gainza (2004) destaca três nomes que se preocuparam com as práticas que envolvem instrumentos ou voz. São eles: Carl Orff, que buscou explorar práticas instrumentais e vocais em suas propostas; Zoltán Kodály, que propôs um trabalho com a voz e o canto coral; e Shinichi Suzuki, que

trabalhou com o ensino de instrumentos, incialmente o violino e, mais tarde, outros instrumentos.

A **segunda geração** em educação musical abarca as propostas que surgiram a partir da década de 1970. A primeira geração conferiu destaque às propostas que emergiram na Europa, ao passo que a segunda contemplou propostas que floresceram também na América do Norte. É importante ressaltar que a segunda geração está alinhada às tendências composicionais e de vanguarda do século XX, a chamada *música nova* ou *música contemporânea*. Com base na classificação de Gainza (2004), a segunda geração pode ser dividida em outros três períodos:

1. **Abordagens criativas**: Gainza (2004) destaca o compartilhamento do interesse criativo do professor com os alunos, principalmente se considerarmos que os educadores musicais são também compositores. Esse é o caso de nomes como George Self, John Paynter, Boris Porena e Murray Schafer. Essas abordagens são consideradas criativas por estarem centradas em um ensino de música com enfoque na criação musical, em vez de se concentrarem apenas nos elementos de escuta e interpretação musical.
2. **Tendências de transição**: esse período é entendido como um momento no qual há uma diversidade de questionamentos e propostas para a educação musical: a tecnologia digital na educação, de maneira geral, e nas aulas de música, de maneira específica; a ecologia sonora a partir do pensamento dos espaços sonoros que nos cercam; a nova corporalidade e a musicoterapia, que se inserem nas pesquisas sobre a psicologia e a cognição musical como um campo que conquista espaço; as práticas

em grupo e as novas perspectivas nos movimentos artísticos e sociais (Gainza, 2004).
3. **Novos paradigmas**: Gainza (2004) afirma que esse período pode ser considerado um momento no qual também há o despertar de um interesse especial pela forma de pensar o ensino superior em Música. Além disso, a autora destaca práticas orientadas pelos novos paradigmas em vigência, como a valorização de culturas populares (mesmo em países em desenvolvimento) e a atenção dada à ludicidade, ao contexto do aluno e ao uso da tecnologia.

Seguiremos agora para o estudo de alguns educadores relacionados às pedagogias em educação musical do século XX e suas interfaces com as práticas musicais em conjunto.

2.2 Pedagogias musicais ativas da primeira geração: as contribuições de Dalcroze, Kodály, Orff e Suzuki

Esta seção tem como objetivo apresentar aspectos das propostas de alguns autores da primeira geração das pedagogias ativas em educação musical. Dessa forma, a escolha por Dalcroze se deveu ao fato de ele representar um marco ativo no pensamento das práticas de educação musical, além da presença do aspecto coletivo em suas ideias. Os outros três nomes (Kodály, Orff e Suzuki) foram selecionados porque eles foram responsáveis pela proposição de práticas com a voz e instrumentos musicais que permitem a integração em grupos ou apresentam aspectos da experiência coletiva. Foge do escopo deste livro descrever detalhadamente as propostas de cada um desses educadores musicais. Nesse sentido, esta seção busca destacar especificamente as práticas musicais em conjunto que os autores elencados propõem.

O suíço **Émile Jaques-Dalcroze** (1865-1950) viveu em um mundo de profundas mudanças, na passagem do século XIX para o século XX. Entre essas mudanças, podemos citar o aumento populacional e as forças coletivizantes que estavam em ascensão, inclusive nos pensamentos educacionais e psicológicos. Diante disso, as observações de Dalcroze sobre seu contexto e as dificuldades de seus alunos o levaram a pensar na importância do coletivo nas artes, de modo especial em uma educação musical que superasse os paradigmas tradicionalistas de um ensino tecnicista do instrumentista. Assim, "o ideal de Dalcroze é a união dos indivíduos, num processo que caminha em direção ao coletivo" (Fonterrada, 2008, p. 124). Esse cenário nos ajuda a compreender as propostas desse educador, que se baseiam no movimento corporal, na escuta musical aliada ao movimento e ao sentido rítmico e na expressão musical.

Para a utilização das ideias de Dalcroze em aulas de música, Mariani (2012) destaca ainda o uso da rítmica e do solfejo de tal maneira que sejam vivenciados antes de serem lidos em partituras, além da importância da improvisação instrumental, vocal e corporal. O educador suíço escreveu sobre suas ideias e propostas, mas não estabeleceu um método com uma série de exercícios progressivos a serem seguidos. Atualmente, o Instituto Dalcroze mantém em Genebra, na Suíça, um centro que promove a formação de educadores musicais e busca renovar as ideias do educador para adaptá-las ao século XXI.

O húngaro **Zoltán Kodály** (1882-1967) foi um nacionalista empenhado no resgate da cultura e do folclore e na reconstrução da identidade musical do povo húngaro. A proposta desse educador para o ensino da música nas escolas previa o ensino do canto coral, com destaque para o solfejo e o canto em grupo. Suas propostas abarcam a rítmica, o treinamento auditivo e a percepção musical, a leitura e a escrita musical e o canto (Fonterrada, 2008).

É importante salientar que muitas das propostas de Kodály não foram "novas", mas adaptações de modelos originários de métodos precursores (Gainza, 2004). Uma delas é a **manossolfa**, um sistema que ajuda crianças a ler e cantar as notas por meio de gestos com as mãos, algo que já tinha sido explorado anteriormente de maneira similar. A proposta de Kodály prevê uma contínua troca de experiências em grupo na forma de corais em diferentes formações, além de um amplo material estruturado para que o professor possa conduzir os exercícios de solfejo e canto coral (Silva, 2012).

O alemão **Carl Orff** (1895-1982) parte da ideia de que a linguagem, a música e o movimento estão intimamente relacionados. Sua proposta prevê o ensino da música fundamentado na prática e na execução musical realizadas pelos próprios alunos, de modo que essas atividades possam se tornar a base para a realização de suas movimentações corporais no espaço (Bona, 2012).

Orff percebeu a necessidade de se criar um conjunto instrumental para suas aulas de música, o qual ficou popularmente conhecido como *Instrumental Orff*. O Studio 49 foi o responsável pela fabricação original do Instrumental Orff, que contém "uma família de xilofones (soprano, alto, tenor e baixo), uma família de metalofones, tambores pratos, platinelas, pandeiros, maracas e outros instrumentos de percussão pequenos, além de violas da gamba e flautas doces" (Fonterrada, 2008, p. 163). A Figura 2.2 destaca alguns instrumentos presentes no Instrumental Orff.

Figura 2.2 – Exemplos de instrumentos que compõem o Instrumental Orff

Com relação às práticas musicais em conjunto presentes nas propostas de Orff, Fonterrada (2008, p. 162) afirma que "as crianças são levadas a tocar desde o início, nos grandes conjuntos de instrumentos Orff, o que as faz imergir numa sonoridade poderosa, que as motiva a executar música em grupo". O compositor e educador alemão escreveu uma coletânea de cinco volumes com peças a serem executadas instrumentalmente, conhecidas como *Orff-Schulwerk*. No entanto, ele não deixou muitos textos que explicassem detalhadamente sua proposta e abordagem. Entre os seguidores de Orff, destaca-se o educador musical belga Jos Wuytack (1935-), que concebe o ensino de música coletivo para crianças[1] com base na prática musical ativa.

A proposta de Wuytack apresenta uma grande estruturação metodológica e ficou conhecida como *sistema Orff/Wuytack* (Bourscheidt, 2008; Boal Palheiros; Bourscheidt, 2012). Um dos

---
[1] As atividades propostas podem ser estendidas para jovens e adultos mediante o aumento gradual da complexidade (Boal Palheiros; Bourscheidt, 2012).

pilares da proposta de Wuytack é a ideia de comunidade, ou seja, todos devem ser integrados de maneira coletiva no ensino e aprendizagem de música com papéis condizentes com seus níveis de habilidades musicais. Dessa forma, os alunos se sentem "parte integrante do grupo e fazendo música em conjunto" (Boal Palheiros; Bourscheidt, 2012, p. 309).

> **Vamos ouvir?**
>
> Muitos dos educadores das pedagogias musicais do século XX também eram compositores. Ouça a seguir alguns de seus trabalhos.
>
> - **Émile Jaques-Dalcroze**: *Impressions Tragiques* (1914)
> - **Zoltán Kodály**: *Psalmus Hungaricus* (1923)
> - **Carl Orff**: *Carmina Burana* (1936)

O japonês **Shinichi Suzuki** (1898-1998) é o último educador musical que apresentaremos nesta seção. É importante ressaltar que as propostas de Suzuki são destinadas ao ensino individual de violino para crianças e adolescentes, sendo adaptadas posteriormente para outros instrumentos. Essa perspectiva pedagógica está fundamentada nas seguintes ideias: a aprendizagem alicerçada em um ambiente que proporcione condições musicais ideais; a utilização de gravações e escuta musical constantes; a repetição como elemento fundamental; e o desenvolvimento de habilidades de memorização e execução sem leitura musical (Fonterrada, 2008; Ilari, 2012). Apesar de a proposta ser pensada para o ensino individual de instrumentos, há momentos em que o coletivo ou as práticas em conjunto são importantes:

- a presença dos pais tocando e estimulando a execução musical do instrumento ao longo de toda a aprendizagem;
- a necessidade de a criança tocar em público, o que está relacionado ao aumento de sua autoconfiança;
- momentos de aulas coletivas ou práticas em grupo, em que os alunos se juntam (dos iniciantes aos mais avançados) para tocar em conjunto, de modo a estimular a motivação, a cooperação e a escuta/observação da execução musical dos colegas.

Mãos à obra

1. A escuta e a movimentação corporal podem ser incentivadas em aquecimentos musicais com crianças e adultos de diferentes idades. Os sons, as músicas ou as canções utilizadas para a movimentação corporal podem ser produzidos pelo próprio professor (violão, piano, claves, voz etc.) ou por outra fonte sonora (reprodutor de som, outro músico/docente). O professor pode sugerir a movimentação com base em diferentes andamentos e formas de comportar-se com o corpo no espaço, bem como direcionar a atenção para diferentes padrões/repetições da música (forma musical) e propor movimentos díspares para cada parte. Além disso, é possível sugerir a exploração livre, a utilização de outros objetos, a coordenação do espaço e dos movimentos em grupo, entre outras possibilidades.

Um exemplo é a utilização de lenços ou panos que as crianças podem balançar e brincar enquanto escutam as músicas. Pode-se utilizar como repertório musical a *Valsa das flores* (Tchaikovsky), a música *Carolan's Welcome* (Turlough O'Carolan) ou outras músicas que permitam as movimentações e a ampliação dos conhecimentos de escuta musical dos alunos.

2. Em grupos de alunos de diferentes idades e em níveis de complexidade adequados a cada turma, o professor pode propor uma exploração vocal a partir de diversos sons com o objetivo de realizar um aquecimento vocal e corporal para a prática musical.

Na sequência, o professor pode sugerir uma leitura musical coletiva de padrões musicais ascendentes e descendentes escritos em um quadro (podem abranger duas, três ou mais notas). Esses padrões podem ser formados por desenhos, círculos ou outras formas geométricas dispostas em sequência (horizontal) e diferenciadas quanto à altura (vertical). Além disso, os alunos podem ser chamados para escrever novos padrões ou reger padrões já escritos. Finalmente, o professor pode utilizar a manossolfa mediante o estabelecimento de gestos das mãos com determinados padrões escritos no quadro. Desse modo, a manossolfa pode ser mais uma forma de realizar a leitura das músicas escritas no quadro de maneira coletiva (que também podem ser escritas com base em ideias de todo o grupo).

Dependendo do nível da turma, pode-se realizar a separação das vozes em duas melodias simultâneas: um grupo canta a melodia enquanto outro canta notas mais longas, entre outras variações. Essas melodias podem ser criadas pelo próprio professor com base na escala pentatônica, a qual facilita a sobreposição de diferentes melodias de maneira simultânea. Também é possível pensar na música *Minha canção* (Chico Buarque, Sergio Bardotti e Luis Enriquez), feita para a peça de teatro musical infantil *Os Saltimbancos*, para contextualizar práticas que envolvam escalas musicais.

3. Essa atividade prevê a utilização de instrumentos musicais para a prática musical em conjunto. Quando o contexto envolve a musicalização infantil, é possível pensar em xilofones, metalofones, instrumentos de percussão e demais instrumentos, levando-se sempre em consideração a qualidade e a afinação dos instrumentos. Com crianças maiores, jovens e adultos, pode-se considerar a inclusão de instrumentos como o piano, a flauta doce, as cordas, as percussões ou outros.

A ideia é que os alunos possam tocar juntos alguma frase musical (melodia) característica de uma música, como os *riffs* de *rock* que identificamos assim que ouvimos. Por exemplo, o *riff* da canção *Smoke on the Water*, da banda Deep Purple, pode ser adaptado para esta atividade (Si-Ré-Mi/Si-Ré-Fá-Mi). Enquanto alguns alunos executam essa frase musical no xilofone, piano ou demais instrumentos, outros alunos podem executar uma base harmônica. Além disso, instrumentos de percussão também podem ser utilizados para fazer uma bateria, de modo a simular esse instrumento na prática em conjunto (por exemplo, pensar em como a caixa clara da bateria toca no segundo e quarto tempos dos compassos e outros sons característicos).

Finalmente, é possível pensar na inclusão da letra da música e na continuação da execução completa da canção. Também não se pode esquecer de contextualizar a prática musical e oferecer subsídios à escuta musical dos estudantes. Dessa forma, é importante fornecer material musical para a comparação de diferentes gravações da mesma obra e a escuta da própria execução musical realizada pelos alunos. Para refletir sobre atividades similares com um grupo de crianças na musicalização infantil, consulte Madalozzo (2019).

É fundamental ter em mente que as pedagogias destinadas à educação musical não se referem exclusivamente ao ensino de crianças, uma vez que alguns educadores (como Dalcroze e Orff) também aplicaram suas propostas a adultos. Nesse sentido, cabe ao professor de música pensar em como adaptar atividades, propostas e ideias ao contexto e aos alunos com os quais ele está se relacionando. Levar em conta o contexto também é relevante ao se pensar em como articular as propostas com os alunos da atualidade e realizar aproximações com repertórios diversos, inclusive aqueles que os discentes trazem de seu universo musical. Outro aspecto a ser observado no que concerne às pedagogias ativas em educação musical é a interdisciplinaridade inerente a essas perspectivas, como no caso das propostas de Dalcroze e Orff e de suas aproximações com a dança e o teatro. O professor deve ficar atento a esse fator, até mesmo quando se consideram as possíveis aproximações da música com outras artes e a atuação profissional no contexto escolar brasileiro.

2.3 Pedagogias musicais ativas da segunda geração: as contribuições de Paynter e Schafer

Nesta seção, revisaremos duas propostas da segunda geração das pedagogias ativas em educação musical: as de Paynter e Schafer. Salientamos, novamente, que daremos enfoque às práticas musicais em conjunto, sem um detalhamento aprofundado de cada uma das propostas. Outro ponto relevante é o fato de as pedagogias em educação musical da segunda geração serem estreitamente ligadas aos educadores-compositores. Isso não significa que os educadores musicais da geração anterior também não tivessem uma forte relação com a composição; a questão é que aqui essa dimensão ganha um destaque especial. Enquanto a primeira geração enfatizava a escuta e a execução musical, a segunda geração buscou explorar as possibilidades de criação musical, levando em consideração também o repertório de música contemporânea desses educadores-compositores (Gainza, 2004; Fonterrada, 2008).

O inglês **John Paynter** (1931-2010) apresenta uma proposta para fazer música em sala de aula que busca possibilitar a criação e a experimentação. Entre suas proposições está a aproximação dos alunos com a música contemporânea, inclusive na criação musical, de modo a permitir uma vivência de "compositor de vanguarda" (Mateiro, 2012). Paynter atuou durante anos como professor de música no ensino fundamental e no ensino médio, o que também o levou a pensar a criação e a experimentação musical em sala de aula de maneira a oportunizar vivências individuais e coletivas para todos os alunos. Com relação às atividades musicais em grupo, suas propostas preveem a estruturação de projetos, nos quais as aulas podem ser desenvolvidas como oficinas de experimentação (Fonterrada, 2008; Mateiro, 2012). Um exemplo de projeto consiste na possibilidade da busca de sons produzidos em instrumentos de madeira. Os alunos formam grupos que visam explorar tais sons e instrumentos, além de propor improvisações e composições e trabalhar notações musicais alternativas, tudo isso fomentando diálogos e reflexões em grupo.

> **Vamos ouvir?**
>
> Raymond Murray Schafer ficou bastante conhecido por suas composições e formas alternativas de notação musical. Confira algumas obras desse educador e compositor.
>
> - *Epitaph for Moonlight* (1969)
> - *Snowforms* (1986)

O canadense **Raymond Murray Schafer** (1933-2021) propõe ideias para se pensar em uma educação sonora antes mesmo de uma educação musical propriamente dita. Suas ideias se concentram fortemente no desenvolvimento das habilidades de escutar e interagir com os sons. Assim, ele cunha o termo **paisagens sonoras** (em inglês, *soundscapes*) para designar a relação entre o som e o meio ambiente e o termo **ecologia acústica** para expressar sua preocupação com a poluição sonora (Fonterrada, 2008, 2012). Para promover o diálogo e a discussão coletivamente, ele prevê atividades em diversos contextos, de maneira a formar uma comunidade de aprendizes interagindo com os sons e com a música. Além disso, ele aponta a necessidade de desenvolvimento da autonomia com relação ao universo sonoro que nos cerca, como indicado em seu livro *O ouvido pensante* (Schafer, 1991).

Mãos à obra

1. Esta atividade deve ser realizada em duas etapas.

Etapa I

i) O professor deve selecionar vídeos com imagens e sons de diferentes lugares da cidade/bairro em que os alunos vivem (cerca de quatro lugares distintos e instigantes).

ii) Depois, o professor apresenta aos alunos apenas o som desses lugares (sem o vídeo/imagem) e pede a eles que identifiquem as fontes sonoras e pensem sobre seu lugar de origem (incluindo outras perguntas que podem ser acrescentadas).

iii) Depois de discutir a resposta de cada aluno, os vídeos devem ser apresentados com as imagens e os sons.

iv) Também é possível realizar o processo inverso, ou seja, apresentar imagens e pedir aos discentes que pensem no som delas.

Etapa II

i) O professor deve dividir os alunos em grupos e pedir a eles que pensem em como recriar paisagens sonoras de seu cotidiano – com a voz, o corpo ou outros instrumentos e recursos sonoros (por exemplo, os sons de quando eles entram no ônibus escolar para ir até a escola, o pátio da escola no intervalo etc.).

ii) O professor pode solicitar aos alunos que procurem coletivamente uma forma de notar essa sequência de sons que eles estão reproduzindo.

iii) Os alunos apresentam essas paisagens sonoras recriadas em grupo com o objetivo de que os outros grupos descubram o local de cada uma.

iv) Após isso, pode haver uma discussão coletiva sobre os sons cotidianos para direcionar a atenção dos alunos à percepção do universo sonoro que os cerca.

A segunda geração das pedagogias em educação musical suscita uma expansão dos olhares sobre o que é música e como as práticas musicais em conjunto podem ser realizadas. De maneira prática, se pensarmos na atuação em sala de aula no ensino fundamental e no ensino médio, a exploração do mundo sonoro com base em fontes sonoras diversas (materiais não convencionais, o corpo, a voz etc.) e a criação musical podem ser incorporadas em projetos coletivos que movimentem as ideias e o interesse dos alunos.

Em outros contextos, como as práticas musicais em conjunto realizadas em fanfarras, bandas diversas, formações de música de concerto e outras possibilidades de formação/prática musical, as propostas da segunda geração podem auxiliar na compreensão geral do fazer e escutar musical. Por exemplo, um professor em um grupo de fanfarra pode trabalhar com a ideia da acústica do ambiente, a incorporação de sonoridades corporais da própria ação musical expressa na marcha ou outros movimentos, a criação sonora com vistas a um objetivo musical específico (o trabalho com texturas, sonoridades e explorações musicais) etc. De fato, como indicado por Gainza (2004), um deslocamento de atenção apenas para a escuta e a interpretação musical em direção às possibilidades de criação pode tornar essas recomendações desafiadoras para professores e alunos. No entanto, com base nessa visão, podemos conceber as práticas musicais em conjunto também como espaços que instigam a curiosidade e a criatividade, como um espaço de desafio e construção de mundos e possibilidades sonoras compartilhadas.

2.4 Práticas musicais em conjunto no contexto educacional brasileiro

Depois de examinarmos algumas particularidades sobre o ensino da música na cultura ocidental, o estabelecimento das pedagogias ativas em educação musical e as práticas musicais coletivas de alguns educadores, nesta seção voltaremos nosso olhar para o contexto brasileiro. Comumente, os autores da área buscam descrever o percurso da educação musical no Brasil, o que é um exercício interessante, tendo em vista os caminhos singulares que a música e seu ensino tiveram no contexto brasileiro (Romanelli, 2013; Toni, 2017). Concordamos que rever nossa história permite esclarecer o percurso que traçamos na educação musical, "pois conhecermos quem fomos pode contribuir para compreendermos quem somos e quem pretendemos ser"(Fonterrada, 2008, p. 208). Iniciaremos com uma breve contextualização do ensino da música no Brasil, enfatizando o ensino coletivo e as legislações de cada época.

Os registros sobre a educação musical no Brasil remontam aos tempos da colonização, quando a ordem jesuítica Companhia de Jesus, fundada por Inácio de Loyola, chegou ao Brasil com os portugueses. O trabalho era primordialmente coletivo e tinha como objetivo catequizar e apresentar a doutrina da Igreja Católica por meio de repetições exaustivas de determinada atividade. Além disso, os jesuítas buscavam a enculturação de indígenas e escravizados negros em favor da absorção dos preceitos católicos por meio da música e utilizavam atividades apoiadas principalmente no canto (Oliveira, 1992; Fonterrada, 2008). Sem dúvida, antes da colonização, as comunidades indígenas que viviam no território brasileiro contavam com formas de ensino e aprendizagem musical como parte de suas culturas, mas não há registros de como tais processos ocorriam. Com a chegada da família real portuguesa ao Brasil, em 1808, que fugiu do exército de Napoleão, o cenário musical e artístico ganhou mais espaço, apesar de haver poucos registros sobre esse tipo de educação nesse período e a indicação da predominância de um repertório de músicas europeias.

Em 1854, o ensino de Música nas escolas públicas brasileiras foi instituído, na Primeira República, por meio do Decreto Federal n. 981, que instituiu a formação especializada do professor dessa disciplina (Oliveira, 1992; Fonterrada, 2008; Amato, 2006; Romanelli, 2013). Ademais, destaca-se que, mesmo antes desse decreto, o ensino de música já estava ocorrendo formalmente no Brasil, uma vez que conservatórios já haviam aberto as portas nas cidades de São Paulo e Rio de Janeiro (como discutido no início deste capítulo). Entretanto, ensinar música ainda era visto como sinônimo de ensinar um instrumento, o que não possibilitou um grande fortalecimento da música nas escolas.

No início do século XX, na década de 1920, Mário de Andrade (1893-1945) contribuiu significativamente com a reflexão sobre a função social da música e a importância do folclore e da música popular. Anos mais tarde, a convite de Getúlio Vargas, Villa-Lobos colocou em ação um projeto de alcance nacional que instituiu o canto orfeônico em todas as escolas públicas brasileiras. As propostas de Villa-Lobos e outros educadores musicais brasileiros serão discutidas na próxima seção.

A educação musical era considerada uma disciplina curricular, mas, em 1971, com a Lei de Diretrizes e Bases da Educação Nacional (LDBEN) – Lei n. 5.692, de 11 de agosto de 1971 (Brasil, 1971) –, passou a ser tratada como uma atividade complementar na disciplina de

Educação Artística. Essa foi uma disciplina de caráter polivalente – modelo que ainda está presente nas escolas –, na qual o professor "devia dominar quatro áreas de expressão artísticas – música, teatro, artes plásticas e desenho, substituído mais tarde pela dança" (Fonterrada, 2008, p. 218).

O cenário por detrás de diversas mudanças na educação brasileira foi a ditadura militar brasileira, um estado de exceção que vigorou de 1964 a 1985. Após a redemocratização, foi promulgada a LDBEN de 1996 – Lei n. 9.394, de 20 de dezembro de 1996 (Brasil, 1996) –, por meio da qual a disciplina de Arte foi instituída no currículo das escolas brasileiras. Nessa nova LDBEN, a música continua como conteúdo integrante da disciplina de Arte, dividindo espaço com outras áreas no currículo escolar. Nesse sentido, Penna (2004, p. 23) afirma que "continuam a persistir a indefinição e ambiguidade que permitem a multiplicidade, uma vez que a expressão 'ensino de arte' pode ter diferentes interpretações, sendo necessário defini-la com maior precisão". Essas considerações são importantes, pois estamos traçando um perfil do espaço da educação musical nas escolas, que é um ambiente de ensino e aprendizagem e de atuação do professor de música de modo primordialmente coletivo.

Em alto e bom som

A LDBEN é a legislação que regulamenta o sistema educacional brasileiro (público e privado), da educação básica ao ensino superior (Brasil, 1996).

Em 2008, foi aprovada a Lei n. 11.769, de 18 de agosto de 2008, que acrescenta ao art. 26 da LDBEN de 1996 o seguinte parágrafo:

"§ 6º A música deverá ser conteúdo obrigatório, mas não exclusivo, do componente curricular de que trata o § 2° deste artigo"(Brasil, 2008). Assim, a música passou a ser componente curricular obrigatório da disciplina de Arte. A Lei n. 13.278, de 2 de maio de 2016, alterou esse parágrafo do art. 26 e tornou outros conteúdos obrigatórios nessa disciplina: "§ 6º As artes visuais, a dança, a música e o teatro são as linguagens que constituirão o componente curricular de que trata o §2 º deste artigo"(Brasil, 2016).

Curiosidade

A **Base Nacional Comum Curricular (BNCC)** é "um documento de caráter normativo que define o conjunto orgânico e progressivo de **aprendizagens essenciais** que todos os alunos devem desenvolver ao longo das etapas e modalidades da Educação Básica" (Brasil, 2017, p. 7, grifo do original).

Esse documento tem como fundamento um histórico de discussões sobre a educação básica brasileira. Com relação ao espaço da música no ensino escolar brasileiro, o documento amplia o espaço da arte e de suas linguagens como conteúdos obrigatórios ao longo de toda a educação básica. Apesar dos avanços para o ensino e aprendizagem de música nas escolas, Romanelli (2016) indica que é necessária uma discussão contínua para ponderar sobre o espaço e o acesso ao ensino de música no ambiente escolar.

BRASIL. Ministério da Educação. **Base Nacional Comum Curricular**: educação é a base. Brasília, 2017. Disponível em: <http://basenacionalcomum.mec.gov.br/images/BNCC_EI_EF_110518_versao final_site.pdf>. Acesso em: 11 jan. 2022.

Fonterrada (2008) aponta que o Ministério da Educação (MEC) publicou uma série de documentos para auxiliar na implantação da nova LDBEN (Brasil, 1996). Diante disso, vamos analisar brevemente os aspectos das práticas musicais em conjunto registrados em alguns desses documentos. Antes de começarmos, é necessária uma consideração preliminar. A formação do professor de Música nos cursos de Licenciatura em Música prevê a atuação do futuro docente na educação básica. Em algumas situações, instituições que formam esses profissionais enfatizam (ou já enfatizaram) uma formação voltada para a atuação no ensino fundamental e no ensino médio em seu Projeto Pedagógico de Curso (PPC). No entanto, nos últimos anos, a demanda por professores de música na educação infantil (tanto na rede privada quanto na rede pública) e em outros contextos (como escolas especializadas de música) surgiu como uma possibilidade de ampliação da atuação profissional (Gomes, 2016).

As novas demandas levaram cursos de Licenciatura em Música a pensar espaços de discussão na educação infantil, bem como a propor formações mais especializadas a essa área de atuação, além de outras possíveis ampliações para o ensino em escolas livres de música e a atuação em projetos sociais, por exemplo. Tendo isso em vista, optamos por apresentar uma perspectiva das práticas musicais em conjunto em documentos oficiais da educação infantil, do ensino fundamental e do ensino médio. Para isso, selecionamos o Referencial Curricular Nacional para a Educação Infantil (RCNEI) e os Parâmetros Curriculares Nacionais (PCN) para o ensino fundamental e o ensino médio. Tais documentos consistem em orientações para direcionar o olhar de professores, coordenadores e diretores de escolas às práticas educativas de determinados conteúdos e disciplinas. Portanto, reconhecemos o caráter orientador e histórico de tais documentos no estabelecimento de discussões sobre a presença e a condução didática da música e de outras artes nas escolas brasileiras. Além disso, apresentamos uma breve leitura a respeito das possibilidades das práticas musicais em conjunto na BNCC (Brasil, 2017), considerando as novidades propostas nesse documento com relação às discussões atuais a respeito da educação e da educação musical no Brasil.

Iniciemos com o RCNEI, que foi escrito em três volumes. De maneira especial, o terceiro volume (Brasil, 1998b) apresenta seis eixos de trabalhos: (1) movimento, (2) música, (3) artes visuais, (4) linguagem oral e escrita, (5) natureza e (6) sociedade e matemática. Desde o início do texto, a música é tratada como elemento cultural importante, relacionado às práticas musicais coletivas, como a própria presença em festas e comemorações, eventos culturais e sociais, rituais religiosos, entre outros. A música é considerada uma forma de conhecimento que perpassa a integração social, além de se apontar a possibilidade de integração com outras áreas e ações, como os gestos e atividades musicais pensadas a partir de canções com danças de roda (como a canção popular *Ciranda, cirandinha*) ou com o uso dos jogos de mãos.

> **Jogos de mão** "são brincadeiras típicas da infância que ocorrem geralmente em pares na maior parte das culturas. A ênfase dessas brincadeiras está nas combinações rítmicas executadas principalmente com as palmas das mãos, mas também todo o corpo" (Madalozzo et al., 2011, p. 76).

O texto do RCNEI cita a interação social no fazer e escuta musical, além de destacar a aprendizagem por meio da imitação e do uso do canto. O documento não explicita a diferenciação entre o ensino individual e o ensino em grupo, uma vez que pressupõe a atuação em uma sala de aula com diversas crianças que participam ativamente da aula de música: cantando, ouvindo, interagindo, explorando e brincando. O texto também não faz referência aos professores especialistas, e sim a todos os profissionais envolvidos na educação infantil.

No que se refere aos PCN, estes são mais objetivos no sentido de indicar como o professor especialista pode atuar na disciplina de Arte no ensino fundamental e médio. Além disso, os textos destacam as artes como campo do conhecimento e a necessidade da apropriação, produção e reflexão crítica de maneira individual e coletiva, principalmente no reconhecimento da produção artística em grupos sociais, artísticos e culturais distintos.

É válido ressaltar que os documentos apresentam um caráter polivalente (música, artes visuais, teatro e dança), mesmo que os assuntos sejam tratados de maneira individual. O PCN de Arte para os anos iniciais do ensino fundamental propõe, de modo abrangente, duas frentes para o ensino de música: (1) o fazer musical por meio da interpretação, da composição e da improvisação; e (2) a apreciação musical (Brasil, 1997).

Em alto e bom som

De acordo com a legislação vigente à época da publicação dos PCN, os anos iniciais do ensino fundamental compreendiam da 1ª à 4ª série. Atualmente, os anos iniciais do ensino fundamental

> estão distribuídos do 1º ao 5º ano. Com relação aos anos finais do ensino fundamental, estes englobavam da 5ª à 8ª série; atualmente, abrangem do 6º ao 9º ano.

No que se refere ao fazer musical, ainda no PCN de Arte para os anos iniciais do ensino fundamental, as práticas musicais em conjunto destacadas são a observação, a análise, a seleção e a tomada de decisão sobre as estratégias e as produções individuais e coletivas. Quanto à apreciação musical, as atividades em grupo apresentadas estão relacionadas à discussão e à reflexão sobre as estratégias pessoais e dos colegas na escuta musical, que deve contemplar diversas músicas do mundo. Ademais, salientamos a possibilidade de o professor oportunizar espaços para os alunos atuarem como ouvintes, intérpretes, compositores ou improvisadores dentro e fora da sala de aula. Essas possibilidades podem ser viabilizadas por meio de contatos com grupos musicais dentro e fora do ambiente escolar, bem como por meio de debates sobre as diferentes manifestações artísticas em sociedade.

Já o PCN de Arte para os anos finais do ensino fundamental propõe uma revisão do texto da primeira etapa e reforça as artes como circunstância de movimentação de interesses coletivos da sociedade (Brasil, 1998a). De maneira geral, o texto enfatiza três aspectos para o ensino da disciplina de Arte: produzir, apreciar e contextualizar (social e historicamente). Em particular sobre o ensino de música, os pontos que tratam das práticas musicais em conjunto estão relacionados com o objetivo de promover um contato com grupos musicais no ambiente escolar e extraescolar (eventos da cultura popular, apresentações, concertos etc.) com a finalidade de instigar a produção, a apreciação e a contextualização individual e coletiva. Destaca-se, ainda, a necessidade do trabalho em equipe, por meio da interação em grupo na forma de criações e interpretações musicais.

Finalmente, o conteúdo de música na disciplina de Arte no ensino médio está descrito no PCN que discute as linguagens, códigos e suas tecnologias (Brasil, 2000). O texto desse documento estabelece a necessidade da realização de produções artísticas de maneira individual e coletiva, além da análise, da reflexão, do respeito e da preservação em face das manifestações artísticas de diferentes grupos sociais e étnicos. Nesse caso, o ensino médio é reconhecido como espaço coletivo de ensino e aprendizagem. Contudo, o coletivo só aparece explicitamente quando se consideram as discussões e reflexões sobre as práticas musicais que envolvem a ecologia acústica e as paisagens sonoras (propostas pelo educador musical Murray Schafer).

Com base em uma leitura reflexiva dos PCN de Arte para o ensino fundamental, Fonterrada (2008, p. 272) indica que "os termos que sugerem prática musical, via de regra, são utilizados de maneira ocasional, isto é, vaga e imprecisa". Considera-se que há um espaço para a música nos documentos oficiais, bem como o balanceamento entre as ações de fazer, escutar e refletir ao tratar das manifestações artístico-musicais. Por esse motivo, ressalta-se a necessidade de pensar em como "atuar em conjunto (fazer música coletivamente, isto é, praticar atividades de canto coral, banda, fanfarra, orquestra, e participar de oficinas de criação musical)" como "condições essenciais para a instalação do fazer musical" nas escolas (Fonterrada, 2008, p. 273). Por fim, é importante aproveitar o espaço comunitário da escola e o fato de que os alunos se encontram juntos para fazer música de maneira prática, buscando-se sempre equilibrar e desenvolver suas habilidades relacionadas à música.

Cabe analisarmos, por fim, a BNCC (Brasil, 2017), que, como mencionamos, além de ter caráter normativo, "define o conjunto orgânico e progressivo de **aprendizagens essenciais** que todos os alunos devem desenvolver ao longo das etapas e modalidades da Educação Básica" (Brasil, 2017, p. 7, grifo do original). A BNCC foi elaborada com base em outros documentos normativos. Dessa forma, é mais específica no sentido de apontar conteúdos de cada ano da educação básica como aprendizagens essenciais em uma base curricular comum. O RCNEI e os PCN ainda têm seu valor assegurado como documentos provenientes de discussões e conquistas históricas da área de artes e mantêm sua legitimidade na função de documentos orientadores para professores, coordenadores e diretores de escolas.

Especificamente sobre as práticas musicais em conjunto, não há uma menção direta a esse tema na BNCC. Na etapa da educação infantil, concebem-se as interações como eixo estruturante das propostas educativas na condição de espaço coletivo que pode favorecer experiências artísticas compartilhadas e desenvolvidas com os pares na criação, exploração, escuta e utilização de materiais sonoros e musicais de modo individual e coletivo. Quanto à etapa do ensino fundamental, na BNCC há um reforço da concepção das atividades humanas como práticas sociais, e a área de artes aparece como uma das quatro áreas de linguagens – as outras três são língua portuguesa, educação física e língua inglesa. Na área de artes, a música divide espaço com as artes visuais, a dança e o teatro de maneira a articular as interações sociais e as práticas individuais, coletivas e colaborativas por meio da criação, da crítica, da estesia, da expressão, da fruição e da reflexão. Por sua vez, na etapa do ensino médio, destacam-se na BNCC o trabalho em equipe e a colaboração em projetos individuais, coletivos e colaborativos que podem desdobrar-se em eventos, *performances* e outras manifestações artísticas no espaço escolar e na comunidade. No ensino fundamental e no ensino médio, a BNCC apresenta no conteúdo de artes/música um reconhecimento de grupos e práticas musicais articulados com as diferentes realidades sociais, políticas, econômicas, estéticas, entre outras possíveis dimensões a serem consideradas.

2.5 Pedagogias musicais brasileiras e as práticas musicais em conjunto

Ao tratarmos das práticas musicais em conjunto no percurso da educação musical no Brasil e seus espaços nas legislações, não poderíamos deixar de lado uma breve revisão sobre as pedagogias brasileiras em educação musical. Nesse sentido, nesta seção apresentaremos uma breve revisão dos aspectos relacionados à prática musical em conjunto ou a propostas de ensino que envolvam grupos musicais. As pedagogias musicais citadas são referentes aos seguintes educadores: Villa-Lobos, Sá Pereira, Liddy Mignone, Gramani e Ciavatta. É importante destacar que pedagogias em educação musical estrangeiras, principalmente europeias e norte-americanas, tiveram uma ampla adesão entre educadores musicais brasileiros. Sem dúvida, as pedagogias que vieram "de fora" também foram amplamente adaptadas às condições e contextos de ensino e aprendizagem brasileiros, bem como houve a inclusão de repertórios musicais da cultura nacional.

Talvez o primeiro nome que vem à mente quando pensamos no ensino de música no Brasil seja o do compositor **Heitor Villa-Lobos** (1887-1959), principalmente quando consideramos o percurso da história da educação musical brasileira. No entanto, Ferraz (2016) indica que o envolvimento de Villa-Lobos na educação musical costuma não ser uma perspectiva tão discutida nas pesquisas. A proposta de Villa-Lobos está fundamentada na prática do canto coral coletivo e amador nas escolas, que ficou conhecida como **canto orfeônico**. É importante ter em mente que a propositura de Villa-Lobos não foi inédita, uma vez que programas similares já tinham sido instituídos em outros países e havia, até mesmo, outras versões brasileiras da mesma proposta, como a dos educadores João Gomes Júnior e Fabiano Lozano (Romanelli, 2013; Ferraz, 2016).

Além disso, Fonterrada (2008) destaca que Villa-Lobos conheceu o projeto de Zoltán Kodály e inspirou-se em suas ideias sobre o resgate do material folclórico e popular nacional e na utilização do canto coral para as práticas coletivas no ensino de música. O canto orfeônico colocou o Brasil para cantar, mas também esteve relacionado à política nacionalista de Getúlio Vargas no regime do Estado Novo (1937-1945). Nessa perspectiva, cabe salientar que, além da formação musical e cultural de crianças e jovens, o canto orfeônico também tinha objetivos relacionados ao patriotismo, à cooperação coletiva e ao civismo. Mesmo depois do desligamento de Villa-Lobos de suas atividades na educação musical com o fim do Estado Novo, o canto orfeônico continuou nas escolas até 1971.

Com relação às práticas musicais em conjunto na pedagogia musical de Villa-Lobos, sua sugestão de ampliação e nacionalização do canto orfeônico constitui-se em si no aspecto central do fazer musical coletivo. O principal repertório desenvolvido nas práticas de canto orfeônico estava associado a um resgate das músicas folclóricas e da tradição popular, além de canções cívicas. Ademais, o compositor e educador também se preocupava em como suas composições poderiam atrair crianças, jovens e massas para as salas de concerto por meio de elementos das tradições musicais populares, ao mesmo tempo que apresentava essas tradições musicais (populares, ameríndias e afro-brasileiras) para as elites (Ferraz, 2016).

Vamos ouvir?

Heitor Villa-Lobos utilizou temas musicais das tradições populares brasileiras em diversas composições. Além disso, compôs obras que podem ser muito interessantes para aguçar a curiosidade musical dos alunos. Confira algumas delas.

- *Choros n. 10* (1926)
- *O trenzinho do caipira – Bachianas Brasileiras n. 2 – IV. Tocata* (1933)
- *Bachianas Brasileiras n. 4* (1942)

Na primeira metade do século XX, a educação musical brasileira contou com alguns nomes importantes. Entre eles estava **Antônio de Sá Pereira** (1888-1966), que propunha um ensino musical ativo baseado em jogos e movimentações com forte influência da pedagogia concebida por Émile Jaques-Dalcroze. Sá Pereira defendia uma educação musical que levasse em consideração uma fundamentação educacional e psicológica para o ensino (Fernandes, 2016). Suas propostas culminaram em cursos de iniciação musical para crianças, que previam exercícios de escuta, localização espacial e leitura musical com o objetivo de formar músicos (Fernandes, 2016). Tais exercícios também foram pensados para serem integrados em práticas em conjunto, nas quais os alunos explorariam o som dos instrumentos e proporiam execuções em conjunto e o professor poderia buscar a inclusão de atividades de escuta e leitura musical.

Outro nome que se destacou na primeira metade do século XX foi o da educadora musical **Liddy Chiaffarelli Mignone** (1891-1962). Ela trabalhou em parceria com Sá Pereira nos cursos de iniciação musical, mas, diferentemente dele, tinha o objetivo de desenvolver as potencialidades musicais de cada indivíduo: tocando, compondo, escutando, movimentando-se, entre outras formas de vivenciar a música (Rocha, 2016). A perspectiva de Liddy Mignone previa o ensino de música coletivo com crianças (por meio da iniciação musical), mas com uma atenção ao trabalho de individualidades no coletivo. A musicista foi fortemente influenciada pelas pedagogias ativas de educação musical da primeira geração (Dalcroze, Orff, Willems, entre outros) e buscava desenvolver seu trabalho coletivo com crianças de maneira lúdica, reforçando sempre sua postura em defesa de um professor de música bem preparado (Rocha, 2016).

O ensino da rítmica é o tema das práticas musicais coletivas dos dois últimos educadores musicais brevemente revisados nesta seção. **José Eduardo Gramani** (1944-1998) foi um músico e compositor ativo e esteve à frente de diversos trabalhos com orquestras e corais, mas foi principalmente pelo ensino de rítmica que ele ficou conhecido. As propostas de Gramani estão relacionadas a um ensino de rítmica que envolve a voz, a regência e a percussão corporal. Seus exercícios e práticas podem ser realizados individualmente ou em grupos, tendo sempre em vista a ludicidade, o que, sem dúvida, tem relação com sua atuação em grupos musicais e a divulgação de suas ideias em eventos musicais, como oficinas e festivais (Gramani; Cunha, 2016; Frigeri, 2019).

O segundo educador musical relacionado ao ensino da rítmica é **Lucas Ciavatta** (1965-), que ficou conhecido pela elaboração do método denominado *O Passo*. Como o próprio nome do método indica, O Passo propõe movimentos corporais de passos como um modelo de regência que emprega os pés, além de utilizar as palmas e a voz. A proposta de Ciavatta busca desenvolver simultaneamente a inclusão do indivíduo e sua autonomia no grupo, amparada por quatro eixos principais: o corpo, a representação (notação gráfica, oral e corporal), o grupo e a diversidade cultural (Ciavatta; Ferreira; Santos, 2016). Os exercícios podem ser realizados de maneira individual, mas é a atividade em grupo que é sempre priorizada. Além disso, O Passo prevê um espaço fundamental para a prática em conjunto com instrumentos de percussão, bem como o uso do canto em conjunto com as práticas rítmicas. Ciavatta apresenta um espaço de ensino e aprendizagem de música que visa promover a "socialização, como um espaço para troca, a negociação, como uma oportunidade de equilibrar grupo e indivíduo fortalecendo o primeiro a partir do fortalecimento do segundo e vice-versa" (Ciavatta; Ferreira; Santos, 2016, p. 211).

Figura 2.3 – Prática musical em conjunto por meio da utilização de instrumentos de percussão

Afinando o conhecimento

O método O Passo ganhou forte repercussão entre professores de música no Brasil. Lucas Ciavatta também mantém o grupo Bloco d'O Passo, no qual ele busca explorar criações e arranjos.
INSTITUTO DO PASSO. Disponível em: <https://www.institutodopasso.org/>. Acesso em: 17 jan. 2022.

O PASSO através do bloco – uma visita guiada. **OPasso**, 17 ago. 2015. 4 min. Disponível em: <www.youtube.com/watch?v=Z1LH91xlhqs>. Acesso em: 17 jan. 2022.

> O grupo Barbatuques também busca explorar as possibilidades musicais e rítmicas utilizando o corpo, a percussão corporal, a voz e demais instrumentos. Suas práticas musicais são muito interessantes para refletir sobre a exploração do som com o corpo e aguçar a curiosidade dos alunos.
>
> BARBATUQUES. Disponível em: <https://www.barbatuques.com.br/>. Acesso em: 17 jan. 2022.

Para finalizar, reforçamos que não tivemos a pretensão de detalhar cada aspecto da história e das pedagogias de educação musical citadas neste capítulo. Buscamos apresentar, de forma direcionada, alguns elementos referentes às práticas musicais em conjunto no percurso analisado. Aqui, levamos em conta a importância dos subsídios teóricos e práticos na formação do professor e dos interessados no ensino e aprendizagem de música. Dessa forma, este capítulo foi pensado de modo a considerar:

- a retomada de aspectos que são tratados em outras disciplinas em nível superior para a formação do professor de Música (como disciplinas de metodologia do ensino de música ou fundamentos da educação musical), mas com uma visão direcionada às práticas musicais coletivas;
- a revisão da legislação pertinente ao ensino de música, no sentido de também fornecer subsídios para a formação de uma perspectiva acerca da estruturação legal do ensino e aprendizagem de música nas escolas.

Para um estudo detalhado de cada proposta, sugerimos a leitura dos autores mencionados ao longo do texto.

▷▷ **Resumo da ópera**

A seguir, apresentamos uma síntese dos principais temas e desdobramentos teóricos abordados ao longo deste capítulo.

I. Pedagogias em educação musical: breve revisão

- Revisão sobre o percurso do ensino de música.
- Cenário de origem das pedagogias ativas e principais períodos do século XX.

II. Prática de conjunto e pedagogias ativas da primeira geração

- Práticas coletivas de ensino de música conforme a perspectiva dos educadores musicais Dalcroze, Orff/Wuytack, Kodály e Suzuki.

III. Prática de conjunto e pedagogias ativas da segunda geração

- Práticas coletivas de ensino de música conforme a perspectiva dos educadores musicais Paynter e Schafer.

IV. Contexto brasileiro

- Breve apresentação da história da educação musical brasileira.
- Indicação de aspectos da legislação voltados para as práticas musicais em conjunto.

V. Prática de conjunto e pedagogias musicais brasileiras

- Práticas coletivas de ensino de música conforme a perspectiva dos educadores musicais Villa-Lobos, Sá Pereira, Liddy Mignone, Gramani e Ciavatta.

Teste de som

1. A passagem do século XIX para o XX se apresentou como um cenário de _____ de paradigmas no âmbito de processos de ensino e aprendizagem na educação geral e na educação musical. Nesse período, surgiram pensadores e educadores musicais que propuseram pedagogias _____ para o ensino de música.

   Agora, assinale a alternativa cuja sequência preenche corretamente as lacunas:

   a) mudança; tradicionais.
   b) estabilidade; tradicionais.
   c) mudança; ativas.
   d) concorrência; alternativas.
   e) manutenção; ativas.

2. A primeira geração das pedagogias ativas em educação musical pode ser pensada com base em uma subdivisão em três grupos, proposta por Gainza (2004). Um desses grupos consiste nos métodos instrumentais, que apresentam algumas articulações com as práticas musicais em conjunto. A esse respeito, analise as afirmações a seguir e marque V para as verdadeiras e F para as falsas.

   ( ) Os métodos instrumentais foram propostas pedagógico-musicais formuladas para serem trabalhadas exclusivamente em aulas de prática musical em conjunto.
   ( ) Fazem parte dos métodos instrumentais as propostas pedagógico-musicais desenvolvidas pelos educadores Carl Orff, Zoltán Kodály e Shinichi Suzuki.

( ) As propostas dos educadores musicais dos métodos instrumentais consistem apenas em fornecer informações teóricas sobre instrumentos de orquestra para os alunos.

( ) Os métodos instrumentais consistem em práticas com a voz/canto coral e com instrumentos musicais que permitem o desenvolvimento de atividades individuais e coletivas no ensino de música de maneira ativa.

Agora, assinale a alternativa que apresenta a sequência correta:

a) F – V – V – V.
b) V – F – V – V.
c) F – F – V – V.
d) F – V – F – V.
e) V – F – V – F.

3. A primeira geração das pedagogias direcionadas à educação musical deu enfoque à escuta e à execução musical, ao passo que a segunda geração buscou explorar as possibilidades de _____, levando em consideração também o repertório de música _____ desses educadores-compositores.

Agora, assinale a alternativa cuja sequência preenche corretamente as lacunas:

a) criação musical; alternativa.
b) criação musical; contemporânea.
c) afinação musical; alternativa.
d) criação musical; antiga.
e) afinação musical; popular.

4. Alguns documentos governamentais auxiliam o professor em sua atuação docente no ambiente escolar, consistindo em algumas orientações para direcionar as práticas educativas de determinados conteúdos e disciplinas. Esses documentos foram analisados nas discussões deste capítulo considerando-se as possibilidades relacionadas ao desenvolvimento de práticas musicais em conjunto em diferentes etapas da educação básica.

Assinale a alternativa que corresponde a dois documentos governamentais citados:

a) Referencial Curricular Nacional para a Educação Infantil (RCNEI) e Projeto Político Pedagógico (PPP).
b) Projeto Político Pedagógico (PPP) e Parâmetros Curriculares Nacionais (PCN).
c) Diretrizes Curriculares Nacionais (DCN) e Plano de Aula (PA).
d) Plano de Aula (PA) e Projeto Político Pedagógico (PPP).
e) Referencial Curricular Nacional para a Educação Infantil (RCNEI) e Parâmetros Curriculares Nacionais (PCN).

5. Tendo em vista as propostas pedagógicas para o ensino de música no Brasil estudadas neste capítulo, relacione cada educador e proposta à respectiva conceituação.

1) Villa-Lobos/canto orfeônico.
2) Sá Pereira e Liddy Mignone/iniciação musical.
3) Gramani e Ciavatta/ensino da rítmica.

( ) Apesar de apresentarem objetivos finais diferentes, esses dois educadores chegaram a trabalhar juntos em uma proposta de ensino de música com exercícios de escuta, localização espacial, leitura musical, exploração do som dos instrumentos, execuções em conjunto, exercícios de prática musical (tocando e compondo) e outras formas de vivenciar a música.

( ) Seus exercícios e práticas podem ser realizados individualmente ou em grupos mediante atividades que fazem uso de sons corporais, instrumentos de percussão e práticas vocais e rítmicas.

( ) Trata-se de uma proposta que foi colocada em prática por um compositor e educador que buscava explorar as possibilidades do canto coral coletivo e amador nas escolas brasileiras. Tal prática musical coletiva oportunizou o acesso ao ensino de música e estava alinhado às políticas de Getúlio Vargas.

Agora, assinale a alternativa que apresenta a sequência correta:

a) 1 - 2 - 3.
b) 2 - 1 - 3.
c) 2 - 3 - 1.
d) 3 - 1 - 2.
e) 3 - 2 - 1.

Treinando o repertório

Questões para reflexão

1. Em 1998, a Secretaria de Meio Ambiente da Prefeitura do Rio de Janeiro, em parceria com a Pró-Arte, lançou a cartilha *Escuta! A paisagem sonora da cidade* (Rio de Janeiro, 1998). Esse documento foi inspirado na ideia de ecologia acústica de Murray Schafer e teve como objetivo promover uma conscientização da poluição sonora na cidade.

Considerando a necessidade de uma conscientização acerca dos sons que nos cercam, você já parou para escutar a paisagem sonora da cidade onde vive? Quais são as características sonoras de sua cidade e das outras que você conhece?

2. Você consegue identificar a presença de uma ou mais pedagogias em educação musical nos contextos em que você foi estudante de música? Caso sua aprendizagem musical tenha ocorrido em contextos coletivos, é possível verificar a presença de características das práticas coletivas estudadas até este momento? Busque elaborar uma análise sobre seu percurso na aprendizagem musical.

Atividade aplicada: prática

1. A atual Lei de Diretrizes e Bases da Educação Nacional (LDBEN) – Lei n. 9.394, de 20 de dezembro de 1996 (Brasil, 1996) – define e organiza a educação brasileira em todos os níveis. Além das leis e diretrizes aplicadas para todo o território nacional, também há regulamentações específicas para cada estado e município. Então, os espaços para o ensino e aprendizagem de música podem estar mais presentes em algumas localidades em virtude de políticas particulares de algumas regiões.
Parte de nossa formação pedagógico-musical consiste em estar a par das legislações específicas que regem nossa atuação profissional. Nesse sentido, recomendamos o exercício a seguir.

Procure portais públicos *on-line* que apresentem as legislações educacionais de seu estado e de seu município. Nesses documentos, busque explicações a respeito da disciplina de Arte nas escolas ou ainda sobre o espaço de ensino e aprendizagem de música. Verifique como eles tratam a atuação do professor de Música/Arte e se há orientações para a promoção das práticas musicais em conjunto em sala de aula ou em outros espaços do ambiente escolar.

O exercício pode ser ampliado para a pesquisa sobre legislações dos municípios vizinhos ou de outros estados e até mesmo sobre o Projeto Político Pedagógico (PPP) da escola em que você atua (ou está realizando estágio), além de outras instituições.

Tenha sempre em mente que conhecer a legislação pode ajudá-lo a lidar com questões legais em sua atuação profissional.

Capítulo 3

FAZER MUSICAL EM GRUPO: ESPAÇOS PARA A PRÁTICA, O ENSINO E A APRENDIZAGEM MUSICAL

Na atualidade, o fazer musical coletivo ganha espaço em diferentes contextos nos quais a música e seu ensino estão presentes. Desse modo, "ouvir música, tocar, cantar, criar, falar sobre música, ir a shows, fazer parte de um grupo musical são algumas das maneiras mediante as quais acontece a interação" entre os seres humanos e a música (Brasil, 2006, citado por Kirst; Kussler, 2018, p. 114). Orientados por essas concepções, construímos este capítulo com base nos seguintes objetivos:

- apresentar considerações iniciais sobre os usos e funções da música sob o prisma social;
- identificar as características psicológicas e educacionais da enculturação e do treino musical;
- discutir as práticas formais e informais no ensino e aprendizagem da música.

3.1 Práticas musicais em conjunto: usos e funções

Algumas considerações realizadas no capítulo anterior (particularmente os apontamentos históricos e educacionais) nos possibilitam afirmar que a prática de conjunto musical assume múltiplos usos e funções nos diferentes contextos sociais em que o fazer musical se encontra inserido. Apoiados em Merriam (1964), compreendemos que a expressão *usos* faz referência às circunstâncias nas quais a música é executada em realizações humanas, ao passo que o termo *funções* se relaciona às razões que levam ao uso, ou seja, aos propósitos da utilização. Importante acentuar que, ao direcionarmos nossas reflexões para os usos e funções das práticas de conjunto musical, não almejamos propor uma leitura meramente utilitarista dessa temática, mas reforçar a relevância e as diversas implicações das experiências musicais coletivas em diferentes contextos, sejam eles educativo-musicais ou não.

Aproximando essas reflexões da abordagem temática aqui apresentada (com foco nas práticas de conjunto musical), podemos supor que o uso das práticas coletivas em música está relacionado especialmente aos contextos e às experiências socioculturais, a exemplo das manifestações artísticas nas quais não necessariamente existem pretensões pedagógico-musicais, incluindo eventos culturais regionais – como a Folia do Divino, característica do litoral paranaense (Ramos, 2019) – e recitais de música de câmara nas tradicionais salas de concerto. Ainda a respeito dos usos, importa destacar os espaços de ensino e aprendizagem de música em diferentes níveis de formalidade, que contemplam desde cursos livres até a formação sistematizada em conservatórios e escolas especializadas, da educação básica ao ensino superior em música. Assim, os usos do fazer musical coletivo remetem aos mais diversos espaços: culturais, artísticos e/ou educacionais.

Após esse breve panorama, cabe ressaltar que, para melhor compreendermos as funções que as práticas em conjunto desempenham nos diferentes contextos sociais, precisamos ter em mente que fazer música em grupo é uma forma de promover o compartilhamento social de experiências artísticas substanciais por meio da música. Essa certamente é uma função primária das manifestações musicais coletivas: promover trocas artístico-musicais, culturais, intelectuais e afetivas em nível social. A depender do contexto, a prática em conjunto está em função do entretenimento e/ou manutenção de um fenômeno cultural, como é o caso dos grupos de violeiros e cantores que acompanham a catira ou cateretê – manifestação característica do interior do Brasil –, especialmente nas regiões Centro-Oeste e Sudeste. Por outro lado, tais práticas podem dar enfoque à aprendizagem, assumindo as experiências em grupo como uma via para o desenvolvimento musical. Referimo-nos aqui às circunstâncias nas quais as práticas coletivas são tomadas como componentes curriculares em cursos de Música, da formação inicial ao contexto universitário.

Embora essas ideias respondam parcialmente à pergunta "Quando e por que promover práticas de conjunto musical?", não findam as possibilidades de reflexão sobre essa temática. Hummes (2004), em um ensaio sobre as funções da música na escola e na sociedade, propõe uma leitura crítica acerca das categorias das funções da música identificadas por Merriam (1964), analisando as seguintes funções:

- expressão emocional;
- prazer estético;
- divertimento e entretenimento;
- comunicação;
- representação simbólica;
- reação física;
- imposição de conformidade às normas sociais;
- validação das instituições e religiões;
- continuidade e estabilidade das culturas;
- contribuição para a integração da sociedade.

Ao analisar tais categorias, Hummes (2004, p. 19) defende que a música é "indispensável para uma promulgação apropriada das atividades que constituem uma sociedade", sendo um "comportamento humano universal". Apesar de essas categorias alcançarem a síntese dos usos e funções da música nas culturas ocidentais, "Merriam ressalta que é bem possível que essa lista de funções da música possa requerer condensação ou expansão" (Hummes, 2004, p. 19).

Nesse sentido, selecionamos algumas das categorias elencadas por Merriam (1964) e discutidas por Hummes (2004) para uma aproximação aos contextos de prática de conjunto musical. A função de **divertimento/entretenimento**, segundo Merriam (1964), pode estar associada exclusivamente à satisfação de praticar música ou estar vinculada a outras aplicabilidades, como a função de **reação física**, a qual salienta o potencial da música para promover respostas motoras – do simples ato de marcar a pulsação de uma música com os pés até iniciativas corporais complexas, como a arte da dança. Um exemplo de divertimento são as práticas de conjunto constituídas com base nas chamadas coloquialmente "bandas de garagem". A formação desses grupos remete às bandas de *rock/pop rock*, cujo formato geralmente contempla vocalista, guitarrista, baixista, tecladista e baterista. As práticas musicais vivenciadas em tais contextos carregam características das culturas juvenis e têm como escopo central o divertimento e a satisfação pessoal dos membros do grupo, podendo ou não alcançar pretensões profissionais.

Outro exemplo de associação entre as funções de divertimento/entretenimento e de reação física são as bandas de marcha, grupos instrumentais formados por instrumentos de sopro (madeiras e metais) e percussão, que comumente conduzem eventos cívicos de marcha – a exemplo dos tradicionais desfiles cívico-militares em datas comemorativas, como o Dia da Independência e aniversários de municípios ou estados. Por estar fundamentado em um evento de natureza social, esse exemplo pode ser útil também para ilustrar a função de **validação das instituições sociais**. Somada a essa possibilidade, a música, em suas manifestações coletivas, assume a função de **validação de rituais religiosos**. Nas mais diversas religiões, doutrinas e movimentos espiritualistas, as práticas musicais em grupo integram tanto momentos do culto religioso, estruturando a condução dos rituais, como no caso das religiões afro-brasileiras (como a umbanda e o candomblé), quanto as festividades conduzidas nesse meio.

A função de **contribuição para a integração da sociedade**, por seu turno, apoia-se no fato de que a prática musical em conjunto é uma atividade essencialmente social, visto que está inserida em contextos socioculturais e prevê compartilhamentos nesse nível entre indivíduos. Sob essa ótica, fazer música em grupo é, certamente, a manifestação musical com maior potencial de integração social, possibilitando ricas interações interpessoais na produção e na recepção da música. Essa é, possivelmente, uma das justificativas para a máxima "a música é um instrumento de transformação social". Ela fomenta experiências artísticas coletivas (na perspectiva de quem produz e de quem aprecia), legitima e promove a manutenção de expressões culturais e integra membros de comunidades sociais distintas.

> A música, então, fornece um ponto de convergência no qual os membros da sociedade se reúnem para participar de atividades que exigem cooperação e coordenação do grupo. Nem todas as músicas são apresentadas dessa forma, por certo, mas todas as sociedades têm ocasiões marcadas por música que atrai seus membros e os recorda de sua unidade. (Hummes, 2004, p. 19)

Apoiados em Merriam (1964) e Hummes (2004), salientamos aqui algumas das funções da música (e particularmente das práticas musicais em conjunto) na sociedade. No próximo capítulo, lançaremos um olhar para o ensino e a aprendizagem da música nas práticas em conjunto com base em aportes da psicologia e da educação musical.

3.2 Aprendizagem musical em conjunto: da enculturação ao treino

Uma parcela significativa da literatura referente à cognição/educação musical concorda que o desenvolvimento de habilidades musicais é orientado por dois processos distintos: a enculturação e o treino (Hargreaves; Zimmerman, 2006; Gordon, 2008; Swanwick, 2014), sendo este último de interesse central para as reflexões compartilhadas nesta seção. Para a compreensão do conceito de **enculturação** aplicado ao desenvolvimento musical, consideremos a seguinte afirmação de Sloboda (2008, p. 259): "as crianças pequenas não aspiram progredir em sua capacidade de aprender canções, mas progridem. Os adultos não ensinam às crianças a arte de memorizar canções, mas as crianças aprendem a memorizá-las". A enculturação, nessa perspectiva, corresponde a uma aprendizagem caracterizada pela ausência de intencionalidade, na qual as ações não são orientadas por metas e pretensões de desempenho. Em outras palavras, não há esforços autoconscientes (consciência e controle sobre pensamentos e comportamentos) nem instrução sistematizada (ausência de orientação/supervisão de um especialista).

Para Green (2001, p. 22, tradução nossa), "o conceito de enculturação musical diz respeito à aquisição de habilidades e conhecimentos musicais por meio da imersão nas práticas musicais diárias do contexto social ao qual o indivíduo pertence". Trata-se de habilidades desenvolvidas em decorrência da imersão nos diferentes contextos socioculturais, tendo início nos primeiros estágios da infância e exercendo influência direta na aprendizagem até o período da pré-adolescência. Por volta dos 10 anos, a enculturação passa a ceder lugar ao treino no processo de aquisição de competências musicais (Sloboda, 2008).

Considerando-se que o desenvolvimento musical depende da interação entre as características de cada indivíduo (e suas potencialidades musicais) e das experiências (especialmente as coletivas) em ambientes aos quais somos expostos, a compreensão do conceito de enculturação permite afirmar que um ambiente sociocultural rico e diversificado musicalmente (em termos de recursos e práticas), certamente oportunizará processos de aprendizagem musical significativos.

> A aprendizagem musical por enculturação ocorre a partir de uma base de tendências e potencialidades individuais (inatas ou não), considera os componentes biológicos (físicos e neurológicos), psicológicos (cognitivos e emocionais) e sociais [...]. Sloboda explica que a enculturação é caraterizada por três aspectos: (1) o aparato biológico e cognitivo dos indivíduos; (2) as vivências proporcionadas pelos contextos socioculturais; e (3) o desenvolvimento global dos sujeitos (levando em consideração variáveis físicas, neurológicas e psicológicas). (Veloso, 2020, p. 140)

Para refletir:

- Considerando seu histórico de vida, resgate na memória as situações que envolveram experiências musicais coletivas com potencial para o desenvolvimento musical em sua infância.
- Tendo em vista as características do mundo na atualidade – com destaque para os aspectos socioculturais e as novas tecnologias –, pense em diferentes espaços nos quais as crianças se inserem e vivenciam (direta ou indiretamente) experiências musicais, do nascimento até aproximadamente os dez anos.

Para compreendermos o conceito de **treino** no âmbito das práticas em conjunto, precisamos antes nos apropriar das definições de *consciência* e *intencionalidade*, elementos fundamentais para a aprendizagem deliberada de habilidades musicais. Para Teixeira (2016, p. 35), "descrevemos um comportamento consciente como aquele no qual sabemos o que estamos fazendo", considerando a ciência sobre os próprios pensamentos e ações diante de determinadas situações. Os comportamentos intencionais, por sua vez, são aqueles conduzidos conscientemente e orientados por metas. Partindo desses conceitos, Bandura (2008, p. 15) explica que "as pessoas formam intenções que incluem planos e estratégias de ação para realizá-las".

De acordo com Hargreaves e Zimmerman (2006) e Sloboda (2008), a aprendizagem musical por meio do treino torna-se mais influente a partir dos 10 anos, em consonância com o desenvolvimento de habilidades sociais e a consolidação das funções cognitivas superiores. O fato é que aprender música – individual ou coletivamente – é um processo de crescente complexidade. Isso significa que, à medida que crescemos e avançamos na aprendizagem musical, o desenvolvimento de habilidades passa a demandar o uso de estratégias cognitivas, emocionais, motoras e sociais que não detínhamos na infância.

Assim o treino é compreendido como um processo deliberado de desenvolvimento de competências mediante ações cuidadosamente planejadas e realizadas com o intuito de desenvolver e aprimorar capacidades específicas, como aspectos da técnica instrumental/vocal e/ou da interação musical entre os membros de um grupo. Assim, o treino se aproxima da concepção de *prática deliberada*, descrita pela literatura como "um conjunto de atividades sistematicamente planejadas que têm como objetivo promover a superação de dificuldades específicas do instrumentista e de produzir melhoras efetivas em sua performance"(Ericsson, 1993, citado por Alves; Freire, 2013, p. 3). Gabrielsson (2003) indica que as práticas musicais deliberadas são atividades realizadas com elevados níveis de atenção/concentração e consciência e demandam:

- **orientações explícitas**: educação musical formal;
- **estabelecimento de objetivos de aprendizagem**: O que pretendo fazer? Quais habilidades pretendo desenvolver?;
- **estratégias**: Como fazer? Quais técnicas utilizar?;
- **condições ambientais favoráveis**: concernentes à organização da aprendizagem musical em termos sociais, culturais e físico/estruturais.

A seguir, a Figura 3.1 organiza as definições referentes aos conceitos de enculturação e treino musical, compreendidos como processos complexos, complementares e imprescindíveis ao desenvolvimento musical.

Figura 3.1 – Enculturação e treino na aprendizagem musical

Enculturação	Treino
Trata-se de um processo (predominante até aproximadamente 10 anos) mediante o qual a criança, imersa em realidades culturais específicas, amplia involuntariamente sua bagagem de conhecimentos e desenvolve habilidades por meio da aprendizagem informal e não sistematizada.	Consiste em uma modalidade de aprendizagem musical predominante por volta dos 10 anos em diante e diz respeito às iniciativas voltadas à aquisição de habilidades, considerando-se as competências cognitivas (funções executivas), a motivação, o uso de estratégias para o alcance de metas, a presença de orientações explícitas, entre outros aspectos. Ocorre especialmente por meio da aprendizagem formal e estruturada.

Diferentemente da enculturação, o treino compreende iniciativas de aprendizagem voluntárias, autoconscientes, intencionalmente direcionadas ao alcance de metas e orientadas por um educador (particularmente nos contextos formais de ensino) ou por algum modelo social com proficiência nas habilidades musicais que se pretende desenvolver (considerando-se também os contextos informais de aprendizagem, como igrejas, interações e compartilhamentos entre os pares e/ou as plataformas virtuais). Vejamos a seguir, com base nas contribuições oferecidas por Patrícia Santiago (2006) e Diana Santiago (2010), algumas iniciativas relacionadas à aprendizagem musical por meio do treino e das práticas de conjunto musical deliberadas:

a) Uso estratégico das tecnologias digitais (suportes em áudio e vídeo, por exemplo) compartilhadas por membros de um grupo ou alunos de uma classe para a seleção do repertório, a construção das *performances* em conjunto e o registro da prática musical empreendida.

b) Atenção às especificidades das obras musicais estudadas, particularmente a disposição das partes dos diferentes músicos que integram o conjunto e a relação entre elas. Este aspecto inclui, entre outras estratégias, o emprego de recursos de análise musical e o estudo da obra musical "por partes" (em substituição ao treino exaustivo da obra na íntegra).
c) Utilização de estratégias como a manipulação consciente e intencional do andamento (com o uso do metrônomo), com vistas à superação progressiva das dificuldades técnicas e de interpretação e à identificação das principais dificuldades enfrentadas para a adoção de novas estratégias de prática.
d) Reflexão constante sobre as iniciativas realizadas pelo grupo no processo de estudo, mobilizando-se múltiplas estratégias de atividade formal e informal suficientemente flexíveis para serem ajustadas ao longo do processo de preparação de *performances*.

Galvão (2006) explica que a aquisição de competências musicais demanda a criação e aplicação de estratégias de estudo, de modo a superar desafios particulares, bem como um olhar sensível à motivação para aprender (a manutenção dos estímulos que asseguram o engajamento inicial na aprendizagem musical e a continuidade do estudo, perseguindo-se bons resultados). Além disso, segundo os estudos sobre autorregulação, a aprendizagem musical – no que concerne ao treino e suas práticas deliberadas – requer condições para planejar, automonitorar, autoavaliar e realizar mudanças nos processos de estudo.

> Segundo Veloso e Araújo (2017b, p. 2), a **autorregulação** "diz respeito aos mecanismos que as pessoas usam para controlar o próprio desenvolvimento, a partir do delineamento de objetivos

> e diretrizes de estudo, atentando para o controle do próprio progresso e utilizando estratégias como a monitoramento, elaboração e gerenciamento do esforço empregado".

Em síntese, as práticas musicais coletivas, na perspectiva do treino, envolvem comportamentos motores minuciosos (na aprendizagem da técnica instrumental) e habilidades auditivas e visuais, as quais se relacionam a empreendimentos cognitivos complexos mobilizados na leitura de partituras, no ato de "tirar músicas de ouvido", na memorização do repertório, nas práticas de improvisação, na observação dos comportamentos dos demais membros de um grupo, entre outras iniciativas (Goodman, 2002). Destacamos também alguns aspectos psicológicos, como a motivação para praticar música em grupo, as emoções desencadeadas por essas experiências musicais e a influência bidirecional entre os estados emocionais e o engajamento em situações de prática musical em conjunto (Toni, 2020). Tais perspectivas interferem diretamente na qualidade da aprendizagem de música em contextos coletivos.

3.3 Práticas musicais formais e informais: contribuições para a aprendizagem da música

Partindo das considerações apresentadas anteriormente, nesta seção abordaremos a aprendizagem musical por meio do desenvolvimento deliberado de habilidades musicais (treino), focalizando os conceitos de prática formal e informal. Primeiramente, importa salientar que utilizaremos o termo *prática* para fazer referência tanto às situações de execução musical (*performance*) quanto às iniciativas relacionadas aos processos de ensino e aprendizagem, isto é, às várias ações mobilizadas por professores e alunos em contextos educativo-musicais.

Em segundo lugar, devemos observar que a aproximação entre a concepção de *treino e práticas musicais deliberadas* e os conceitos de *prática formal e informal* (os quais aprofundaremos ao longo desta seção) requer a compreensão de que tanto as práticas musicais formais quanto as informais conservam (em diferentes níveis) traços de deliberação: do planejamento e auto-observação das realizações musicais em grupo à avaliação do desempenho e à realização de mudanças com vistas ao aprimoramento das competências musicais (Santiago, 2006). Da mesma forma, podemos considerar que a prática em conjunto musical implica a realização de atividades de natureza formal e informal, "estando ambas relacionadas com o sucesso da aprendizagem" (Madeira, 2014, p. 11).

Nessa direção, segundo defendem McPherson et al. (2013, citados por Veloso, 2019), é atributo dos estudantes que alcançam bons resultados a capacidade de equilibrar liberdade e disciplina, formalidade e informalidade no processo de aprendizagem musical. Com efeito,

> jovens instrumentistas engajados cognitivamente não apenas praticam mais e melhor, mas também desfrutam dos momentos de aprendizagem instrumental sem que haja perdas em termos qualitativos. A literatura salienta que o controle do tempo de estudo deve considerar, além da prática orientada ao desenvolvimento e manutenção de habilidades, os momentos de treino não deliberado que favoreçam a autossatisfação e realização pessoal, elementos imprescindíveis à motivação para a aprendizagem musical. (McPherson et al., 2013; Araújo, 2015, citados por Veloso, 2019, p. 61)

Mas em que consistem as práticas formais e informais no âmbito do ensino e aprendizagem de música? Para respondermos a essa pergunta, elaboramos um quadro fundamentado no diálogo entre autores que se dedicam a estudar essa temática.

Quadro 3.1 – Práticas formais e informais no ensino de música: aspectos tradicionalistas e progressista da educação musical

	Práticas musicais formais: aspectos tradicionalistas	**Práticas musicais informais: aspectos progressistas**
Seleção de repertório	A escolha das obras a serem trabalhadas fica geralmente a cargo do professor. Este, por sua vez, costuma respeitar um programa de estudos alinhado ao currículo. O objetivo é selecionar obras que ofereçam dificuldades progressivas como meio de promover a construção de novas habilidades musicais.	Considera-se a participação ativa e direta dos estudantes na escolha das músicas, de modo a valorizar a realidade sociocultural de cada aprendiz, suas preferências pessoais, sua autenticidade artístico-musical e suas motivações no processo de estudo (sem desconsiderar as contribuições da mediação docente).
Registros e notação musical	Privilegiam a leitura de partituras como aspecto central da formação musical, tanto no estudo quanto nas *performances* e avaliações (leitura à primeira vista).	Confere-se menor ênfase à aprendizagem musical por meio de recursos notacionais, privilegiando-se as habilidades auditivas (tirar música de ouvido) e as práticas de improvisação.
Individual vs. coletivo	Priorizam o ensino individualizado, especialmente na aprendizagem da *performance* e da técnica instrumental. Nesse caso, as práticas em conjunto são consideradas nas experiências de tocar/cantar em grupo, com foco maior nas práticas interpretativas (performáticas) e menor ênfase nos objetivos de aprendizagem.	As práticas musicais se baseiam, sobretudo, em compartilhamentos sociais entre os alunos. Assim, as práticas coletivas (além das finalidades performáticas) apresentam possibilidades de desenvolvimento de habilidades técnico-instrumentais e interpretativas, com base na interação entre os pares.

(continua)

(Quadro 3.1 - conclusão)

	Práticas musicais formais: aspectos tradicionalistas	Práticas musicais informais: aspectos progressistas
Saberes formais	Concebem a disposição sequencial dos conhecimentos, com base no aumento progressivo da complexidade dos conteúdos (tomados como cumulativos). Enfatizam a fragmentação dos saberes (dando enfoque exclusivo ao currículo disciplinar, ainda que interdisciplinar). Privilegiam a formação especializada (com ênfase em modalidades específicas do fazer musical) e os repertórios e práticas da música de concerto.	A organização dos saberes é orientada pela interdisciplinaridade (que supera a fragmentação em disciplinas), focalizando o desenvolvimento da criatividade, contemplando aspectos dos contextos socioculturais dos aprendizes e dispensando a progressão de conteúdos em termos de complexidade. A construção de conhecimentos parte de experiências musicais diretas (práticas), com ênfase nas práticas em conjunto.
Modos do fazer musical	Estabelecem distinções claras, em termos de habilidades e competências, entre as principais modalidades do fazer musical (criar, executar e apreciar), aspecto evidenciado na estrutura dos currículos. As práticas coletivas são fomentadas em contextos específicos (cursos e disciplinas), geralmente com o fim de desenvolver aptidões musicais particulares da prática em conjunto.	Baseiam-se na integração das diferentes modalidades do fazer musical (criação, execução e apreciação), enfatizando as práticas criativas e as realizações musicais em conjunto. Dessa forma, fazer música em grupo se apresenta como um caminho para desenvolver competências relacionadas às diferentes modalidades do fazer musical.

Fonte: Elaborado com base em Sloboda et al., 1996; Davidson, 2002; Santiago, 2006; Cerqueira; Zorzal; Ávila, 2012; Green, 2012.

Com base nas características apontadas anteriormente, podemos supor que as práticas formais estão mais relacionadas à formação musical no âmbito acadêmico, em alinhamento com alguns aspectos do paradigma tradicional do ensino de música (o qual valoriza, entre outros elementos, as práticas – artístico-musicais e pedagógicas – e o repertório de tradição europeia). As práticas informais, por sua vez, associam-se à realidade formativa de boa parte dos músicos populares. Esses musicistas, em sua maioria, dedicam-se ao trabalho com a música popular (música *pop*, música urbana, música de matriz folclórica, entre outras variantes que distinguem a música popular da música tradicional de concerto), e sua caminhada formativa comumente integra os vários modos do fazer musical, particularmente criar (compor, improvisar e arranjar) e executar (no que concerne às realizações interpretativo-musicais), em especial em grupos instrumentais e/ou vocais. Para Green (2012, p. 67), as práticas informais "diferenciam-se enormemente dos procedimentos educacionais musicais formais e dos modos como as habilidades e conhecimentos da música clássica têm sido adquiridos e transmitidos, pelo menos durante os dois últimos séculos".

3.4 Práticas informais no exercício docente em música

Como demonstramos até aqui, a formação musical, particularmente a que se refere à prática em conjunto, na perspectiva da aprendizagem deliberada, pode contemplar tanto as práticas formais quanto as informais, considerando-se que essas duas abordagens são complementares. "Assim, além de adquirirem as habilidades técnicas para dominar tanto o instrumento quanto o repertório [práticas formais], os estudantes bem-sucedidos também investem tempo e esforço para explorar [informalmente] como as estruturas musicais funcionam" (Davidson, 2002, p. 94, tradução nossa). Isso pode ocorrer por meio das trocas estabelecidas entre os membros de um grupo e das iniciativas criativo-musicais (a exemplo da improvisação). Desse modo, as ações docentes devem amenizar o distanciamento entre essas duas modalidades em diferentes contextos educativo-musicais: da musicalização infantil à formação profissional em música.

Apesar de alguns autores, como Sloboda et al. (1996) e Santiago (2006), tomarem os conceitos de *práticas deliberadas* e *práticas formais* como sinônimos, a visão que defendemos contraria essa concepção. É fato que a deliberação e a formalidade da prática compartilham semelhanças. Não obstante, é possível identificar traços de deliberação mesmo em práticas não formais, considerando-se a complexidade e a amplitude do conceito de prática deliberada. A seguir, a Figura 3.2 reforça o mote das reflexões que propusemos ao longo das Seções 3.2 e 3.3 deste capítulo: a influência das práticas deliberadas, formais e informais, na aprendizagem musical por meio das experiências em conjunto.

Figura 3.2 – Aprendizagem musical em conjunto: práticas deliberadas, formais e informais

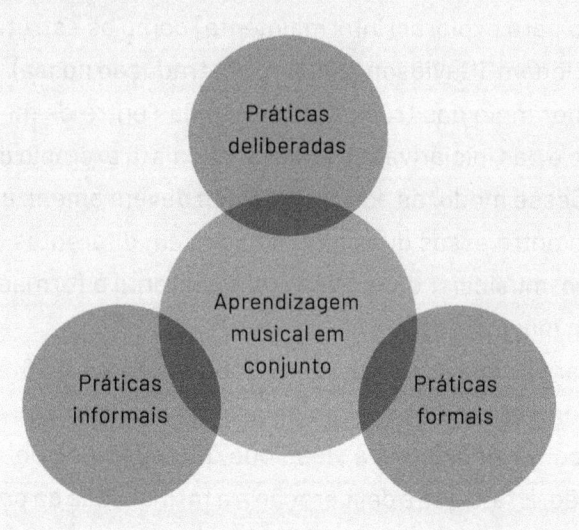

Diagrama de Venn com três círculos: "Práticas deliberadas", "Práticas informais" e "Práticas formais", intersectando-se em "Aprendizagem musical em conjunto".

Resumidamente, ao considerarmos a presença das práticas formais e informais nos processos de aprendizagem musical em conjunto, podemos vislumbrar a oferta de experiências musicais fundamentadas tanto nas iniciativas sistemáticas e deliberadas quanto em realizações orientadas pela aprendizagem informal. Entretanto, muitas das realizações pedagógico-musicais – e das concepções metodológicas e curriculares que orientam tais ações –, ao invés de aproximar, reforçam um distanciamento entre as práticas formais e informais no ensino e aprendizagem de música. Sobre isso, Brito (2003, p. 151) explica que "não é raro, ainda hoje, encontrar instrumentistas que, capazes de interpretar peças musicais complexas, sentem grande dificuldade para improvisar, já que a formação musical privilegiou os aspectos formais, a notação e a interpretação" e subvalorizou elementos das práticas informais.

Abordando tas práticas de modo específico, vamos refletir sobre a seguinte indagação: Como as experiências coletivas no ensino de música podem ser beneficiadas pelas práticas informais? Algumas respostas para esse questionamento são encontradas em Green (2012). Buscando expandir o exposto por essa autora, concebemos que as abordagens informais favorecem:

a) a valorização da criatividade dos estudantes e a autenticidade artística em suas produções musicais coletivas;
b) a ampliação dos valores e significados que os aprendizes atribuem à música, dos pontos de vista sociocultural, histórico e inerentemente musical;
c) a expansão do repertório e das vivências musicais, bem como das reflexões "sobre a natureza da própria música, sobre as pessoas que fizeram a música, sobre as pessoas que as escutam, seus valores, crenças e ações sociais, políticas ou religiosas" (Green, 2012, p. 78);
d) o olhar para aspectos motivacionais e emocionais das práticas em conjunto. A esse respeito, a literatura tem salientado a satisfação pessoal (autorrealização) e as experiências emocionais positivas nas realizações musicais empreendidas com maior liberdade (Araújo; Veloso; Silva, 2019);
e) a oferta de uma formação musical suficientemente ampla, que favoreça o trânsito entre os repertórios e as práticas da música de concerto e da música popular, de modo a promover a articulação entre diferentes dimensões do fazer musical, a saber: criar (compor, arranjar, improvisar), ouvir (considerando-se os distintos modos de engajamento) e executar (em diferentes níveis de *expertise* instrumental/vocal).

Dessa maneira, evidenciamos a necessidade de amenizar o dualismo que opõe formalidade e informalidade, rigor e liberdade no ensinar e aprender música, especialmente nos contextos coletivos. Para tanto, apresentamos a seguir alguns direcionamentos que podem promover a aproximação entre as práticas formais e informais no âmbito do ensino de música:

- **Desenvolvimento das habilidades de escuta**: pode ser propiciado por meio de estratégias como aprender a música por referenciais sonoros (e não exclusivamente pela partitura) e mediante práticas de improvisação (que demandam o exercício da escuta interna).
- **Habilidades de improvisação**: devem ser consideradas desde pequenas inflexões interpretativas e modificações intencionais no repertório estudado até a improvisação efetiva ou mesmo a composição de peças musicais baseadas em características estilísticas (da música de concerto ao *jazz*, passando pelas tendências da música contemporânea, por exemplo).
- **Criação musical**: deve-se partir de composições e da elaboração de arranjos com suporte notacional ou apenas por referenciais sonoros, abrangendo a escuta, a organização de ideias musicais no arranjo e sua execução em conjunto.
- **Valorização das práticas coletivas**: deve ocorrer no processo de aprendizagem instrumental/vocal (para além das situações de *performance* em grupo), o que não implica desvalorizar o ensino individual de instrumentos.

Conceber nas ações educativo-musicais a relação de influência mútua entre as práticas formais e informais se apresenta como uma proposta para a promoção de mudanças no ensino da música, com vistas a ressignificar e ampliar os valores atribuídos às realizações em conjunto, olhando-se para as novas demandas formativas e exigências profissionais em música em diferentes contextos nos quais essa arte se insere na sociedade.

3.5 Dimensão social das experiências musicais coletivas em contextos educativos

Nesta seção, resgatando as reflexões a respeito dos usos das práticas musicais em conjunto, abordaremos dois níveis da educação escolar[1]: a educação básica e o ensino superior.

3.5.1 Práticas musicais em conjunto no ensino básico

Voltando nosso olhar para as práticas em conjunto na educação básica, é importante esclarecer o caminho que a área da educação musical brasileira tem percorrido nos últimos anos no que se refere ao fomento de políticas públicas que assegurem a presença da música nas escolas (particularmente como componente curricular). A esse respeito, importa destacar a aprovação da Lei n. 11.769, de 18 de agosto de 2008 (Brasil, 2008), que estabeleceu a obrigatoriedade da educação musical no ensino básico, integrando a música ao componente curricular *Arte* e assegurando sua oferta

---
1   Este recorte está em consonância com a legislação brasileira vigente. Ver Capítulo 1, art. 21, da Lei de Diretrizes e Bases da Educação Nacional (LDBEN) - Lei n. 9.394/1996 (Brasil, 1996).

obrigatória, mas não exclusiva – isto é, possibilitando a presença dos conteúdos e práticas relacionados à educação musical na educação escolar, mas não garantindo a existência de uma disciplina específica e exclusiva.

> **Em alto e bom som**
>
> A educação básica corresponde a um dos dois níveis da educação escolar, sendo o outro o ensino superior. Compreende as seguintes etapas: educação infantil, ensino fundamental e ensino médio.

Oito anos depois, com a aprovação da Lei n. 13.278, de 2 de maio de 2016 (Brasil, 2016) – que substituiu a Lei n. 11.769/2008 –, abriu-se uma nova perspectiva para a arte-educação no âmbito da educação básica, estabelecendo-se que "as artes visuais, a dança, a música e o teatro são as linguagens que constituirão o componente curricular" Arte (Brasil, 2016). Com base nessas informações, podemos inferir que "embora no Brasil o ensino de música esteja longe de receber a devida atenção e valorização – especialmente em termos de políticas públicas –, os últimos anos foram marcados por movimentos que reforçam a importância do ensino dessa arte" (Veloso, 2020, p. 75). Assim, além dos aspectos relativos às políticas públicas e à legislação educacional, alguns fatores de ordem didático-pedagógica, sociocultural e filosófica permeiam as discussões sobre a presença da música na escola atualmente. De acordo com Souza (2000, citada por Romanelli, 2013, p. 9):

> Mesmo diante de tantas particularidades, é notável que a Educação Musical tenha voltado aos debates sobre educação. Se, por um lado, a Lei 11.769/08 traz avanços para a área, ela também provoca novas

indagações. Uma das dúvidas concerne em saber quem são os professores que serão responsáveis por ministrar essa disciplina, uma vez que houve um veto presidencial à obrigatoriedade de um professor com formação específica em Música. Outra preocupação é orientar como se dará a seleção de objetivos, estratégias e conteúdos para o ensino de música, considerando a pluralidade de práticas e culturas musicais que caracterizam a diversidade brasileira

Expandindo as considerações apresentadas em Romanelli (2013), com base no exposto por Cruvinel (2008), ressaltamos algumas questões que norteiam as reflexões sobre a música na educação básica brasileira, a saber:

a) Quais são as funções da educação musical no contexto escolar?
b) Quais são as implicações da presença da música na escola nas dimensões cultural, social e humanística?
c) Quais concepções filosófico-educacionais devem orientar o ensino de música na educação básica?
d) Quais conteúdos devem ser abordados (currículo) e como devem ser trabalhados (aspectos metodológicos)?

Dando enfoque ao último questionamento à luz das metodologias de ensino de música apresentadas Capítulo 2, especialmente nas Seções 2.2 e 2.3, podemos compreender que, entre os aspectos comuns às diversas proposições metodológicas na educação musical contemporânea, destaca-se a valorização do fazer musical ativo em circunstâncias de compartilhamento social. Estamos tratando de um ensino de música fundamentado na experiência direta de explorar sons, tocar e cantar, no ouvir música de modo a engajar-se mental e corporalmente e no ato de compor e improvisar amparado por múltiplos recursos, sendo todas essas iniciativas – audição, execução e criação musical – conduzidas por meio de práticas em grupo.

Diante disso, as realizações coletivas que se estabelecem no ensino de música no âmbito da educação básica incluem tanto o tocar/cantar juntos, considerando-se as atividades estruturadas coletivamente para a musicalização e/ou as práticas instrumentais/vocais cujo repertório seja destinado a grupos musicais (como bandas e coros), quanto o compartilhamento comunitário de reflexões sobre a prática. Isso porque a ideia de aprendizagem ativa envolve, além do fazer (experiências de prática direta), pensar sobre o que se fez, ensaiar mentalmente novas maneiras de fazer, atribuir valor e significado à experiência vivenciada, autoavaliar criteriosamente a experiência empreendida para promover mudanças e, dessa forma, construir conhecimentos de maneira significativa por meio das trocas sociais estabelecidas em sala de aula.

Tendo em vista esse entendimento, Beineke (2009, 2015) realizou uma investigação que focalizou o ensino de música na educação básica sob a perspectiva da criatividade, partindo de três dimensões do ensino criativo:

1. a construção das relações sociais em sala de aula, particularmente por meio da realização e da reflexão acerca das práticas musicais empreendidas;
2. o engajamento dos interesses dos aprendizes;
3. a valorização das contribuições dos alunos (pontos de vista que corroboram a construção da autonomia e da liberdade criativa necessárias à aprendizagem musical).

Os dados da pesquisa sugerem que as interações entre essas dimensões do ensino criativo favoreceram a constituição de uma "comunidade de aprendizagem engajada e comprometida no processo de negociação e significação das práticas em sala de aula, compartilhando maneiras de fazer e pensar música que sustentam a atividade criativa" (Beineke, 2015, p. 56).

Assim, a aprendizagem musical no ensino básico encontra lugar nas práticas musicais coletivas (fazer música em grupo) e na socialização da produção musical, especialmente quando os alunos são convidados a expor suas criações e realizar *performances* (corporais/instrumentais/vocais), abrindo-se espaço para o compartilhamento social de reflexões e análises por parte dos colegas aprendizes (processos mediados pelo educador).

> Dessa forma, a apresentação não é relevante apenas para quem está mostrando o seu trabalho: todo o grupo participa da apresentação, como compositor, executante ou audiência crítica. Por outro lado, as falas das crianças mostram que elas percebem nesse momento a possibilidade de colaborar, de contribuir com o trabalho do grupo que se apresentou ou de aprender com as sugestões dos colegas. (Beineke, 2011, p. 100)

É importante salientar que estamos tratando aqui de um compartilhamento social que alcança os diferentes momentos do processo de ensino e aprendizagem da música e inclui seus principais personagens: os estudantes (e as interações estabelecidas entre os pares) e os professores (e as relações constituídas entre educadores e educandos). Como demonstraremos no Capítulo 4, as relações aluno-aluno e professor-aluno conservam dimensões sociais, afetivas, vicariantes e motivacionais centrais para o desenvolvimento musical. A seguir, a Figura 3.3 busca contextualizar o papel dos principais elementos e agentes vinculados ao ensinar e aprender música.

Figura 3.3 – Elementos centrais do processo de ensino e aprendizagem de música

Os educadores musicais
Responsáveis pela oferta de oportunidades de aprendizagem, estruturam ambientes físicos e socioculturais de modo a favorecer a construção de conhecimentos e habilidades musicais.

O aprendizado da música
Ocorre na interação entre as características dos estudantes e os ambientes favoráveis à aprendizagem musical, com a oferta de oportunidades para fazer música em grupo e refletir sobre as experiências musicais.

Os estudantes de música
Partindo de seu contexto sociocultural e das relações interpessoais, o aprendiz protagoniza uma aprendizagem ativa por meio do engajamento cognitivo, afetivo, comportamental e social, de forma autônoma e autorreflexiva.

Fonte: Elaborado com base em Tunes; Tacca; Bartholo Júnior, 2005; Penna, 2012; Assis; Coleto, 2017.

3.5.2 Práticas de conjunto musical nos cursos de graduação em Música

No que concerne aos eixos formativos específicos da área de música no ensino superior – disciplinas compartilhadas entre diferentes habilitações, como licenciaturas e bacharelados em *Performance*, Direção/Regência, Criação e Produção Musical, por exemplo –, os currículos dão ênfase ao desenvolvimento de competências de leitura e escrita musical, habilidades auditivo-musicais, conhecimentos estruturantes subjacentes aos aspectos de harmonia, contraponto, análise musical, instrumentação e orquestração, além de disciplinas voltadas aos fundamentos históricos, sociológicos e filosóficos da música. Ainda, merecem destaque as disciplinas voltadas à prática e aprendizado de instrumentos musicais fundamentadas em abordagens de ensino individual e coletivo.

Nos âmbitos formais de ensino, tais abordagens se complementam de modo que tanto o ensino individual quanto o ensino coletivo (guardadas as particularidades, características e objetivos formativos de cada perspectiva) assumam funções distintas e igualmente importantes nos processos de formação musical (Souza, 2014). Se necessário for, a escolha de uma modalidade em detrimento da outra deve ser orientada pelas demandas, pretensões artístico-musicais e objetivos formativos dos estudantes, dos docentes e das instituições de ensino.

Isso posto, Veloso (2019, p. 21) esclarece que, nas práticas em conjunto promovidas no ensino superior em Música, "destacam-se a música de câmara e as diversas formações instrumentais possíveis neste âmbito, além de orquestras e bandas sinfônicas". Além disso, "em contextos formativos nos quais a música popular se apresenta como um objeto de interesse específico, as práticas de conjunto podem também contemplar grupos instrumentais característicos de determinadas manifestações musicais" (Veloso, 2019, p. 21). Expandindo as considerações propostas por esse autor, podemos entender que, em termos curriculares, as práticas de conjunto encontradas nos cursos de graduação se enquadram em três vertentes:

1. Há disciplinas específicas que visam à prática instrumental coletiva, dando enfoque ao desenvolvimento de habilidades para a *performance* musical em grupo. Como exemplos podemos citar as disciplinas de Prática de Conjunto Musical (mais comum nos cursos com foco em música popular e nas licenciaturas) e Música de Câmara (característica dos cursos com foco na música de concerto).
2. Há disciplinas que focalizam o ensino coletivo de determinados instrumentos, oferecendo ênfase no desenvolvimento de habilidades instrumentais elementares (como a disciplina de Instrumento Complementar em Grupo) e funcionais (como a disciplina de Piano Funcional, frequentemente ofertada em grupo). Também integram esse eixo as disciplinas cujo foco é o uso dos recursos instrumentais com finalidades pedagógico-musicais, a exemplo da disciplina de Instrumento Musicalizador, comumente conduzida em grupo e, portanto, com foco em práticas instrumentais em conjunto.
3. A terceira vertente pode ou não configurar um componente curricular. Trata-se das práticas em conjunto desenvolvidas nos grupos artísticos vinculados aos cursos superiores de Música. Em alguns casos, tais grupos se tornam disciplinas de caráter obrigatório ou optativo; em outros, apresentam-se como experiências artísticas facultativas de oferta contínua. Como exemplo podemos citar as orquestras, as bandas sinfônicas e grupos instrumentais diversos (conjuntos de câmara e formações instrumentais características da música popular, por exemplo).

A diversidade de abordagens dedicadas às práticas musicais em conjunto no contexto dos cursos de graduação revela a importância dessa perspectiva para a formação musical em nível superior, tanto nas diversas habilitações dos bacharelados quanto nos cursos de formação de educadores musicais (licenciaturas).

▷▷ Resumo da ópera

A seguir, apresentamos uma síntese dos principais temas e desdobramentos teóricos abordados ao longo deste capítulo.

I. Usos e funções das práticas em conjunto
- Inserção da música em sua dimensão social na escola e demais espaços e contextos.

II. Aprender música em conjunto
- Enculturação e treino: um olhar às práticas e aprendizagens musicais coletivas, da infância à vida adulta.

III. Práticas formais e informais em música
- Sob a perspectiva do treino: conceitos de *prática deliberada* e *práticas formais e informais*.

IV. Práticas informais no ensino musical
- Direcionamentos e estratégias para o exercício docente em música com base nas práticas informais.

V. Um olhar aos espaços educacionais
- A prática e o ensino e aprendizagem musical em conjunto na educação básica e no ensino superior.

Teste de som

1. Considere o trecho a seguir.

    O [...], então, se refere à situação na qual a música é aplicada em ações humanas; a [...] diz respeito às razões para o seu emprego e, particularmente, os propósitos maiores de sua utilização. (Merriam, 1964, citado por Hummes, 2004, p. 18)

    Na seção inicial deste capítulo, apresentamos considerações referentes às utilidades e às funcionalidades que a arte musical assume na sociedade. Com base nessa abordagem, analise as alternativas a seguir e assinale a que substitui corretamente as supressões da citação anterior:

    a) aprendizado; utilização.
    b) uso; prática.
    c) ensino; função.
    d) uso; função.
    e) aprendizado; prática.

2. Com base nos estudos em cognição/educação musical, podemos afirmar que o aprendizado da música acontece desde os primeiros estágios da vida e perdura até a maturidade. Dois fenômenos nos auxiliam na compreensão desses processos: a enculturação e o treino. A esse respeito, relacione os conceitos a seguir às respectivas definições.

    1) Aprendizagem por enculturação
    2) Prática deliberada
    3) Aprendizagem pelo treino

( ) Comporta uma série de atividades sistematicamente planejadas que têm como objetivo promover a superação de dificuldades específicas do instrumentista e produzir melhoras efetivas em sua *performance*.

( ) Diz respeito a uma aprendizagem caracterizada pela ausência de intencionalidade (na qual as ações não são orientadas por metas e pretensões de desempenho), sem esforços autoconscientes (sem o controle sobre pensamentos e comportamentos) e sem instrução sistematizada (na ausência da orientação/supervisão de um especialista).

( ) É compreendida como um processo voluntário de aprendizagem musical, conduzido consciente e intencionalmente, em geral sob supervisão docente (aprendizagem formal e estruturada), com o intuito de desenvolver e aprimorar habilidades específicas (como aspectos da técnica instrumental/vocal).

Agora, assinale a alternativa que apresenta a sequência correta:

a) 2 – 1 – 3.
b) 2 – 3 – 1.
c) 1 – 3 – 2.
d) 3 – 1 – 2.
e) 1 – 2 – 3.

3. A aprendizagem nas experiências musicais em conjunto pode ser beneficiada tanto pelas práticas formais quanto pelas informais. Com base nessa informação, analise as afirmações a seguir e marque V para as verdadeiras e F para as falsas.

( ) As práticas informais privilegiam a leitura de partituras como aspecto central da formação musical, tanto no estudo quanto nas *performances* e nas avaliações (leitura à primeira vista).
( ) As práticas formais dispensam a aprendizagem musical por meio de recursos notacionais, privilegiando as habilidades auditivas (tirar música de ouvido) e as práticas de improvisação.
( ) As práticas formais concebem a disposição sequencial dos conhecimentos (com base no aumento progressivo da complexidade) e priorizam a formação especializada e a ênfase nos repertórios e práticas da música de concerto.
( ) Nas práticas informais, a escolha do repertório geralmente fica a cargo do professor, que, por sua vez, costuma respeitar um programa de estudos alinhado ao currículo, selecionando obras que ofereçam dificuldades progressivas como meio de promover a construção de novas habilidades.

Agora, assinale a alternativa que apresenta a sequência correta:

a) F – F – V – V.
b) V – F – V – V.
c) V – V – V – F.
d) F – F – V – F.
e) F – V – V – F.

4. A aprendizagem musical em conjunto pode contemplar tanto as práticas _____ quanto as _____, visto que essas duas abordagens são complementares. Desse modo, além de desenvolverem as habilidades técnicas para a *performance* musical, os estudantes também investem tempo e esforço na exploração

musical, realizada por meio de trocas estabelecidas entre os membros de um grupo e das iniciativas criativo-musicais (como a improvisação).

Agora, assinale a alternativa que preenche corretamente as lacunas:

a) formais; deliberadas.
b) musicais; sociais.
c) formais; ativas.
d) formais; informais.
e) deliberadas; criativas.

5. O compartilhamento social previsto nas práticas musicais em conjunto alcança diferentes momentos do processo de ensino e aprendizagem de música e inclui os principais personagens desse processo: os estudantes (e as interações estabelecidas entre os pares) e os professores (e as relações constituídas entre educadores e educandos). Com base nos aspectos e nos sujeitos centrais do processo de ensino e aprendizagem da música, relacione os itens a seguir às respectivas conceituações.

1) Educadores musicais
2) Aprendizado da música
3) Estudantes de música

( ) Partindo de seu contexto sociocultural e das relações interpessoais, protagoniza uma aprendizagem ativa por meio do engajamento cognitivo, afetivo, comportamental e social, de forma autônoma e autorreflexiva.

( ) Responsáveis pela oferta de oportunidades de aprendizagem, estruturam ambientes físicos e socioculturais de modo a favorecer a construção de conhecimentos e habilidades musicais.

( ) Ocorre na interação entre as características dos aprendizes e os ambientes favoráveis à aprendizagem musical, com a oferta de oportunidades para fazer música em grupo e refletir sobre as experiências musicais.

Agora, assinale a alternativa que apresenta a sequência correta:

a) 2 – 1 – 3.
b) 2 – 3 – 1.
c) 1 – 3 – 2.
d) 3 – 1 – 2.
e) 1 – 2 – 3.

Treinando o repertório

Questões para reflexão

1. Sua formação escolar no contexto da educação básica contemplou as práticas de conjunto musical em algum nível, como a participação em bandas e fanfarras, coros ou grupos musicais autônomos organizados pelos alunos no espaço escolar?

2. Se sim, como você acredita que essas experiências colaboraram com sua formação musical? Sua atuação (ou pretensões de atuação) na música hoje tem alguma relação com as práticas coletivas realizadas no período escolar?

Atividade aplicada: prática

1. Morato e Gonçalves (2014) enfatizam a relevância da observação da realidade educacional (em diferentes contextos) para a formação de professores de música. Nesse sentido, a observação é indispensável à formação docente "por estar associada à concretude da ação pedagógica" e oferecer a possibilidade de o educador em formação "conhecer a realidade na qual o ensino e aprendizagem de música estão inseridos" (Morato; Gonçalves, 2014, p. 126).

    Assista a uma aula coletiva de Música ou à realização de uma prática musical em conjunto no ensino básico (da educação infantil ao ensino médio, em disciplinas curriculares ou em atividades no contraturno) ou em escolas especializadas de música (incluindo projetos sociais ou equivalentes). Opte por contextos com os quais você tenha algum contato direto, pois isso facilitará o acesso à instituição.

    Apresente-se como um estudante de música e deixe claro que não é sua pretensão realizar julgamentos de qualquer natureza. Mesmo sendo um agente externo, procure se portar da maneira mais discreta possível e esteja disponível para colaborar se for necessário. Considere também a possibilidade de participar das atividades (como aluno ou ajudante), se as condições permitirem e se o professor fizer o convite.

Roteiro de observação

As seguintes questões devem nortear suas observações:

I. Qual é o nível escolar (educação infantil, ensino fundamental ou ensino médio) em que você realizou sua observação e/ou qual a faixa etária (aproximada) do grupo observado?
II. Durante o encontro foram realizadas atividades que permitiram a observação de traços de práticas formais ou informais? (Se sim, faça uma breve descrição.)
III. As interações – particularmente musicais – estabelecidas entre os estudantes pareceram favorecer a aprendizagem da música? Quais competências você acredita que essas práticas podem desenvolver?
IV. Considerando os conhecimentos que você construiu a respeito da atuação dos professores e dos estudantes nos processos de ensino e aprendizagem em conjunto (tríade: educadores – aprendizagem – estudantes), analise as dinâmicas de interação a seguir:

- dos alunos com o ambiente de aprendizagem;
- dos alunos entre si;
- dos alunos com os professores (e vice-versa).

Observação: Você tem autonomia para incluir questões nesse roteiro de observação. Exercite-a!

Capítulo 4

DIMENSÕES EDUCACIONAL, SOCIAL E PSICOLÓGICA DAS PRÁTICAS MUSICAIS EM CONJUNTO

As práticas musicais em conjunto envolvem uma série de questões educacionais, sociais, psicológicas, comportamentais e afetivas articuladas pelo indivíduo em determinado espaço coletivo. Nesse sentido, é importante destacar que as pessoas podem individualmente influenciar a coletividade e, ao mesmo tempo, o grupo pode exercer uma forte influência sobre cada um dos envolvidos. Tais constatações são pertinentes para o professor de música, uma vez que trabalha com pessoas, com a música e, muitas vezes, com as relações de um grupo em uma atividade musical. Diante desse contexto, os objetivos específicos deste capítulo são:

- delinear algumas bases sociais das práticas musicais em conjunto, considerando-se a atividade musical de maneira relacional e participativa;
- apresentar elementos psicológicos presentes nas práticas em grupo, com destaque para o senso de pertencimento ao grupo e a situação de apresentação para um público;
- discutir questões afetivas sobre a relação das pessoas com a atividade musical e a atenção do professor de música ao repertório, aos relacionamentos e à didática;
- apresentar um modelo de desenvolvimento de habilidades de fazer e escutar música e a importância da prática musical coletiva para o desenvolvimento musical do estudante;
- discutir aspectos da motivação no ensino e aprendizagem de música em âmbitos coletivos.

4.1 As bases sociais das práticas musicais em conjunto

Seria possível imaginar alguém que não gosta de música? Exceto em casos de amusia, quando há incapacidade de perceber a música (ou parte dela), ou em casos de alucinações musicais em pacientes com lesões cerebrais (Sacks, 2007), dificilmente encontraremos alguém que não gosta de ouvir ou fazer música (escutando no carro, cantando no chuveiro ou em qualquer outro contexto). Um caso interessante é o relato de um de nossos professores em nossa formação no curso de Licenciatura em Música, reproduzido a seguir.

> Preocupado com o fato de que seus estudos no piano poderiam estar incomodando seu vizinho no andar de cima, ao encontrá-lo no corredor do prédio em que moravam, o professor demonstrou interesse em perguntar se ele estava "fazendo muito barulho". Para sua surpresa, seu vizinho afirmou que a música lhe era indiferente, ou seja, não era boa nem ruim, ele só não se importava e não escutava música.

Não obstante casos curiosos como o que foi relatado, as pessoas tendem a desenvolver uma forte relação com a música. A educadora e pesquisadora Beatriz Ilari (2009) apresenta uma revisão sobre a relação de crianças e adolescentes com a música. Ela afirma que desde a gestação há ligações do indivíduo com a música, que se desenvolvem de maneira intensa na adolescência e estão presentes ao longo de toda a vida. Essas ligações permeiam as relações sociais e psicológicas do sujeito e impactam aspectos afetivos, o estabelecimento de um senso de pertencimento social, entre outros comportamentos.

Se pararmos para escutar o mundo sonoro que nos cerca, perceberemos que grande parte dos ambientes que frequentamos em nossas atividades cotidianas apresentam alguma fonte sonora musical. Por exemplo, pensemos nas situações em que nos deparamos com músicos de rua, que reúnem pessoas para escutá-los, ou na música que toca no elevador, ou nas músicas que costumam tocar nos supermercados. De maneira geral, a música na vida cotidiana pode ser um elemento em primeiro plano, como no caso de ouvirmos um músico tocar em um recital, ou um elemento de fundo, como na academia, ao fazermos atividades físicas, por exemplo[1]. Diante disso, é interessante notar que nessas situações a música sempre está, de alguma forma, relacionada às pessoas. Afinal, conforme explica o etnomusicólogo Alan Merriam (1964), podemos pensar a música como um comportamento humano universal e de caráter coletivo.

Um aspecto relevante a se considerar sobre as práticas musicais é a maneira como a música se manifesta como atividade relacional, ou seja, envolve mais de uma pessoa em alguma forma de relacionamento. Pensando nisso, Elliott e Silverman (2015) buscaram desenvolver uma filosofia de educação musical que fosse comprometida com aspectos contextuais e sociais. Esses autores propõem um conceito de música como material ou produto sônico-musical (por exemplo, a canção *Luiza*, de Tom Jobim) que é desenvolvido por pessoas no centro dos processos (compor, tocar, improvisar, escutar). Além disso, as pessoas realizam atividades com finalidades musicais

...
1   Podemos traçar paralelos com as discussões do primeiro capítulo sobre os planos sensível, expressivo e puramente musical na apreciação, conforme a proposta de Copland (2011).

imersas em contextos e situações específicas. Nesse sentido, os autores afirmam que a música é sempre uma atividade coletiva.

Mesmo nos casos em que pode parecer não haver relação entre pessoas, como na escuta musical com fones de ouvido, ainda assim podemos pensar nas relações musicais humanas (não necessariamente físicas) nos processos de composição, gravação, interpretação ou escuta da música, tudo isso em diferentes contextos, espaços e tempos. Ademais, é interessante notar que as pesquisas sobre música em vários campos do conhecimento nos últimos anos têm se referido a ela como *evento musical*, isto é, a música é reconhecida não apenas como um produto isolado (por exemplo, uma canção). No evento musical, considera-se a música, as pessoas envolvidas no fazer e na escuta, bem como os diversos contextos em que determinada produção está inserida (Elliott; Silverman, 2015; Juslin, 2016).

A partir dessa breve revisão sobre questões sociais ligadas ao evento musical (música, ações e contextos) e à presença das pessoas no centro dos processos coletivos de fazer e escuta musical, considerando-os um aspecto socializante, vamos abordar algumas discussões sobre as origens evolutivas da música. É importante destacar que o pensamento evolutivo foi delineado inicialmente em termos biológicos, embora diferentes pesquisadores tenham adotado ideias semelhantes para pensar as sociedades e suas atividades. O pesquisador Ian Cross (2016) buscou revisar e discutir as questões relacionadas às origens evolutivas da música em suas pesquisas. Ele afirma que, atualmente, as principais discussões sobre as origens da música estão relacionadas ao aspecto das interações inter e intragrupo, principalmente no que se refere às questões evolutivas relativas à coesão e à estabilidade do grupo.

Na perspectiva evolucionista, outro aspecto da prática musical coletiva é a possibilidade de ela oportunizar a formação de uma identidade e de ligações entre os membros do grupo. Essas discussões convergem com os caminhos teóricos traçados por Elliott e Silverman (2015) sobre o que é a música. Para esses autores, as discussões referentes às origens evolucionárias devem ser cautelosas, pois são especulativas. No entanto, a música poderia estar relacionada a valores adaptativos da espécie humana para se reproduzir e sobreviver.

Três teorias são as mais discutidas nas pesquisas sobre as origens evolutivas. A primeira delas é a da **seleção sexual**, entendida como o processo em que traços biológicos se tornam mais comuns em um organismo ao longo do tempo. Contudo, os pesquisadores concordam que essa proposição parece não se sustentar no caso da música entre os seres humanos. A segunda é a da **coesão social**, na qual se entende que "a música é vital para a sobrevivência humana porque atividades e sons musicais podem promover comportamentos pró-sociais no grupo, ligações e coesão de grupo" (Elliott; Silverman, 2015, p. 79, tradução nossa). A terceira teoria é a do **cuidado parental**, segundo a qual ligações (geralmente emocionais) são estabelecidas entre pais, cuidadores e membros do grupo com os bebês, o que está associado a um senso de sobrevivência e preservação. As últimas duas teorias (da coesão social e do cuidado parental) são as mais citadas entre os pesquisadores e contribuem para a reflexão sobre o caráter socializante da música nas ações e interações humanas.

Assim, passamos a compreender a música como algo socialmente mais complexo e que está embutido nas atividades sociais cotidianas, talvez mais do que pensávamos. Como podemos integrar tudo isso? O pesquisador Thomas Turino (2016) apresenta o conceito de **fazer musical participatório**, que está relacionado à contribuição ativa das pessoas para a produção do som e dos movimentos em um evento musical, seja dançando, cantando ou tocando instrumentos, seja batendo palmas ou realizando outras atividades consideradas cruciais para esse evento musical. Nessa forma de vivenciar o evento musical, é possível perceber que a participação social é de grande importância. O fazer musical participatório está relacionado à oportunidade de qualquer indivíduo participar de maneira colaborativa, além de envolver pessoas de modo prazeroso e entusiasmado com a prática, que, por sua vez, promove ligações e experiências compartilhadas no grupo.

Em alto e bom som

Turino (2016) propõe cinco possibilidades para a caracterização dos eventos musicais e dos campos de prática musical: a *performance* participatória, a *performance* apresentacional, as gravações de alta-fidelidade (envolvendo gravações de músicos ao vivo ou em estúdio), as gravações de arte musical de estúdio (músicas eletrônicas e composições computacionais) e as *performances* telemusicais (envolvendo a internet e possibilidades musicais a distância).

Turino (2016) cita um exemplo de sua vivência e pesquisa, a contradança, um evento que envolve membros de uma comunidade no fazer musical ativo, na dança e na união de gestos, movimentos e vozes. Ele defende que tal movimento pode tomar muitas formas, mas que o envolvimento musical em comunidade é fundamental na mudança de hábitos para se pensar o desenvolvimento social em grupo.

Em sala de aula, muitas vezes, nossas preocupações como professores de música estão voltadas para a excelência musical de nossos alunos, mas não podemos ignorar o fato de que estamos trabalhando com um grupo de indivíduos que já se relacionam musicalmente. Por esse ângulo, criar possibilidades de compartilhamento e crescimento musical e pessoal de maneira coletiva surge como uma necessidade. Isso nos leva a considerar a oportunidade de pensar na integração de diferentes formas de abordagem de um conteúdo musical: os movimentos ou a dança (como os métodos ativos da educação musical sugerem), as viabilidades de se fazer e escutar de maneira ativa e participativa, o estímulo de uma aprendizagem em que os alunos mais novos possam aprender com os mais velhos (e vice-versa), entre outras alternativas. Tais apontamentos podem ajudar a planejar ambientes de ensino e aprendizagem coletivos participatórios e capazes de unir o grupo em um senso de comunidade.

Aproximando essas ideias do contexto e das manifestações culturais musicais brasileiras, podemos imaginar uma roda de capoeira. Não há um consenso entre pesquisadores se ela surgiu no Brasil ou no continente africano. Também há pesquisas que indicam uma influência indígena sobre como esse jogo era praticado no Brasil na época da colonização. É preciso destacar que a capoeira envolve jogo, dança e musicalidade, além de poder ser considerada um esporte e uma luta.

A música na capoeira conta com instrumentos de percussão (atabaque, pandeiro, agogô), o berimbau e a voz. Aliás, a música é considerada um elemento fundamental para sua prática, estando ligada a aspectos psicológicos e à ativação de reações físicas/excitações fisiológicas. A capoeira como evento musical participatório pode ser relacionada às ideias de Turino (2016), na medida em que envolve músicos tocando instrumentos, cantando ou batendo palmas, uma comunidade interagindo de maneira constante, movimentos e danças característicos da roda de capoeira, oportunidade de pessoas com várias habilidades participarem e demonstrarem envolvimento, prazer e entusiasmo. Outras manifestações culturais musicais, algumas vezes associadas à capoeira, como o maculelê e o samba de roda, também apresentam interação e compartilhamento em grupo (Ribeiro, 2017).

Ampliando o repertório

O Grupo Muzenza de Capoeira tem uma academia na cidade de Curitiba considerada uma das mais antigas do sul do Brasil. Ele completa 50 anos em 2022. A academia é conhecida por realizar uma internacionalização da capoeira com atividades em diversos países, como Equador, França, Inglaterra e Austrália.

GRUPO MUZENZA DE CAPOEIRA. Disponível em: <https://muzenza.com.br/site/>. Acesso em: 20 jan. 2022.

MUZENZA Roda de Rua em Curitiba. **Grupo Muzenza Capoeira Oficial**, 2006. 3 min. Disponível em: <https://www.youtube.com/watch?v=893TdoC2E80>. Acesso em: 20 jan. 2022.

4.2 Aspectos psicológicos nas práticas musicais em conjunto

Uma das questões pertinentes sobre as práticas musicais em conjunto são os aspectos psicológicos. Como pessoas que fazem e escutam música, lidamos com o senso de pertencimento ao grupo, o desenvolvimento de identidades musicais e pessoais de maneira individual ou coletiva, questões de exposição ao público, possíveis conflitos musicais e pessoais no grupo, entre outros pontos. Já como professores de música, pais ou interessados no desenvolvimento musical dos estudantes, temos de saber lidar (ou ao menos buscar entender) com essas questões psicológicas envolvidas na prática musical coletiva, que podem ser identificadas em diferentes contextos: por exemplo, no sexto ano do ensino fundamental, na musicalização infantil, no ensino extraclasse ou comunitário e, até mesmo, no ensino superior.

Vamos começar pelo senso de pertencimento ao grupo. Esse comportamento é comum quando se consideram as práticas musicais coletivas em ambientes formais ou informais de ensino. O senso de pertencimento ao grupo é entendido como a situação em que o indivíduo apresenta uma forte filiação a determinado grupo ou "tribo". A partir de um olhar cuidadoso, podemos observar uma sala de aula no ensino médio e perceber como os alunos se aproximam por afinidades. Na prática docente, podemos notar, ainda, que o relacionamento dos jovens em suas "tribos" aponta para um compartilhamento da música que eles ouvem, sendo comum ouvirmos frases como "costumo ouvir as mesmas músicas que meus amigos". Schubert e McPherson (2016) indicam que desde a infância as crianças escutam músicas semelhantes ou iguais às escutadas pelas pessoas com quem convivem nos diversos ambientes que frequentam. No entanto, esses autores sugerem que na adolescência parece haver dois caminhos para a experiência com a música: (1) o senso de pertencimento e de formação de uma identidade no grupo; e (2) uma independência e emancipação da experiência musical, principalmente quando pensamos na possibilidade da escuta musical individual com fones de ouvido.

O senso de pertencimento ao grupo parece ser um elemento psicológico recorrente nas pesquisas sobre práticas musicais em conjunto. A pesquisadora Alexandra Lamont (2012) buscou compreender as fortes experiências com a música de 35 estudantes provenientes de uma universidade da Inglaterra. Para isso, ela pediu a eles que relatassem de forma escrita suas experiências mais fortes e memoráveis na *performance* musical. Como principais resultados, a autora percebeu que o desenvolvimento de uma identidade positiva consigo mesmo e com o grupo pareceu ser importante para os estudantes de música. Além disso, a conexão com outras pessoas e o senso de pertencimento ao grupo também desempenharam um grande papel nos relatos dos alunos. Finalmente, a autora afirma que "a relativa escassez de experiências inteiramente solitárias nos relatos" pode indicar que "os participantes sentiram que experiências fortes na *performance* musical eram mais tipicamente compartilhadas com outras pessoas (gerando significado social)" (Lamont, 2012, p. 588, tradução nossa).

No contexto brasileiro, resultados quantitativos e qualitativos foram obtidos analisando-se estudantes de Música durante um semestre em uma disciplina de Prática de Conjunto Musical no ensino superior (Toni, 2020). Com base na análise de dados, Toni (2020) indica que foi possível observar que alguns aspectos psicológicos foram recorrentes na prática musical coletiva dos alunos: experiências emocionais positivas e/ou mistas (negativas e positivas) com a didática, com as músicas ou com a prática musical, com o sentimento de autonomia e interesse e, até mesmo, com o sentimento de pertencimento ao grupo. Desse modo, esses resultados podem auxiliar o docente em aulas que envolvam práticas musicais em conjunto ou experiências coletivas, no sentido de levar em consideração diversos aspectos do contexto e do relacionamento dos alunos.

Essas discussões nos levam a pensar em duas questões associadas à experiência coletiva com a música, em especial a da prática musical em conjunto. O primeiro desses pontos está relacionado às experiências positivas que emergem da prática musical em conjunto. Tendo em vista o que já foi discutido, podemos pressupor que fazer música em grupo pode colaborar para o desenvolvimento musical dos alunos, pois movimenta interesses que podem ser potencializados pela equipe. Assim, a música e seu papel na formação de um senso de identidade (pessoal e coletivo), bem como na preservação e estabelecimento do grupo, são permeados por algumas variáveis, como as experiências emocionais positivas, entre elas a empatia, o crescimento mútuo, o bem-estar e a integração social por meio do prazer que emerge do compartilhamento de ações de fazer e escutar música (Elliott, 2000; Elliott; Silverman, 2015). O segundo ponto diz respeito ao fato de que o professor deve estar atento às possibilidades de situações negativas emergirem do senso de coletividade. Podemos citar como exemplo a probabilidade de o ambiente se tornar excludente para pessoas novas inseridas no contexto, como um aluno novo em sala de aula. Tais comportamentos excludentes ou de discriminação em grupos precisam ser compreendidos pelo professor e discutidos com a turma de maneira conjunta, uma vez que a superação perpassa um caminho de aprendizagem coletiva.

Ao falarmos de aulas coletivas de música, não podemos deixar de lado aspectos relacionados à exposição em público, seja na sala de aula, seja em um recital de encerramento de curso. As pesquisas contam com relatos recorrentes de estudantes e músicos sobre medo ou ansiedade motivados pela *performance* musical (Lamont, 2012; Toni, 2020). A educadora e pesquisadora brasileira Sonia Ray (2010) afirma que o medo de palco ou a ansiedade que antecede uma *performance* musical pode ter relação com uma série de questões, entre elas a falta de prática ou ensaio e questões psicológicas que envolvem a exposição em si. Além disso, as pessoas apresentam relatos, em alguns casos, de experiências emocionais negativas e um sentimento de frustração antes ou após determinada *performance*. Em contraposição às situações negativas, a mesma autora observa que "um pouco de ansiedade e tensão" pode ser positivo "na preparação e nos momentos imediatamente anteriores a uma performance musical", mas que é necessário que essa tensão não seja elevada "a níveis altíssimos, gerando efeitos negativos na atuação do músico em público" (Ray, 2010, p. 157-158). Essa situação pode ser equivalente à da prática musical em sala de aula, na qual também há a exposição dos alunos aos próprios julgamentos e ao julgamento dos colegas, o que merece a atenção do professor.

Experiências emocionais positivas também podem emergir da apresentação musical para um público, podendo surgir da própria música ou *performance* ou até mesmo de um *feedback* social positivo que se manifesta na situação de prática musical. Além disso, se pensarmos nas relações dos alunos/músicos nas práticas musicais em conjunto e em situações que envolvam a apresentação para o próprio grupo ou para um público, podemos levar em consideração a afirmação de Lamont (2012, p. 588, tradução nossa) de que "conectar-se emocionalmente com os outros pode ser uma forma alternativa de combater a ansiedade da *performance*". Essa discussão nos leva a pensar, então, nas questões afetivas relacionadas às práticas musicais em conjunto.

4.3 Questões afetivas nas práticas musicais em conjunto

Em suas pesquisas sobre as fortes experiências das pessoas com a música, Alf Gabrielsson (2010, 2011) estabeleceu as experiências emocionais como uma de suas categorias. Ele considera que, geralmente, as experiências emocionais positivas são descritas por termos como *alegria*, *felicidade* e *prazer*, ao passo que as experiências emocionais negativas são descritas por termos como *raiva*, *frustração* e *aflição*. Já as experiências emocionais mistas são aquelas que envolvem descrições positivas e negativas ou a mudança de uma para a outra na vivência com a música.

Antes de tudo, é importante ter em mente que *afeto* é um termo que costuma englobar diversos fenômenos afetivos. Entre esses fenômenos está a emoção, que é descrita como uma resposta curta e intensa a um evento. Alguns autores discutem a emoção em termos como a ativação de sistemas sensório-químico-neurais no cérebro e mudanças corporais (Damásio, 1996; Levitin, 2010; Elliott; Silverman, 2012).

Já o sentimento é comumente definido como a consciência de um processo emocional (Damásio, 1996; Elliott; Silverman, 2012). Nas pesquisas sobre música e emoção, o pesquisador Patrik Juslin (2016) descreve as emoções com base em alguns subcomponentes que são sincronizados. Vamos imaginar uma situação em que há a ativação desses subcomponentes. Por exemplo, você está em uma sala e de repente entra um leão no local:

1. **avaliação cognitiva**: ocorre uma avaliação da situação (o perigo);
2. **sentimento subjetivo**: você, então, passa a sentir o medo;
3. **respostas fisiológicas**: seu coração começa a bater mais rápido;
4. **expressão emocional**: você começa a chorar;
5. **tendência a agir**: você manifesta a tendência a correr ou fugir;
6. **regulação emocional**: você tenta se acalmar após toda essa tensão.

As emoções podem ocorrer em resposta a eventos no ambiente interno ou externo da pessoa, o que nos permite considerar, por exemplo, situações em uma aula de prática musical em conjunto em que elas podem acontecer. O primeiro elemento a ser considerado é o **repertório** ou as músicas que estão sendo tocadas ou escutadas. A escolha do material musical a ser trabalho pode influenciar muito o comportamento do grupo, pois os alunos podem nutrir sentimentos de identificação, criação de laços, interesse e motivação na atividade musical. Porém, muitos desses sentimentos e emoções perpassam a maneira como as músicas são apresentadas pelo professor, que tem o dever de demonstrar um repertório grande e variado para a formação mais completa dos alunos, além de ter a obrigação ética de pensar em como ensinar sem impor. Por exemplo, vamos supor que seja preciso estudar elementos da música de concerto, mas os alunos demonstram aversão ao gênero musical e relatam que só gostam de *rock*. O que fazer? O professor pode realizar aproximações que facilitem o interesse dos alunos, como no caso dos *shows* da banda Metallica com a Orquestra Sinfônica de San Francisco ou da banda Kiss com a Orquestra Sinfônica de Melbourne. Nos exemplos dados, é possível realizar aproximações ao se perceber a presença de uma orquestra inteira junto com todos os instrumentos elétricos das bandas mencionadas.

> Imagine a seguinte situação: uma orquestra está tocando a seção de uma música no naipe das cordas, e a melodia está sendo tocada principalmente pelos violinos e pelos violoncelos. A música é interpretada pelos próprios músicos como triste, emoção que parece realmente ter sido despertada neles, pois alguns estão chorando. Na plateia, percebemos que algumas pessoas também estão sentindo a mesma emoção e expressando-se de maneira semelhante.

No exemplo citado, há dois elementos interagindo: o material musical/repertório e os gestos e expressões das pessoas envolvidas no evento musical. Isso nos leva a considerar o segundo elemento nas questões afetivas da prática musical coletiva: os **relacionamentos**. Quando pensado para as respostas emocionais à música, o contágio emocional é definido como uma imitação interna de estímulos que lembram a voz e os gestos humanos, o que faz com que possamos sentir a emoção envolvida no contexto (Juslin, 2016).

As pesquisas indicam que o violino e o violoncelo são instrumentos que lembram muito a voz humana e que parecem ser os mais fáceis de produzir um contágio emocional. Além disso, é importante colocar em foco a questão dos gestos e movimentos expressivos-sociais-culturais dos músicos e de outros membros da plateia (Elliott; Silverman, 2016b). Portanto, a experiência musical compartilhada na forma de práticas musicais em conjunto (fazendo ou ouvindo música) pode vir a despertar um contágio emocional em quem está participando.

Mãos à obra!

Em uma aula de Musicalização Infantil realizada pelos autores, foi proposta uma atividade de apreciação musical com a canção *Francisco*, escrita e interpretada por Milton Nascimento.

Uma aluna de 4 anos decidiu discutir sobre sua escuta indicando alguns elementos de que ela gostou e outros de que não gostou muito. O destaque foi a maneira como caracterizou emocionalmente sua escuta. Ela disse: "Essa música me deixou triste, porque quem está cantando está triste...". Esse relato caracteriza um contágio emocional resultante do material musical e da imaginação dela sobre a interpretação do *performer*.

Em uma atividade de apreciação musical, pode-se incentivar os alunos a nomear sua experiência com a música com base em características emocionais. Com crianças, é possível pensar atividades direcionadas para expressar determinado estado emocional – por exemplo, "Como seria um galo cantando triste?". Com adolescentes, um debate mais aprofundado pode ser feito, além de ser viável perguntar quais questões pessoais, sociais, musicais, entre outras, podem estar por detrás da percepção de determinada emoção. Em ambos os casos, perceba como o grupo interage e busque a mediação dos debates.

A atenção do professor para o provável contágio emocional dos alunos em sala de aula deve estar relacionada com a influência positiva ou negativa na coletividade, ou seja, uma avaliação de determinado aluno sobre uma situação pode levar toda a turma a agir de forma similar.

Vamos utilizar um exemplo da nossa prática docente em uma turma de Musicalização Infantil com crianças de 3 anos. O material utilizado durante a aula foi um pedaço de tubo de papelão (como os que são encontrados para enrolar papel ou tecido) para estimular a percepção sonora por meio de variações no timbre. Em um primeiro momento, as crianças foram instruídas a fazer sons diferentes com a voz dentro do tubo. Já em um segundo momento, elas foram orientadas a aproximar o tubo da orelha e ficar em silêncio para perceber um "som novo". O objetivo era traçar paralelos com o som das conchas encontradas na praia, que popularmente colocamos próximas da orelha para escutar o "som do mar". Quando uma primeira criança foi questionada sobre o que estava escutando, ela disse que era o som de um gatinho e começou a dar risada. Instantaneamente, todas as crianças começaram a escutar o suposto gatinho e a rir todas juntas, além de se divertirem com a situação. No final das contas, apesar de a experiência ter sido estimulante e divertida quanto à percepção e projeção de sons diferentes, não se conseguiu fazer a retomada do paralelo com o "som do mar" – pelo menos, não nessa aula.

O exemplo apresentado nos leva a pensar em dois aspectos. Primeiro, o contágio emocional não está relacionado apenas a experiências emocionais negativas – ele também pode envolver experiências positivas. Segundo, o fato de as crianças terem conduzido a aula para outra perspectiva não é algo ruim. Em nossa prática docente, procuramos fazer um planejamento que apresente uma introdução, um desenvolvimento e uma conclusão em uma série ordenada de atividades conduzidas por um objetivo central (Romanelli; Ilari; Bosísio, 2008). No entanto, a prática docente é flexível e a segurança no planejamento nos ajuda a improvisar ou dar espaço para novas situações nas interações didático-musicais.

Algo importante nas questões afetivas em práticas musicais em conjunto diz respeito à nossa disposição empática e às idealizações éticas das outras pessoas. A prática musical em conjunto é capaz de ser um catalisador de experiências emocionais relacionadas às experiências das pessoas a que atribuímos importância – colegas, professores, ouvintes ou plateia, outros músicos, personagens etc. De fato, as emoções estão enraizadas na educação musical, inclusive nas relações interpessoais (Hallam, 2010; Elliott; Silverman, 2015).

A **didática** é o último elemento a ser discutido no âmbito das questões afetivas da prática musical em conjunto. Em pesquisas sobre disciplinas de Prática de Conjunto Musical no ensino superior em Música, há relatos recorrentes de estudantes universitários de que tais disciplinas não os motivavam, pois não eram bem-organizadas (Bento; Araújo, 2016; Ramos; Toni, 2016, 2018). Por outro lado, quando o professor conseguia organizar os conteúdos e conduzir cada aula de maneira interessante e estruturada, os alunos da mesma instituição relataram que a didática tinha sido um dos principais aspectos que movimentaram suas emoções e seu interesse nas aulas (Toni, 2020). Desse modo, como professores, devemos estar atentos à forma como organizamos nossas práticas educativas, a fim de oportunizar o desenvolvimento musical e pessoal dos estudantes, promover o interesse e estimular espaços de compartilhamento de experiências emocionais. Se considerarmos que o grupo pode apresentar um forte contágio, não devemos esquecer que eles estão realizando uma constante avaliação de nossa prática docente: "Não posso escapar à apreciação dos alunos. E a maneira como eles me percebem tem importância capital para o meu desempenho" (Freire, 2018, p. 94). A afetividade é vista como um componente importante do ensino e aprendizagem de música, de forma que pode contribuir para o crescimento pessoal e musical dos estudantes, além de estar presente na maioria das interações educativo-musicais (Filipak; Ilari, 2005; Romanelli; Ilari; Bosísio, 2008; Toni, 2020).

4.4 O desenvolvimento de habilidades musicais nas práticas de conjunto

Não há um "modelo" ou "mapa" específico a ser seguido ou testado para o desenvolvimento de habilidades musicais por meio das práticas em conjunto. No entanto, é possível estabelecer discussões a respeito de comunidades de prática e o senso de pertencimento, os diálogos e conflitos musicais em movimento no grupo, o desenvolvimento de aspectos da *performance* musical, entre outros olhares. Nesta seção, buscamos priorizar uma perspectiva com enfoque nas trocas e mediações no grupo musical e apresentar uma proposta específica para a abordagem dos conhecimentos musicais. Essa proposta foi desenvolvida por Elliott e Silverman (2015) para se pensar a totalidade dos processos de ensino e aprendizagem, mas, nesta seção, será direcionada para as práticas musicais em conjunto.

As práticas musicais em conjunto possibilitam o desenvolvimento de diálogos, proposições e experimentações com base em ideias e possíveis conflitos musicais, que podem ser resolvidos em coletividade. Ademais, a prática musical em conjunto pode favorecer a cooperação e, até mesmo, a liderança. Elliott e Silverman (2015) destacam que a situação de apresentação para um público ou *performance* musical pode contribuir profundamente para o desenvolvimento pessoal, coletivo e musical dos alunos, seja nas formações de grupos musicais em sala de aula nas escolas, seja em grupos musicais em outros contextos. Além disso, os autores reforçam a importância dessas situações de apresentação ao público, pois afirmam que elas podem ocorrer tranquilamente durante um ensaio, embora a *performance* envolva outro ambiente e outra relação com a prática. É necessário que o professor tenha em mente quais são os desafios que determinada prática musical está requerendo, tanto no âmbito individual (cada aluno) quanto no coletivo, e quais são as habilidades do grupo para que possam, de fato, se desenvolver musical e pessoalmente.

Convém detalharmos um pouco mais os conhecimentos musicais que devemos ter em mente na formação dos alunos. A seguir, a Figura 4.1 expõe as propostas de Elliott e Silverman (2015) sobre o que eles chamam de **entendimento musical**, que reúne as habilidades de fazer e escutar música.

Figura 4.1 – Entendimento musical e suas variáveis

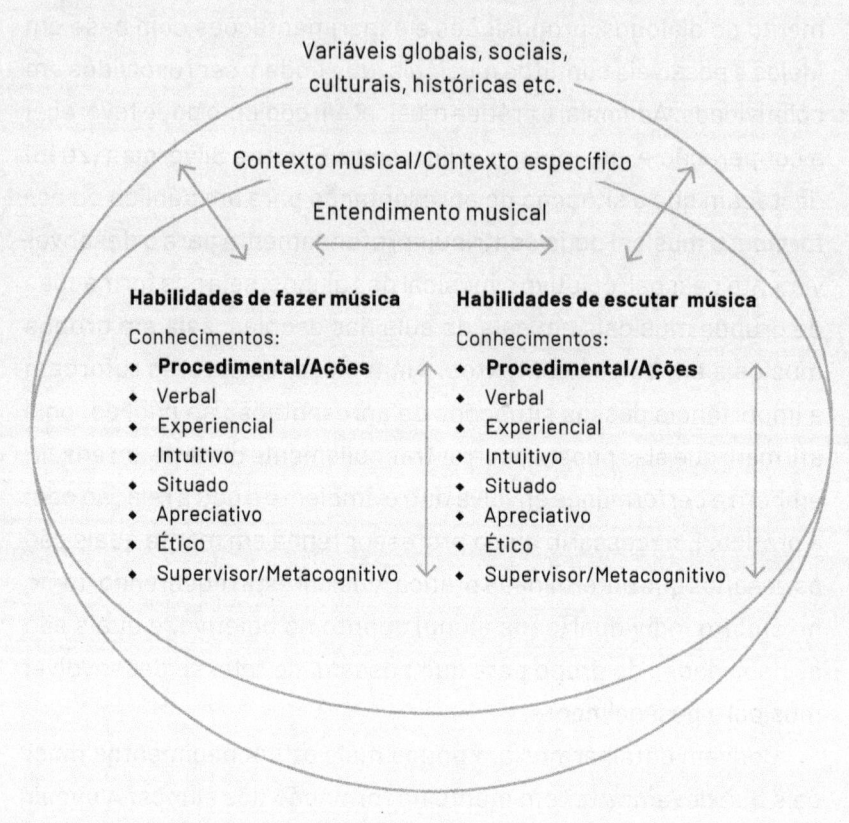

Variáveis globais, sociais, culturais, históricas etc.

Contexto musical/Contexto específico

Entendimento musical

Habilidades de fazer música
Conhecimentos:
- **Procedimental/Ações**
- Verbal
- Experiencial
- Intuitivo
- Situado
- Apreciativo
- Ético
- Supervisor/Metacognitivo

Habilidades de escutar música
Conhecimentos:
- **Procedimental/Ações**
- Verbal
- Experiencial
- Intuitivo
- Situado
- Apreciativo
- Ético
- Supervisor/Metacognitivo

Fonte: Elliott; Silverman, 2015, p. 207, tradução nossa.

Cada uma dessas duas habilidades (fazer e escutar música) envolve oito tipos de conhecimento e, juntas, elas integram o entendimento musical. Antes de detalhar cada um deles, é relevante destacar que cada conhecimento se relaciona a outro de maneira contínua, assim como as duas habilidades também estão relacionadas. Ademais, os círculos destacam a ideia de que estamos sempre imersos em um contexto musical específico, embora também sejamos afetados por variáveis globais, socioculturais, históricas, entre outras. Além do desenvolvimento das habilidades de fazer e escutar música, Elliott e Silverman (2015) também ampliam os debates para levar em consideração o mesmo modelo para as habilidades do professor em ensinar música.

O conhecimento procedimental é prático e envolve a reflexão crítica sobre a prática e a união entre a teoria e a prática. Trata-se de um conhecimento representado pelas ações das pessoas (não apenas o que elas dizem sobre um assunto), sendo colocado em destaque para indicar que os demais conhecimentos estão infusos e sustentam o conhecimento procedimental/ações. Os outros conhecimentos indicados são:

- **Verbal**: refere-se a conceitos verbais ou escritos sobre conteúdos musicais, como a teoria musical e a história da música.
- **Experiencial**: consiste na experiência prática de saber fazer algo em determinado contexto e situação musical.
- **Intuitivo**: corresponde ao conhecimento não verbal que envolve um forte senso "de que uma linha de ação é melhor que outra, ou não tão certa, e assim por diante" (Elliott; Silverman, 2015, p. 223, tradução nossa).
- **Situado**: envolve questões sobre a corporeidade, o reconhecimento de si e dos outros, emoções, atitudes, interesses, valores, conhecimento pessoal sobre os outros e conhecimentos sobre o assunto. Aspectos que estão ambientalmente situados afetam o entendimento musical em comunidade.
- **Apreciativo**: consiste na "habilidade de transpor desafios vendo-os como possibilidades ao invés de obstáculos" (Elliott; Silverman, 2015, p. 225, tradução nossa).

- **Ético**: refere-se à disposição para realizar atividades musicais eticamente orientadas, buscando-se resolver possíveis dilemas na prática musical.
- **Supervisor/metacognitivo**: corresponde à disposição para monitorar, ajustar e gerenciar as próprias habilidades musicais no momento e ao longo do desenvolvimento musical.

Uma questão a ser destacada é que o fazer musical não diz respeito apenas à situação de *performance* ou da interpretação musical. Elliott e Silverman (2015) também discutem detalhadamente as situações que envolvem composição e arranjo musical, momentos de regência, o fazer musical auxiliado pela tecnologia, entre outros aspectos práticos e coletivos.

Além disso, a escuta permeia todos os processos de fazer música e é entendida de maneira ativa, não como uma competência meramente passiva. Essa consideração também é importante para Bastião (2012) no contexto do ensino de música na educação básica, uma vez que a autora ressalta a importância de unir o fazer, a escuta, o arranjo e a composição em atividades de prática musical em conjunto em sala de aula.

O fazer e a escuta musical são entendidos como situações importantes para o estabelecimento, a definição e a preservação de um senso de comunidade e de autoidentidade dentro de grupos sociais (Elliott; Silverman, 2015). Assim, o professor deve estar atento para que os momentos de ensino e aprendizagem de música possam oportunizar experiências emocionais positivas, momentos significativos e de desenvolvimento da autoconfiança. O papel principal de um professor de música é:

Desenvolver todos os conhecimentos e pensamentos musicais do entendimento musical por meio da mentoria, do *coaching*, da modelação, do encorajamento, da inspiração e do compartilhamento em discussões com os estudantes de música concebidos como **praticantes musicais reflexivos engajados em tipos de comunidades musicais intersubjetivas que nós chamamos *educação musical*.** (Elliott; Silverman, 2015, p. 233, tradução e grifo nosso)

Outros valores na formação pessoal e musical dos estudantes também são importantes, como florescimento, crescimento, desenvolvimento e transformação musical, pessoal e coletiva (Elliott; Silverman, 2015; O'Neill, 2016). É igualmente relevante considerar o que os alunos ou pessoas fazendo música em conjunto carregam consigo no fazer ou escutar música, ou seja, seus pensamentos, suas fantasias, suas emoções individuais ou coletivas, suas memórias, condições contextuais, ambientes etc.

Elliott e Silverman (2015) afirmam que não podemos separar esses elementos pessoais/contextuais e os valores associados à educação e ao fazer musical das experiências musicais, pois a música é uma construção humana ativa e é mediada por nossas experiências e pelos sentidos que atribuímos àquilo que vivenciamos. Isso não significa que estamos defendendo uma educação musical contextualista, na qual a música poderia proporcionar benefícios sem ser o objetivo principal (Romanelli, 2014). Aliás, é necessário tomar muito cuidado ao admitir questões contextualistas, como a possibilidade de a música melhorar as habilidades espaciais ou a aprendizagem de matemática. Pesquisadores indicam que os benefícios extramusicais no ensino e aprendizagem de música não se apoiam em dados empíricos que apontam para relações causais, ou seja, que implicam causa e efeito, para ser possível confirmar as supostas vantagens (Ilari, 2009; Elliott; Silverman, 2015).

Não podemos nos esquecer da autonomia como elemento fundamental do desenvolvimento musical e humano dos estudantes. A literatura indica que, em práticas musicais em conjunto, um professor que promova a autonomia pode favorecer o interesse e a criatividade dos alunos, principalmente quando oferece oportunidades para criarem musicalmente, proporem instrumentações e arranjos ou se expressarem em sua *performance* musical (Beineke, 2009, 2015; Toni, 2020), o que nos conduz à discussão sobre aspectos de motivação nas práticas em conjunto.

4.5 Motivação para a prática e a aprendizagem da música em contextos coletivos

Nos últimos anos, assistimos a uma expansão dos estudos sobre motivação e educação musical, impulsionada pela necessidade de compreendermos, como educadores musicais, quais são os processos motivacionais e como se relacionam com a prática e a aprendizagem da música. Como constructo teórico da psicologia, a motivação, no contexto aqui enfocado, auxilia na compreensão de dois aspectos centrais: (1) as razões pelas quais iniciamos um comportamento, isto é, o que nos impulsiona nos níveis psíquico, emocional e comportamental a mobilizar esforços para praticar música em conjunto; e (2) os fatores que interferem na variação da regularidade, da intensidade e da qualidade de nossas ações, fatores relacionados ao engajamento e ao desengajamento (adesão ou evasão) em determinadas práticas. Esse aspecto contribui para o entendimento das causas pelas quais membros de um grupo apresentam diferentes níveis de envolvimento com as práticas musicais em conjunto.

Segundo Reeve (2006), a motivação tem sido compreendida como um conjunto de processos de base psicológica e social que oferecem energia (força, intensidade e persistência nas ações) e direção (comportamentos orientados por metas) voltada às realizações humanas. Além disso, apresenta como principais indicadores cognitivos e comportamentais a intencionalidade, o engajamento, a mobilização de esforços, a persistência e a resiliência. Assim, o estudo desse constructo teórico contempla uma série de fatores relacionados à iniciação, à continuidade e ao alcance de bons resultados nas realizações em contextos específicos (nesse caso, nas práticas musicais coletivas).

Os estudos sobre motivação para a prática, a aprendizagem e o ensino de música têm assumido uma diversidade de teorias oriundas do campo da psicologia, entre as quais se destacam a teoria das metas, a teoria expectativa-valor, a teoria das atribuições de causalidade, a teoria das crenças de autoeficácia, as teorias da autorregulação, a teoria da autodeterminação e a teoria do fluxo. Esta última, de autoria do psicólogo húngaro Mihaly Csikszentmihalyi (1934--2021) – um dos principais expoentes da psicologia positiva na atualidade –, trata do envolvimento pessoal nas realizações humanas nos níveis psíquico, afetivo e comportamental. A seguir, apresentamos a teoria do fluxo e as relações que podem ser estabelecidas com as práticas musicais em conjunto.

4.5.1 A experiência do fluir nas práticas musicais em conjunto

Engajar-se nas realizações musicais em grupo, no âmbito das práticas performáticas ou nos contextos de musicalização, requer mais do que iniciar e manter a regularidade nos comportamentos musicais; demanda vivência de experiências sociais e artísticas associadas a estados emocionais positivos, que ofereçam percepções de prazer e autossatisfação. Sob esse olhar, a motivação para praticar música se associa ao sentimento de felicidade que determinadas realizações, especialmente aquelas compartilhadas socialmente, podem oferecer. A teoria do fluxo (*Flow Theory*) nos ajuda a compreender esse complexo fenômeno ao descrever o fluxo ou estado do fluir, uma experiência de imersão total durante a realização de uma prática, por meio da qual se favorece a percepção de bem-estar e autorrealização diante da tarefa e se desencadeiam emoções positivas (como a felicidade/alegria) e fenômenos perceptivos (como a distorção temporal, referente à percepção de que as atividades passam lenta ou rapidamente).

Algumas condições pessoais e contextuais precisam ser mobilizadas para o alcance do estado do fluir, a saber:

a) **Engajamento intrínseco com a atividade**: O que nos leva a iniciar uma realização musical coletiva? Quando iniciamos uma prática em conjunto com vistas à obtenção de alguma recompensa (social ou material), a exemplo da aprovação em uma disciplina escolar ou da remuneração (retorno financeiro) pelo trabalho musical realizado, estamos apoiando nossas ações em um engajamento extrínseco (orientando nosso comportamento por fatores externos a nós). Por outro lado, quando nos envolvemos com a prática em grupo orientados pela satisfação pessoal de compartilhar socialmente uma experiência artístico-musical, intentando também desenvolver novas habilidades musicais para tocar/cantar em grupo, estamos em um engajamento intrínseco (guiados por fatores internos).

b) **Adoção de metas objetivas e exequíveis**: conforme explicam Veloso e Araújo (2019, p. 140), uma meta pode ser definida "como o que se pretende consciente e intencionalmente alcançar e envolve referências, padrões pessoais e objetivos como foco das ações". Nas práticas musicais em conjunto, os membros do grupo, ao estabelecerem metas para suas realizações, envolvem-se de maneira mais intensa com as experiências que proporcionam o alcance dos objetivos pessoais e coletivos, observam o desempenho (individual e do grupo) e verificam, de acordo com as percepções e crenças pessoais e da equipe, a qualidade da prática musical empreendida, reunindo condições que facilitam a experiência do fluir.

c) **Aspectos cognitivos e emocionais da experiência musical**: nas práticas de conjunto musical, o estado do fluir é alcançado por meio do domínio das funções executivas, como a concentração nas ações individuais (para a execução das partes delegadas a cada musicista); a atenção nos comportamentos dos demais membros do grupo para que se estabeleça um ambiente de interação dinâmica e orgânica, sensível às mais sutis inflexões sonoro-musicais durante a interpretação; um acurado processamento das informações coletadas por duas vias sensoriais principais (a audição e a visão); entre outras competências cognitivas. Além desses pontos, merecem destaque os já mencionados fatores emocionais positivos, vinculados diretamente à experiência do fluir (Araújo; Veloso; Silva, 2019).

d) **Equilíbrio entre as habilidades do indivíduo e as exigências da tarefa**: em um grupo musical, é esperado que seus membros estejam em um nível aproximado de *expertise* (particularmente em contextos de *performance* musical). Portanto, para o alcance do estado do fluir, é importante que os desafios enfrentados – a complexidade técnica e interpretativa do repertório ou o nível de dificuldade das atividades musicais, por exemplo – estejam em conformidade com as aptidões e os recursos que os participantes (musicistas ou estudantes) detêm. Habilidades elevadas e propostas pouco desafiadoras podem gerar apatia; desafios superiores às competências dos membros do grupo podem levar à desmotivação. O equilíbrio entre os desafios e as capacidades, por sua vez, auxilia na condução à experiência do fluir (Araújo, 2015; Silva, 2019; Araújo; Hein, 2019).

Figura 4.2 – Requisitos psicológicos e contextuais para a experiência do fluir

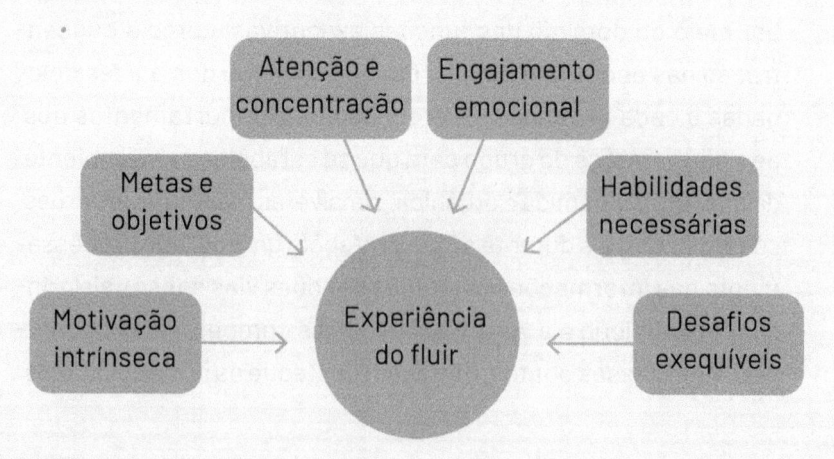

> **Ampliando o repertório**
>
> No vídeo indicado a seguir, Csikszentmihalyi discorre a respeito da origem, do desenvolvimento e das principais contribuições de sua teoria do fluxo.
> FLOW – Estado de Fluxo – Mihaly Csikszentmihalyi – TED. 2 jan. 2016. 18 min. Disponível em: <https://www.youtube.com/watch?v=BAljbVf-HXA>. Acesso em: 20 jan. 2022.

Araújo (2010, p. 117) explica que "a experiência de fluxo age como um ímã para o aprendizado – isto é, para o desenvolvimento de novos desafios e habilidades". No ensino e aprendizagem de música, o entendimento acerca da experiência do fluir auxilia na compreensão dos processos motivacionais que colaboram com a aprendizagem (Araújo, 2015). Assim, o equilíbrio entre desafios e habilidades, as ações guiadas por metas claras que direcionam o processo de ensino (conduzido pelo professor) e de aprendizagem (gerenciado pelos aprendizes), bem como o valor delegado aos aspectos cognitivos (como a atenção e a concentração) e os estados emocionais (particularmente as emoções positivas), são elementos indispensáveis ao alcance da experiência do fluir.

Em música, as investigações fundamentadas nessa abordagem teórica enfatizam majoritariamente dois domínios: a prática instrumental/vocal (*performance*) e as práticas de musicalização. A musicalização, como abordagem educativo-musical, inclui uma série de iniciativas de prática musical em conjunto cujos objetivos são: sensibilizar os indivíduos para o fenômeno sonoro e muni-los de ferramentas para ouvir de forma estruturada, consciente e crítica, podendo reagir corporalmente à música; criar, partindo dos princípios da livre exploração até a organização sistemática de ideias musicais; e executar, fazendo uso de diferentes recursos instrumentais, vocais e corporais, incluindo objetos com o potencial para uma produção sonora qualificada.

Em alto e bom som

Conforme sugerem Madalozzo e Costa (2016, p. 2),

> a educação musical para crianças deve ser realizada de forma lúdica, a partir de uma série de atividades musicais que, gradualmente, propiciem um contato mais amplo das crianças com a linguagem musical, desenvolvendo as habilidades perceptivas para que elas se tornem cada vez mais receptivas ao fenômeno sonoro, e também para que sejam capazes de reagir a estes estímulos com respostas musicais.

Segundo Madalozzo (2019, p. 25), a musicalização pode ser assim definida:

> Processo em que, com a sensibilização sonora, a criança passa a atribuir sentido aos conceitos musicais, a partir de uma série de práticas ativas em que se envolve de maneira significativa. As palavras prática, vivência e experiência aparecem com frequência associadas ao conceito de musicalização infantil. Além de projetos ou cursos em escolas regulares e de música, a musicalização é um processo muito mais abrangente, e que define uma postura de trabalho pedagógico seja em qualquer nível, modalidade ou contexto de ensino. Por outro lado, por seu caráter lúdico, em geral aparece associada ao universo da infância [embora não se limite a esse contexto].

No que se refere ao exercício docente, as práticas de musicalização relacionam-se a um conjunto de estratégias voltadas a um ensino coletivo da música, no qual a centralidade reside na sensibilização dos aprendizes com relação aos fenômenos sonoro-musicais. Nesse âmbito, pesquisas sugerem que as práticas de musicalização podem ser tão motivadoras quanto as práticas instrumentais/vocais, destacando-se a relevância das ações docentes na construção de ambientes com o potencial para o alcance dos estados do fluir e para uma aprendizagem musical abrangente e integradora, articulando diferentes modalidades da experiência artístico-musical (Silva, 2019). Nessa perspectiva, evidências empíricas têm reforçado a relação positiva entre os componentes do fluir e a motivação para praticar e aprender música. Segundo Araújo, Campos e Banzoli (2016, p. 51), "quanto mais os elementos que proporcionam o estado de fluxo estão presentes na prática musical das crianças, maior é a motivação dos mesmos para aprender música".

Lançando um olhar às práticas interpretativo-musicais, uma pesquisa realizada por Araújo (2015) investigou as disposições para a experiência do fluir e sua recorrência (em associação aos hábitos de estudo deliberados) nas práticas musicais de *performers experts*. O estudo foi conduzido mediante a interrogação direta (por meio de questionários) de 168 musicistas jovens, adultos e idosos com formação tradicional em Música de Concerto. A hipótese de que o estado do fluir exerce influências positivas nas atividades de *performance* musical pôde ser confirmada por meio dos resultados do estudo, que sugeriram: a disposição, por parte da população investigada, para vivenciar estados de fluir na prática musical; a existência de uma experiência subjacente ao estado do fluir, denominada *experiência óptima de prática*; a relação positiva entre o engajamento com a prática musical e os conhecimentos pessoais acerca dos recursos e das capacidades para organizar a prática (estratégias deliberadas de estudo).

Importa reforçar que a dimensão motivacional da experiência do fluir reside nos elementos/requisitos que conduzem a esse estado de imersão psíquica. Tais elementos qualificam positivamente o engajamento dos indivíduos com as práticas musicais em conjunto, direcionam a energia psíquica, organizam mentalmente a experiência musical realizada e, desse modo, favorecem os bons desempenhos (Csikszentmihalyi, 2000, citado por Araújo, 2015). Assim, quanto mais vivenciamos experiências de fluir nas realizações musicais coletivas, maior se torna a probabilidade de recorrência delas. Afinal de contas, o engajamento em experiências sociais (compartilhadas em grupo) e intrinsecamente satisfatórias (que fomentem o bem-estar e a felicidade) é um traço da natureza humana.

▷▷ Resumo da ópera

A seguir, apresentamos uma síntese dos principais temas e desdobramentos teóricos abordados ao longo deste capítulo.

I. Bases sociais das práticas em conjunto
   - A música como evento participatório da sociedade e realizada em comunidade.
   - Questões evolutivas: coesão de grupo e cuidado parental.

II. Aspectos psicológicos das práticas em conjunto
   - Senso de pertencimento e identidade de grupo.
   - Experiências emocionais positivas com a prática coletiva e questões de exposição ao público.

III. Questões afetivas das práticas em conjunto
- Emoção, sentimento e contágio emocional.
- O repertório musical e as respostas emocionais à música.
- Relacionamento e didática.

IV. Habilidades desenvolvidas nas práticas em conjunto
- Desenvolvimento pessoal, coletivo e musical do aluno.
- Desenvolvimento das habilidades de fazer e escutar música aliadas ao crescimento pessoal e musical do aluno.

V. Motivação para a prática e a aprendizagem musical
- Motivação para praticar e aprender música em conjunto.
- O estado do fluir (*flow*) nas realizações musicais.
- A motivação nas práticas de musicalização e na *performance* musical.

Teste de som

1. Considere a citação a seguir.

> "A música é vital para a sobrevivência humana porque atividades e sons musicais podem promover comportamentos pró-sociais no grupo" (Elliott; Silverman, 2015, p. 79, tradução nossa).

Considerando essa citação, assinale a alternativa que corresponde corretamente a uma das mais discutidas teorias adaptativas contempladas nas pesquisas sobre as origens evolutivas da música e os comportamentos musicais em grupo:

a) Seleção sexual.

b) Cuidado parental.

c) Darwinismo.

d) Coesão social.

e) Evolucionismo.

2. Levando em consideração as discussões realizadas a respeito das questões psicológicas envolvidas no senso de pertencimento ao grupo e na situação de apresentação musical para um público, assinale a alternativa que apresenta a afirmativa correta:

a) O senso de pertencimento ao grupo não apresenta implicações psicológicas para se refletir sobre as práticas musicais em conjunto.

b) As apresentações musicais para um público são pouco recorrentes para os músicos em sua atuação profissional.

c) O senso de pertencimento ao grupo é entendido como a situação em que o indivíduo apresenta uma forte filiação a determinado grupo, questão recorrente nas pesquisas sobre práticas musicais coletivas.

d) O senso de pertencimento é entendido como o momento de aprendizagem individual no qual não há a interferência de outras pessoas.

e) As apresentações musicais para um público são importantes para a formação dos alunos, mas não têm implicações psicológicas para as práticas em conjunto.

3. As questões afetivas nas práticas musicais em conjunto podem ocorrer em diferentes situações. Neste capítulo, discutimos três elementos que podem influenciar nas respostas afetivas das pessoas ao fazer e escutar música em conjunto. Tendo isso em vista, relacione os elementos a seguir às respectivas conceituações.

1) Repertório/material musical
2) Relacionamentos
3) Didática

( ) Esse elemento está relacionado a possibilidades de experiências afetivas e emocionais com as músicas ou canções. Tais experiências podem implicar o comportamento do grupo, pois os alunos podem nutrir sentimentos de identificação, criação de laços, interesse e motivação na atividade musical.

( ) Esse elemento está relacionado à capacidade do professor em organizar os conteúdos e conduzir as aulas de maneira interessante e estruturada. Experiências afetivas e emocionais podem emergir da organização das práticas educativas, do desenvolvimento musical e da promoção do estímulo à prática.

( ) Esse elemento está relacionado às experiências emocionais-musicais compartilhadas pelas pessoas nas práticas em conjunto (fazendo ou ouvindo música). Tais experiências podem vir a despertar emoções em quem está participando, relacionando-se e interagindo no/com o grupo.

Agora, assinale a alternativa que corresponde à sequência correta:

a) 3 - 2 - 1.
b) 2 - 1 - 3.
c) 2 - 3 - 1.
d) 1 - 2 - 3.
e) 1 - 3 - 2.

4. Com relação ao desenvolvimento de habilidades musicais por meio das práticas em conjunto, é importante destacar os momentos de apresentações musicais, as questões didáticas e demais elementos necessários para se pensar a atuação do professor de música em processos de ensino e aprendizagem coletivos. Duas grandes habilidades foram apresentadas neste capítulo e foram discutidas considerando-se sua inter-relação nos processos de ensino e aprendizagem de música: (1) _____ e (2) _____.

Agora, assinale a alternativa que preenche corretamente as lacunas:

a) fazer música; pensar teoricamente.
b) escutar música; ler partitura.
c) cantar afinado; escutar música.
d) fazer música; escutar música.
e) fazer música; ler partitura.

5. Com base nos assuntos abordados na última seção deste capítulo, relacione os conceitos a seguir às respectivas definições.

1) Motivação
2) Estado do fluir
3) Musicalização

( ) Abordagem educativo-musical apoiada na realização de atividades práticas que, gradualmente, propiciam um contato mais amplo dos indivíduos com a linguagem musical, desenvolvendo as habilidades perceptivas para que se tornem cada vez mais receptivos ao fenômeno sonoro e capazes de reagir de forma ativa a estímulos musicais.

( ) Conjunto de processos de base psicológica e social que oferecem energia (força, intensidade e persistência nas ações) e direção (comportamentos orientados por metas) ao indivíduo, considerando-se a iniciação, a continuidade e o alcance de bons resultados nas realizações humanas em diferentes contextos e domínios.

( ) Experiência de imersão total na realização de uma prática, por meio da qual se favorece a percepção de bem-estar e autorrealização diante da tarefa e se desencadeiam emoções positivas (como a felicidade/alegria) e fenômenos perceptivos (como a distorção do tempo). Ocorre mediante o equilíbrio entre desafios e habilidades, a adoção de metas claras e a mobilização de competências cognitivas (atenção e concentração) na realização de uma atividade.

Agora, assinale a alternativa que corresponde à sequência correta:

a) 2 - 1 - 3.
b) 2 - 3 - 1.
c) 1 - 3 - 2.
d) 3 - 1 - 2.
e) 1 - 2 - 3.

Treinando o repertório

Questões para reflexão

1. Por que os bebês e seus pais e cuidadores têm uma forte relação musical?

2. Ilari (2009) chama atenção para a forma como mães, pais e demais pessoas que se relacionam com crianças se apropriam de um jeito diferente de falar e cantar, também conhecido por *baby talk*. Você já observou como as pessoas se relacionam musicalmente com os bebês?

3. O Instituto de Música Weill de Carnegie Hall conduz o *Lullaby Project* (Projeto Canções de Ninar) na cidade de Nova Iorque com o objetivo de oportunizar o contato entre mães e músicos, na escrita e na interpretação de canções de ninar para seus filhos. O projeto conta com uma forte inclusão social e uma atenção à saúde materna, ao desenvolvimento das crianças e à criação de laços entre os pais e as crianças. A seguir, confira no primeiro *link* o projeto e no segundo, as canções.

> CARNEGIE HALL. **Lullaby Project**. Disponível em: <https://www.carnegiehall.org/Education/Programs/Lullaby-Project>. Acesso em: 19 jan. 2022.
>
> CARNEGIE HALL. **Lullaby Project**. Disponível em: <https://soundcloud.com/carnegiehalllullaby>. Acesso em: 19 jan. 2022.

Atividade aplicada: prática

1. O psicólogo Albert Bregman propôs discussões a respeito da análise da cena auditiva (*Auditory Scene Analysis* – ASA). Trata-se de como um complexo evento sonoro pode ser entendido considerando-se segregações e integrações – por exemplo, como uma melodia no violino pode ser entendida de maneira separada ou como uma parte integrante de uma orquestra. Levitin (2010) indica que isso implica analisar como nossa percepção sonora e nosso sistema auditivo podem utilizar princípios de agrupamentos de fontes sonoras/musicais por meio do timbre e de outras propriedades do som, esquemas musicais, associações, memória etc. Esse processo auxilia na compreensão do que está ocorrendo em um evento sonoro ou musical.

Tendo em vista que as práticas musicais em conjunto envolvem uma complexa cena auditiva, propomos a seguinte atividade prática de escuta e análise musical: pense em um repertório musical que envolva uma prática coletiva vocal ou instrumental. Temos dois exemplos que podem ser ampliados para várias outras práticas:

- *Réquiem* (1963) – música coral de György Ligeti (1923-2006).
- *Bebê* (1970) – música instrumental de Hermeto Pascoal (1936-).

Leve em consideração os seguintes aspectos para a análise da cena auditiva:

    i. Deixe a mente aberta para possíveis interpretações do fluxo sonoro que você está escutando: possibilidades de escalas, instrumentações, número de músicos, associações, padrões melódicos etc.

II. Perceba como cada parte individual está executando sua melodia/harmonia ou contribuindo ritmicamente com a música. Quais outros aspectos percebidos individualmente estão ocorrendo?

III. Perceba o todo musical: volte sua atenção para a análise do todo e não para as partes que o compõem.

IV. Amplie a percepção para outras associações: emoções, representações, lembranças, entre outros possíveis elementos.

V. Se estiver fazendo música em grupo, experimente realizar o mesmo exercício. Pense em como você pode se distinguir individualmente e em como você está diluído no todo musical.

Capítulo 5

ENSINO COLETIVO DE INSTRUMENTOS MUSICAIS: APORTES TEÓRICO--PRÁTICOS

As aulas coletivas de instrumentos são, muitas vezes, o primeiro contato do aluno com o ensino de instrumentos musicais. Ao pensarmos na atuação docente na educação básica, em projetos sociais e em espaços comunitários que envolvam o ensino de instrumentos, comumente constatamos a presença de práticas coletivas. Nesse sentido, este capítulo tem como objetivo central apresentar a perspectiva do ensino coletivo de instrumentos com foco nas abordagens atuais do campo da educação musical. Entre os objetivos específicos, destacam-se:

- apresentar fundamentos que permitam refletir sobre o processo de ensino e aprendizagem coletivo de instrumentos musicais em diferentes contextos;
- propor reflexões a respeito do processo de ensino e aprendizagem musical pautado na criatividade;
- realizar um aprofundamento teórico-prático no ensino coletivo de instrumentos musicalizadores, particularmente a flauta doce e a percussão.

5.1 Novas perspectivas para a educação musical: contribuições para o ensino de instrumentos

As práticas relacionadas ao ensino de instrumentos musicais na atualidade são ainda muito influenciadas pelo paradigma tradicional do ensino de música e conservam características como: ênfase no desenvolvimento da técnica instrumental (secundarizando habilidades criativo-musicais, como a improvisação); foco no repertório tradicional europeu (centrado na música de concerto); destaque para a prática individualista e o ensino tutorial (limitando o ensino coletivo à iniciação instrumental); concepção de talento como uma propriedade inata e, portanto, destinada a um grupo seleto de indivíduos (Harder, 2008; Fonterrada, 2008; Gainza, 2011; Couto, 2014).

Partindo desse olhar, podemos verificar que traços tradicionalistas ainda norteiam nossas ações educativo-musicais. De acordo com Veloso (2019, p. 23), problematizar esse fenômeno não significa "deslegitimar séculos de tradição no ensino de instrumentos", mas "questionar e revisar um paradigma educacional que, embora consagrado historicamente, não parece adequado às realidades atuais". O mesmo autor, apoiado em Couto (2014), salienta que

> o ensino individual de instrumento, ainda hoje amplamente praticado nos contextos conservatoriais e universitários, representa sim um modelo eficiente, à medida que lida de maneira personalizada com a aprendizagem. Todavia, é excludente por limitar quantitativamente o acesso a instrução e supervisão no desenvolvimento instrumental. Estas reflexões suscitam o seguinte questionamento: seria possível realizar a manutenção do ensino tutorial sem que se fragilize o acesso à formação musical de qualidade? (Couto, 2014, citada por Veloso, 2019, p. 23)

Com base no exposto, no que concerne ao ensino individual e coletivo, podemos considerar que uma abordagem não anula a outra. Assim, com suas especificidades, ambas as modalidades atendem a demandas próprias e desempenham funções particulares no ensino e aprendizagem de instrumentos musicais. "Caso necessária, a seleção de uma abordagem em detrimento de outra deve considerar as necessidades, os interesses artístico-musicais e as pretensões formativas dos alunos, dos professores e da instituição de ensino" (Veloso, 2019, p. 24).

Expandindo a concepção de *aprendizagem instrumental* e realizando uma aproximação com os paradigmas atuais que permeiam a pedagogia de *performance* musical, Borém (2006) ressalta a defesa por uma formação musical que contemple a compreensão do discurso musical e uma experiência artística que integre diferentes modos de vivenciar a música – particularmente nos contextos coletivos – em detrimento da supervalorização de aspectos técnicos, superando a ênfase (quase) exclusiva nas habilidades instrumentais, característica do paradigma tradicional do ensino de instrumentos. Nessa direção, fala-se na evolução da musicalidade como um aspecto inerente ao ser humano, conforme defendem autores do campo da psicologia da música e da educação musical (Meyer-Denkmann, citada por Souza, 2012; Hodges, 2016; McPherson; Hallam, 2016).

Desse modo, de acordo com França e Beal (2004), a concepção de *performance*, em uma visão atualizada em relação aos paradigmas tradicionais de ensino da música, fundamenta-se na compreensão do domínio técnico como um recurso para o desenvolvimento musical (e não como um objetivo formativo central). Nessa visão, no processo de formação musical, a técnica instrumental se apresenta como um meio, tendo como fim as experiências artísticas orientadas pela compreensão do fenômeno musical como discurso expressivo. Em outras palavras, aprimorar nossas habilidades como instrumentistas (o meio) é um caminho para que possamos vivenciar experiências estéticas, emocionais e sociais verdadeiramente genuínas por meio da arte musical (o fim).

Evidenciamos, assim, a necessidade de ampliar as concepções de ensino e aprendizagem da *performance* para além do avanço técnico, da aquisição da leitura musical, da ampliação quantitativa de repertórios, dos conhecimentos teóricos elementares e dos aspectos musicológicos desvinculados do propósito musical. É preciso salientar – para evitar interpretações equivocadas – que esses novos paradigmas compreendem a busca pela formação instrumental em nível de excelência como uma iniciativa relevante, legítima e que deve ser valorizada como objeto de interesse da educação musical. Para tanto, deve-se ter em mente que o envolvimento com a prática instrumental pode e deve proporcionar mais do que a ênfase exclusiva no progresso técnico, lançando-se olhares para a compreensão do discurso musical e de suas potencialidades expressivas, para a aprendizagem significativa, para as experiências de elevado valor artístico e para o engajamento e a satisfação pessoal nas realizações musicais (Reimer, 1996, citado por França; Beal, 2004).

Em síntese, as práticas interpretativas não devem limitar-se às abordagens tecnicistas – que, muitas vezes, dão enfoque exclusivamente à aquisição da leitura musical e às habilidades motoras na *performance* –, e sim ancorar-se na interdisciplinaridade, unindo teoria e prática e favorecendo o desenvolvimento da versatilidade, da criatividade e da autonomia reflexiva de discentes e docentes, sujeitos centrais desse processo.

Em termos práticos, defendemos aqui as iniciativas baseadas na pesquisa, na liberdade criativa e no encorajamento às tomadas de decisão dos aprendizes na construção reflexiva e crítica de suas concepções musicais, elementos que os conduzirão à almejada autenticidade artística e à autonomia de pensamento.

5.2 Criatividade no ensino e aprendizagem de música

O campo da educação musical tem promovido aproximações entre a criatividade e as práticas de ensino e aprendizagem de música, com especial atenção para os aspectos cognitivos e socioambientais do desenvolvimento musical. Dessa forma, a literatura especializada tem mobilizado esforços em pesquisas e propostas de intervenção sob o olhar da criatividade para ensinar e aprender música (Araújo; Veloso; Silva, 2019).

Mas, afinal de contas, o que é criatividade? E qual é sua relação com a educação musical? Beineke (2009) sugere ainda outros questionamentos norteadores:

- Quais são as características da pessoa criativa?
- O que define uma realização musical como criativa?
- Qual é o impacto dos contextos ambientais – incluindo as ações docentes que moldam os espaços de aprendizagem musical – no desenvolvimento da criatividade?

Segundo Barrett (2000, p. 32), os esforços para conceituar a criatividade "têm-se situado a partir de uma variedade de perspectivas incluindo as da pessoa, o processo, o produto e, mais recentemente, o ambiente [...]; esta diversidade de perspectivas resultou numa variedade proporcional de definições". Entre os fatores comuns às diferentes definições de criatividade, podemos destacar a necessidade de, por meio de processos criativos, alcançar a produção de uma novidade (para o contexto no qual a produção se insere). Tal inovação pode consistir tanto em um produto material quanto em uma ideia que tenha relevância e utilidade para algo ou alguém.

De acordo com Lubart (2007, p. 16), "a criatividade é a capacidade de realizar uma produção que seja ao mesmo tempo nova e adaptada ao contexto no qual se manifesta. Essa produção pode ser, por exemplo, uma ideia, uma composição musical, uma história ou ainda uma mensagem publicitária".

Analisando-se algumas concepções obsoletas acerca da criatividade no campo educacional e artístico-musical, é válido destacar que

> Os estudos recentes sobre criatividade e educação musical [...] têm fomentado a superação de concepções limitadas e superficiais sobre a criatividade. "A criatividade musical segundo esta perspectiva [atualizada] não é só território dos prodigiosamente dotados"(Barrett, 2000, p. 43), assumindo a capacidade de "ser criativo" como uma potencialidade humana [...]. Em consonância com essas tendências, mostraram-se obsoletas as propostas investigativas e educacionais que enfatizam a **personalidade criativa** dissociada das particularidades psicológicas, cognitivas e emocionais dos sujeitos e das **influências ambientais**, rejeitando-se também um olhar aos **produtos criativos** que desconsidere os **processos de criação**. Dessa maneira, Young (2003, citado por Beineke, 2009, p. 145) "defende que o produto musical das crianças não pode ser separado do contexto da produção, do momento do fazer musical, sendo necessário considerar que, na perspectiva das crianças, processo e produto formam um mesmo conjunto". (Veloso, 2020, p. 198-199, grifo nosso)

Uma revisão dos estudos recentes sobre criatividade, educação e música revela, segundo Beineke (2015), três abordagens centrais, descritas e sistematizadas inicialmente por autores como Craft e Jeffrey (2004) e Jeffrey e Woods (2009): (1) o ensino criativo; (2) o ensino para a criatividade; e (3) a aprendizagem criativa. "Craft

(2005) entende que os três termos podem ser vistos como diferentes aspectos do mesmo processo, sendo necessário aprofundar a compreensão sobre como eles se diferenciam e se relacionam nas pesquisas sobre a criatividade na escola" (Beineke, 2015, p. 43).

O **ensino criativo** concentra o foco na atuação docente e descreve "o uso de abordagens criativas para tornar a aprendizagem mais interessante e efetiva" (Craft; Jeffrey, 2004, p. 2, tradução nossa). No que se refere à relação entre as metodologias de ensino de música e a criatividade em educação musical, Gainza (1988, 2004, 2011) propõe uma reflexão sobre a chamada *segunda geração de metodologias ativas*, que compreendem as propostas educativo-musicais desenvolvidas especialmente na segunda metade do século XX, com ênfase nas tendências da música nova, nas práticas de criação/improvisação e, em particular, na autonomia criativa e na autenticidade artística como um dos motes do ensino de música. Nesse cenário, destacam-se também as abordagens integradoras no ensino de música – a exemplo do Modelo C(L)A(S)P, uma proposta de educação musical abrangente desenvolvida pelo britânico Keith Swanwick e seus colaboradores – que salientam a importância de integrarmos em nossas realizações educativas as diferentes faces da experiência musical (sobretudo criar, ouvir e executar), com vistas a um ensino de música significativo e criativo.

Sobre o Modelo C(L)A(S)P, apoiados em França e Swanwick (2002), Veloso, Silva e Bento (2018, p. 7) esclarecem que

> A partir da teorização sobre o desenvolvimento e a natureza psicológica das experiências musicais, Swanwick (1979, citado por Swanwick, 2014) apresentou o Modelo C(L)A(S)P, sigla que aglutina os termos *Composition, (L)iterature, Appreciation, (S)kill* e *Performance*. Esta proposta oferece diretrizes para a elaboração

de currículos, subsidia e fundamenta as práticas docentes e amplia as discussões a respeito da avaliação em música [...]; trata-se de um compilado de concepções filosóficas sobre o ensino de música, oferecendo uma ênfase no que é central e o que é periférico (embora necessário) e destacando implicações curriculares e avaliativas para os contextos de ensino formal.

Esses caminhos também favorecem o equilíbrio entre a compreensão musical (em nível semântico e expressivo) e a aquisição de habilidades técnicas (procedimentais e funcionais). Segundo França e Beal (2004, p. 68), "cada modalidade do fazer musical impõe diferentes níveis de liberdade e decisão criativa em relação ao discurso musical"; sob essa ótica, "o trabalho [do professor] alicerçado nessas três modalidades [criar, ouvir e executar] reforça e sustenta a compreensão musical dos alunos, contribuindo para torná-los músicos versáteis e criativos" (França; Beal, 2004, p. 81).

Ampliando o repertório

Para conhecer melhor a proposta integradora desenvolvida por Keith Swanwick, leia o texto indicado a seguir.

FRANÇA, C. C.; SWANWICK, K. Composição, apreciação e performance na educação musical: teoria, pesquisa e prática. **Em Pauta**, v. 13, n. 21, p. 5-41, 2002. Disponível em: <https://seer.ufrgs.br/EmPauta/article/view/8526/4948>. Acesso em: 11 jan. 2022.

Jeffrey e Woods (2009, citados por Beineke, 2009) oferecem contribuições para a ação docente no que diz respeito ao ensino criativo, destacando três dimensões que conservam o potencial para auxiliar o ensino de maneira criativa, motivadora e efetiva em termos de desenvolvimento musical: (1) estimular as relações sociais em sala de aula; (2) engajar os interesses dos alunos; e (3) valorizar as contribuições discentes.

Quadro 5.1 – Dimensões do ensino criativo: contribuições para a educação musical

(i) Estimular as relações sociais nas aulas de música	<ul><li>Promover o compartilhamento entre pares: atividades de improvisação com interação entre indivíduos e grupos.</li><li>Atuar como um modelo (de modo a favorecer a aprendizagem por imitação), participando ativamente das atividades propostas.</li><li>Incentivar as conexões afetivas alunos-alunos e professor-alunos, bem como as relações de colaboração e coparticipação.</li><li>Alinhar – partindo das características das turmas – as atividades às dinâmicas de relacionamento interpessoal em sala de aula.</li><li>Possibilitar a socialização das experiências e produções musicais dos alunos, para que avaliem reciprocamente seu desempenho[1] e se autoavaliem por meio de parâmetros construídos socialmente.</li></ul>"Isso implica superar uma visão individualista das composições em sala de aula, reconhecendo que todos fazem parte de um processo maior, que pertence a toda a turma" (Beineke, 2015, p. 49).

(continua)

---

1 "A atenção das crianças aos trabalhos dos colegas revela o interesse que elas têm pelas aulas de música e o desenvolvimento do processo de aprender a ouvir música de forma crítica" (Beineke, 2015, p. 51).

(Quadro 5.1 – conclusão)

(ii) Engajar os interesses musicais e formativos dos alunos	• Respeitar e valorizar as opiniões e argumentações dos alunos. • Promover o senso de confiança (autoeficácia) dos alunos em suas potencialidades criativas, ampliando suas motivações. • Valorizar as aspirações individuais, sugerindo a articulação entre os interesses pessoais e coletivos nas tarefas em grupo. • Justificar – além de engajar os interesses discentes – o valor e a finalidade das atividades, a fim de atrair a atenção dos alunos, tornando a aprendizagem musical mais interessante e significativa. "A aprendizagem nas escolas não deve [apenas] subordinar-se aos interesses que os alunos já têm, mas deve gerar esses interesses" (Beineke, 2015, p. 45).
(iii) Valorizar as contribuições musicais dos alunos	• Convidar as crianças a improvisar, dando-lhes voz para discursar musicalmente e atuar criativamente, conservando a autonomia criativa e estimulando a autenticidade artística dos aprendizes. • Atentar às contribuições musicais espontâneas e incluir os alunos nas tomadas de decisão: da escolha de repertórios e atividades à definição de procedimentos de avaliação. • Coparticipar das produções musicais dos alunos, assistindo de perto os processos individuais de desenvolvimento e oferecendo feedback a respeito da aprendizagem musical. • Equilibrar o controle dos processos criativos dos alunos (em situações de improvisação dirigida, por exemplo) e a liberdade concedida (evitando abster-se do papel de mediador na aprendizagem). "[...] encorajando participações ativas dos alunos, o professor também agrega entusiasmo e comprometimento, componentes essenciais à aprendizagem criativa" (Jeffrey; Woods, 2009, citados por Beineke, 2015, p. 46).

Fonte: Veloso, 2020, p. 202-203.

O **ensino para a criatividade**, por sua vez, aborda as "formas de ensino que se destinam a desenvolver o pensamento ou comportamento criativo das crianças" (Craft; Jeffrey, 2004, p. 2, tradução nossa). Lançando um olhar sobre as realizações discentes, Burnard e Murphy (2013, citados por Beineke, 2015) explicam que ensinar para a criatividade requer que os estudantes sejam estimulados a realizar associações e conexões entre conhecimentos e habilidades, a encontrar caminhos para a resolução de problemas, a exercer a autonomia e a construir críticas baseadas em reflexões, de modo a cooperar nas práticas em conjunto oferecendo as contribuições pessoais e valorizando as ações dos pares.

Por fim, a **aprendizagem criativa** inclui tanto a perspectiva docente quanto a discente, caracterizando a aprendizagem como um processo dinâmico que, como base do desenvolvimento de competências em domínios específicos (nesse caso, a música), envolve o contato com novas informações, o progresso e ampliação de habilidades e a construção e aplicação de novos conhecimentos. Essa concepção naturalmente aproxima a aprendizagem da criatividade, uma vez que "a própria ideia de criatividade já está presente na ideia de aprendizagem, pois aprender é criar, é criar conhecimento, é criar saber" (Patrício, 2001, p. 239). Reiterando a defesa do ensinar e aprender música criativamente,

> Fuller (1989, p. 139) afirma que atividades criativas oferecem a oportunidade de exercitar "a responsabilidade de tomar decisões compasso a compasso, que deve moldar toda performance". Elas ajudam a incrementar a sensibilidade e a capacidade de responder ao potencial expressivo dos materiais musicais. (França; Swanwick, 2002, p. 16)

5.3 O ensino coletivo de instrumentos musicais

O aprendizado da *performance* musical compreende geralmente a escolha de um instrumento principal – embora o indivíduo também possa se dedicar ao estudo de mais de um instrumento –, considerando-se as especificidades técnicas (concernentes aos esforços motores para a execução e as particularidades interpretativas relativas a cada instrumento), os repertórios possíveis de serem trabalhados (a seleção de obras específicas ou arranjadas para determinados instrumentos), a inserção em contextos solísticos e grupais, entre outros aspectos. As habilidades de escuta e leitura musical e os conhecimentos teórico-práticos acerca da estruturação da música (noções teóricas, analíticas, apreciativas e composicionais) também são competências mobilizadas para aprender um instrumento musical. Nesse cenário, o ensino coletivo de instrumentos se apresenta como uma modalidade que complementa (e não se opõe) o ensino individual.

Mas em que consiste o ensino coletivo de instrumentos musicais? Para responder a essa pergunta, reunimos a seguir algumas considerações fundamentadas na literatura brasileira sobre essa temática (Montandon, 2004; Tourinho, 2007; Cruvinel, 2008; Souza, 2014).

Segundo Cruvinel (2008, p. 5), "o ensino coletivo de instrumentos musicais pode ser uma importante ferramenta para o processo de socialização do ensino musical, democratizando o acesso do cidadão à formação musical". De acordo com a autora, as concepções mais frequentes entre os educadores que se dedicam ao ensino coletivo estão organizadas em quatro eixos:

1. **Formação em música**: compreende o ensino coletivo na iniciação musical.
2. **Formação instrumental**: ocorre frequentemente (mas não exclusivamente) nos estágio iniciais do ensino-aprendizagem instrumental.
3. **Formação humanística**: favorece o desenvolvimento integral do indivíduo.
4. **Formação social**: toma o ensino coletivo como uma via para democratizar o acesso à educação musical.

Em Tourinho (2007) encontramos uma distinção entre o ensino individual – baseado no modelo tutorial – e o ensino coletivo de instrumento. Conforme a autora, nas **aulas tutoriais**, defende-se "a atenção exclusiva ao estudante como a única forma de poder conseguir um resultado efetivo", ao passo que, no **modelo coletivo**, "o aprendizado se dá pela observação e interação com outras pessoas", algumas vezes em diferentes níveis de *expertise* musical, o que favorece as trocas e a aprendizagem colaborativa e observacional – por pares (Tourinho, 2007, p. 2).

Em alto e bom som

Segundo Veloso (2019, p. 23), o ensino tutorial "remete aos moldes tradicionais do ensino de música, herdados da prática pedagógica dos conservatórios do século XIX", que surgiram na Europa e, posteriormente, se expandiram para o mundo todo.

Contrariando algumas visões reducionistas, autores como Souza (2014) têm amenizado o distanciamento entre o ensino coletivo de instrumentos para estudantes iniciantes e aquele voltado a estudantes avançados. Para ele, é possível identificar a "resistência que muitos professores de instrumento têm de buscar alternativas para trabalhar com aulas coletivas em suas turmas avançadas" (Souza, 2014, p. 4). Complementando, o autor explica que há certo preconceito com as abordagens coletivas em virtude da tendência de replicação dos modelos de ensino da *performance* musical consagrados pela tradição.

Com o propósito de esclarecer alguns conflitos conceituais em torno do ensino coletivo de instrumentos musicais, consideremos a distinção realizada por Montandon (2004) entre as aulas individuais ofertadas coletivamente e o ensino coletivo de instrumentos. O que diferencia as duas abordagens são as motivações para a implementação e os objetivos formativos de cada uma. No caso das **aulas individuais ofertadas coletivamente**, presume-se que, por otimização de tempo, espaço e recursos materiais, opta-se pela oferta do ensino de instrumento de forma grupal, embora os objetivos pedagógico-musicais não atendam a aspectos da prática em conjunto, mas do desenvolvimento individual de habilidades para se tocar um instrumento. "Esse modelo de aula não demonstra uma compreensão pedagógica e musical da função e potencial do ensino em grupo, mas uma tentativa de transposição da aula individual para a situação de grupo" (Montandon, 2004, p. 47).

No caso do **ensino coletivo de instrumentos**, o trabalho em grupo é vital para o alcance dos objetivos de ensino e aprendizagem estipulados. Tais objetivos estão centrados na construção de competências musicais e sociais para a *performance* musical, tanto individual quanto coletivamente. Embora a aula possa comportar momentos de instrução direcionada a indivíduos e pequenos grupos, os materiais e recursos didáticos (atividades de sensibilização musical e repertórios), bem como as metodologias de ensino, devem contemplar o fazer coletivo.

Alguns mitos sondam as práticas coletivas de instrumentos musicais, como a crença em uma "efetividade menor" ao não se dar atenção a apenas um aluno (Tourinho, 2007). Essa ideia está muito relacionada ao ensino tutorial (mestre-discípulo ou professor-aluno), que tem espaço em diversos conservatórios e, muitas vezes, está apoiado em práticas unidirecionais do professor para o aluno e na restrição a determinados repertórios.

Não é nosso objetivo privilegiar o ensino coletivo de instrumentos, uma vez que acreditamos que as aulas individuais também têm seu espaço, principalmente se pensarmos na formação profissionalizante do músico instrumentista. Por outro lado, é importante considerar que o ensino coletivo de instrumentos envolve uma aprendizagem que favorece o compartilhamento e as relações entre as pessoas no grupo. Assim, professores de instrumento podem balancear o ensino individual e o ensino coletivo em suas práticas educativas (Tourinho, 2007).

De acordo com Tourinho (2007) e Cruvinel (2008), o professor de música deve ter em mente alguns princípios para o ensino e a aprendizagem coletivos de instrumentos musicais, a saber:

- Todos podem aprender um instrumento musical, e a separação dos grupos por faixa etária ou nível de habilidade musical prévia pode auxiliar no ensino coletivo.
- O professor e outros alunos podem atuar como modelo musical, visto que o grupo permite que os alunos aprendam com o auxílio de todas as pessoas presentes na prática coletiva.
- O professor precisa desenvolver a sensibilidade para observar as imprecisões na execução do(s) aluno(s), bem como

desenvolver habilidades para auxiliá-lo(s) na resolução dos problemas enfrentados.
- O professor deve ter condições de apresentar novas habilidades técnicas aos aprendizes em três níveis: (1) explanando verbalmente (explicando); (2) demonstrando no instrumento (tocando); e (3) auxiliando manualmente (tocando no aluno e/ou fazendo apontamentos direcionados ao refinamento dos comportamentos motores).
- Não é necessário interromper as aulas e interpretações musicais em grupo para fornecer explicações verbais a todo momento, uma vez que indicações gestuais ou musicais podem fornecer subsídios para o ensino e aprendizagem.
- O planejamento das aulas é fundamental, tendo em vista que a didática tem de ser pensada não somente para o grupo, considerando também as habilidades e preferências individuais. O professor tem o desafio de reconhecer as individualidades dentro do grupo.
- O professor precisa incentivar a assiduidade dos estudantes, pois as aulas coletivas acontecem mesmo com as faltas, o que implica a atenção aos diferentes níveis de habilidades dentro do mesmo grupo.
- A autonomia e a tomada de decisão dos alunos sobre aspectos relativos a suas aprendizagens devem ser incentivadas. Trata-se da conscientização a respeito da necessária autorregulação da aprendizagem instrumental, atentando-se para a organização do estudo, a autoavaliação do processo de aprendizagem, os aspectos motivacionais e emocionais, entre outros elementos.
- O ensino coletivo pode auxiliar em situações que envolvam apresentações musicais para um público, pois durante as aulas os

estudantes estão constantemente em contato com a prática e a escuta de seus pares. A atenção do professor também deve ser voltada, então, à forma como os alunos lidam com as situações de exposição dentro do grupo.

Com base nas considerações e argumentações construídas ao longo desta seção e fundamentados nas ideias defendidas por Souza (2014, p. 7), podemos tomar o ensino coletivo de instrumentos como uma abordagem que tem em vista a "construção da aprendizagem musical através da relação do indivíduo com o professor, os colegas e o ambiente de aprendizagem, acreditando que as metodologias são criadas e adequadas de acordo com os objetivos específicos de cada etapa da aprendizagem do instrumento musical".

5.3.1 Ensino coletivo de instrumentos musicalizadores

O termo *instrumento musicalizador* designa um conjunto de práticas de ensino e aprendizagem musical organizadas em uma disciplina que frequentemente integra os currículos nos cursos de formação de professores (licenciaturas) de Música em nível superior. Essas práticas organizam-se em três eixos principais:

1. **Experiência de prática e sensibilização musical**: trata da oferta de práticas musicais por meio das experiências instrumentais coletivas, construindo espaços para a musicalização dos sujeitos em formação. Assim, além das tarefas de aprendizagem e prática instrumental, geralmente são abordadas atividades de sensibilização musical com o uso do corpo (percussão corporal), da voz e, evidentemente, dos recursos instrumentais.

As atividades se baseiam nas consagradas metodologias ativas para o ensino de música.

> Sabe-se que a formação musical não se limita ao ensino de instrumentos, sobretudo no que diz respeito ao conceito de "musicalização", compreendido como o processo de educação musical viabilizado por meio de uma série de atividades lúdicas com o objetivo de sensibilizar os alunos aos diferentes fenômenos sonoros (PENNA, 2015). Todavia, atividades instrumentais podem subsidiar as práticas educativas em música, e, de acordo com Cuervo [...], devem agregar [associadas a conteúdos e práticas] conteúdos de história, apreciação, composição e improvisação musical. Cuervo esclarece também que a aula de instrumento deve contemplar atividades que proporcionem o aprendizado da escrita e leitura musical de forma consciente, bem como o desenvolvimento da percepção musical. (Veloso; Araújo, 2017a, p. 93)

2. **Desenvolvimento de habilidades interpretativo-musicais**: abrange desde as competências para a execução instrumental – habilidades técnico-instrumentais, de leitura musical, de estudo e preparo de diferentes repertórios e do trabalho em grupo (no que concerne às dinâmicas de interação musical e social entre os estudantes) – até habilidades de interpretação e *performance* em diferentes gêneros e estilos musicais, incluindo, em alguns casos, o uso de ferramentas para a criação de arranjos/adaptações ou mesmo composições musicais próprias dos alunos.
3. **Criação de recursos e habilidades para o exercício docente**: está presente particularmente nos cursos de formação docente em Música e assume a disciplina Instrumento Musicalizador como uma via para a instrumentalização dos educadores musicais, isto é, para a construção de recursos e ferramentas que

auxiliarão na condução de atividades nos contextos de musicalização em escolas regulares de educação básica ou nos cursos oferecidos por instituições especializadas em educação musical. Tendo isso em vista, privilegiam-se a prática e o aprendizado de instrumentos com potencial para acompanhar atividades corporais/vocais (instrumentos harmônicos a serem tocados pelos professores nas aulas, como teclado e violão) e/ou instrumentos que, pelo baixo custo e fácil acesso, possam estar à disposição dos alunos (flauta doce e percussão).

As seções a seguir abordam, respectivamente, o ensino coletivo de flauta doce e de percussão como instrumentos musicalizadores, salientando os benefícios, as funcionalidades e algumas diretrizes para a organização didático-musical.

5.4 Ensino coletivo de instrumentos musicalizadores: flauta doce

A aprendizagem e a prática da flauta doce estão inseridas em diferentes âmbitos: nas escolas especializadas em música, em escolas regulares da educação básica, em projetos sociais e organizações não governamentais (ONGs), entre outros contextos voltados à *performance* e à educação musical. Wiese (2011) apresenta também a perspectiva do ensino desse instrumento no âmbito universitário, nos cursos de licenciatura e bacharelado em Música. Nesse cenário, a prática da flauta doce pode possibilitar tanto o desenvolvimento de habilidades musicais gerais por meio das experiências instrumentais coletivas quanto a formação de flautistas especializados.

Considerando-se especialmente suas técnicas de execução e os repertórios de base (incluindo a possibilidade de elaboração de arranjos e adaptações para conjuntos de flautas doce), a prática desse instrumento se apresenta como uma abordagem de elevado valor para o ensino e aprendizagem de música. Nesse contexto, a flauta é conhecida como "um instrumento que tem uma vocação natural para a musicalização" (Marques, 2012, p. 1). Para autores como Ivo (2015) e Veloso e Araújo (2017a), isso se deve a aspectos como:

- a relativa facilidade técnica no que se refere às digitações mais básicas, que, de certo modo, são intuitivas;
- a facilidade de acesso a um amplo repertório, o que possibilita o contato com obras que vão da música antiga à música contemporânea, da música de concerto à música popular;
- o fato de as práticas instrumentais coletivas serem comuns no contexto da flauta doce e proporcionarem experiências de interação musical com valorosas trocas sociais nos espaços educativo-musicais;
- o desenvolvimento perceptivo-auditivo nas práticas em conjunto de flauta doce, tendo em vista a necessária acurácia da escuta para o controle de aspectos de emissão sonora (como a afinação) e o exercício da escuta harmônica e polifônica (considerando-se diferentes texturas musicais) na execução de obras a duas ou mais vozes e/ou acompanhadas por outros instrumentos melódicos ou harmônicos;
- a inserção da flauta doce nas práticas de ensino e aprendizagem de música em decorrência também de fatores extramusicais, como o baixo custo do instrumento, que possibilita a democratização do acesso em contextos de fragilidade socioeconômica;

- as dimensões criativa e motivacional da prática da flauta doce.

Mendes e Silva (2010, citados por Veloso; Araújo, 2017a, p. 93) salientam:

> Observa-se que a flauta doce nas mãos dos alunos faz com que despertem para tocar e mostrar a sua produção musical. O interessante é aprender a partir da curiosidade e, o mais interessante: sozinho! A partir daí, o aluno motiva o colega a tocar também e passa a assumir o papel de colaborador interagindo com o outro, levando-o à socialização de conhecimentos e aprendizados. E com isso cresce o seu interesse musical, recorre ao professor para mostrar o que conseguiu tocar, experimenta sons e tira música de ouvido. Essas capacidades auditivas podem ser adquiridas e devem ser estimuladas no processo de educação musical, de forma que o aluno experimente, explore e se envolva com o fazer musical.

A literatura tem frisado que, de forma majoritária, as práticas instrumentais de flauta doce, nos contextos de ensino e aprendizagem de música, ocorrem coletivamente (Wiese, 2011; Ivo, 2015). Nessa perspectiva, os grupos são compostos pela variedade de instrumentos da família da flauta doce (flauta sopranino, soprano, contralto, tenor e baixo) e por instrumentos acompanhadores que desempenham o papel de suporte harmônico (como violões e teclado/piano) e condução rítmica (como os instrumentos de percussão). Ainda a respeito do uso da flauta doce nas práticas musicais em conjunto, Wiese (2011, p. 55) reforça a dimensão afetiva, reafirmando "a importância do ensino em grupo, que pode se tornar uma experiência muito prazerosa" e, consequentemente, motivadora para estudantes e professores de música.

A seguir, apoiados nas reflexões e argumentações construídas até aqui, apresentaremos algumas recomendações para o exercício docente em Música no que se refere às práticas musicais em conjunto e ao ensino coletivo de flauta doce como instrumento musicalizador, particularmente no contexto do ensino superior (podendo ser adaptadas para outros âmbitos).

Organização didático-musical

Descrição dos objetivos pedagógicos

Figura 5.1 – Família da flauta doce (da direita para a esquerda: soprano, contralto, tenor e baixo)

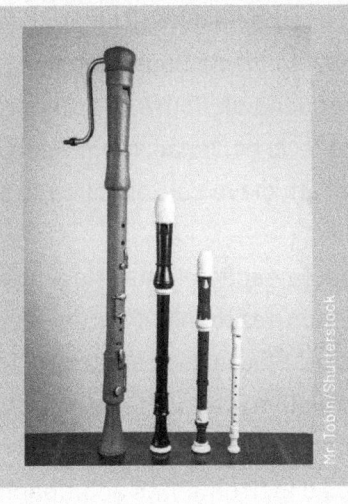

O ensino coletivo do instrumento musicalizador flauta doce focaliza o desenvolvimento de habilidades para a prática em contextos grupais com finalidades artísticas e pedagógico-musicais. Almeja-se que os alunos desenvolvam as seguintes competências:

- conhecer e aplicar técnicas básicas de execução da flauta doce;

- realizar práticas em conjunto musical com a utilização desse instrumento;
- empreender iniciativas criativo-musicais por meio de adaptações, arranjos e composições musicais;
- planejar e aplicar atividades para contextos de musicalização e arranjos didáticos para o ensino da flauta doce, tendo como referência a análise crítica do repertório e da literatura dos materiais didáticos para esse instrumento.

Possíveis tópicos de estudo:

- Conhecimento acerca da constituição física/organológica dos instrumentos da família da flauta doce.
- Técnicas de execução da flauta doce (soprano e contralto): afinação, sonoridade, articulação, respiração, dedilhado e postura.
- Leitura musical em clave de Sol aplicada à flauta doce; extensão: Dó3 até Mi4.
- Práticas de improvisação em escalas modais e tonais. Flauta doce soprano: foco nas tonalidades de Dó, Sol e Ré Maior e suas relativas menores. Flauta doce contralto: foco na tonalidade de Fá Maior e sua relativa menor.
- Elaboração de arranjos e composição de miniaturas musicais para flauta doce e instrumentos acompanhadores harmônicos e percussivos.
- Prática de repertório para flauta doce e instrumentos acompanhadores: abordagem de música antiga, música didática (elementar), música folclórica e música popular.

Mãos à obra!

Prática de repertório de flauta doce

A Partitura 5.1 apresenta um arranjo sobre o tema da 1ª sinfonia de Gustav Mahler. O arranjo proposto apresenta três vozes em um nível de dificuldade fácil, considerando que a dificuldade aumenta progressivamente da terceira para a primeira voz. A instrumentação é predefinida e inclui três flautas sopranos, iniciando com a entrada da terceira flauta que é seguida pela primeira e pela segunda flauta. A estrutura da obra apresenta três partes principais (A, B, C) que se distinguem pela melodia executada. Caso o professor considere pertinente, é possível inserir instrumentos de acompanhamento harmônico, percussivos (com instrumentação livre) ou outras possibilidades instrumentais.

Partitura 5.1 – Flautas - Arranjo tema 1ª sinfonia de Mahler

9
Fl. S 1
Fl. S 2
Fl. S 3
13
C
mf
p
Fl. S 1
Fl. S 2
Fl. S 3
17
mp
Fl. S 1
Fl. S 2
Fl. S 3
21
Fl. S 1
Fl. S 2
Fl. S 3

5.5 Ensino coletivo de instrumentos musicalizadores: percussão

Percussionista é o nome dado ao instrumentista que se especializa em executar os instrumentos pertencentes à família da percussão (Frungillo, 2003). Segundo Bennett (1985, p. 67), "o número e a variedade dos instrumentos que podem ser incluídos na seção da percussão são praticamente ilimitados". Esses instrumentos podem ser organizados, de acordo com o sistema de classificação Hornbostel-Sachs, em quatro grupos:

1. **Idiofones percussivos**: instrumentos cujo som é produzido por meio da vibração do próprio corpo, estimulada por ataque, agitação ou raspagem (a exemplo do triângulo e do prato).
2. **Membranofones percussivos**: instrumentos cujo som é produzido a partir do ataque ou atrito em uma membrana (a exemplo dos tambores em geral).
3. **Aerofones percussivos**: instrumentos cujo som é produzido pela vibração de uma coluna de ar (como os apitos utilizados em contexto percussivo).
4. **Cordofones percussivos**: instrumentos cujo som é produzido por consequência da vibração de cordas (a exemplo do berimbau).

Além dessa classificação, costuma-se dividir os instrumentos de percussão em duas grandes categorias: (1) instrumentos que têm **alturas determinadas** (como os teclados e os tímpanos) e (2) instrumentos que têm **alturas indeterminadas** (a exemplo da maioria dos membranofones e de muitos idiofones, como o triângulo, o caxixi e o reco-reco). Boa parte da literatura sobre as práticas percussivas adota uma categorização desses instrumentos que considera suas especificidades técnicas e sua inserção nos contextos solo, de câmara e sinfônico (compreendendo, nesse caso, bandas e orquestras). Desse modo, definem-se quatro eixos:

1. os tímpanos;
2. a caixa-clara;
3. os teclados de percussão;
4. a percussão múltipla e acessórios.

Importa salientar que, no contexto da educação musical – especialmente na abordagem proposta por Carl Orff para os chamados *Instrumentos Orff* (Bona, 2012) –, os acessórios são denominados *instrumentos de pequena percussão*. De acordo com Bartoloni (2011), além de representar as principais técnicas para esses instrumentos, essa divisão em quatro eixos é comumente adotada nos programas das disciplinas de instrumento nos bacharelados em Percussão, com o intuito de abranger as principais técnicas de execução e os repertórios de base na formação dos instrumentistas.

Figura 5.2 – Tímpanos

Os tímpanos constituem um conjunto de quatro ou cinco[2] tambores construídos com pele de origem animal ou sintética. São categorizados como membranofones e apresentados em registros e tamanhos variados, sendo classificados do menor para o maior pela numeração 20', 23', 26', 29' e 32'. Além disso, apresentam um casco hemisférico e uma estrutura organológica que permite a produção de notas de altura definida por meio da tensão da membrada, regulada por chaves de afinação ou, no caso dos instrumentos modernos, por um pedal.

A pele dos tímpanos deve ser percutida com baquetas específicas, com um cabo de madeira e a cabeça revestida de materiais como feltro, borracha, cortiça ou madeira, variando em termos de

...
2   É importante ressaltar que a quantidade de tímpanos utilizados varia de acordo com as particularidades de cada obra. No contexto orquestral, por exemplo, as sinfonias do período clássico podem ser realizadas com apenas dois tímpanos. Por outro lado, obras como o 2º Concerto para Tímpano de William Kraft (1923) demandam a utilização de quinze tímpanos, a serem executados por um único percussionista.

densidade e qualidade sonora, algo que influencia na articulação, na intensidade e no timbre do instrumento (Bennett, 1985).

Figura 5.3 – Caixa-clara

O termo *caixa* designa alguns tipos de tambores (membranofones) com duas peles (superior e inferior – esta chamada de *pele resposta*) que têm uma esteira (conjunto de cordas finas de aço esticadas paralelamente) acomodada na pele resposta, que vibra por simpatia resultante do ataque realizado na pele superior.

Seu corpo é cilíndrico e constituído por madeira ou metal. A caixa-clara deve ser tocada com baquetas geralmente de madeira, variando de acordo com o contexto em que está inserida, como no caso do uso de baquetas "vassourinha" no *jazz* (Frungillo, 2003). Entre os aspectos que diferenciam as baquetas utilizadas na caixa-clara estão o peso e o equilíbrio entre a cabeça e o restante do cabo. Como exemplo, Tullio (2005) aponta o uso de baquetas mais pesadas no contexto marcial e baquetas comumente mais leves no âmbito sinfônico, dada a necessidade de maior controle de nuances de dinâmica e ornamentos. Ademais, o formato da cabeça também exerce influência na escolha da baqueta ideal para a execução e, assim como o peso, tende a variar de acordo com o contexto de inserção do instrumento.

Figura 5.4 – Teclado de percussão: vibrafone

O termo *teclado de percussão* é utilizado para designar os instrumentos feitos com barras ou lâminas de madeira (como a marimba) ou metal (como o vibrafone) afinadas, alinhadas em uma fileira única ou dispostas em uma estrutura semelhante ao teclado do piano (diatônico e cromático).

Entre os teclados de percussão "estão o 'xilofone', 'vibrafone', 'marimba', 'glockenspiel' e 'metalofones' em geral" (Frungillo, 2003, p. 343). Além disso, de acordo com Sulpicio (2011), os teclados de percussão são classificados como idiofones e seus sons são resultantes da vibração do próprio corpo dos instrumentos ao ser percutido por baquetas específicas, produzidas geralmente por um cabo de madeira ou *rattan* (uma espécie de bambu), tendo a cabeça revestida por materiais que variam entre lã, borracha, acrílico, silicone, metal ou madeira. A respeito das técnicas de execução, o uso de quatro baquetas (duas em cada mão) é bastante frequente na marimba e no vibrafone e menos comum no xilofone e no *glockenspiel*, instrumentos nos quais frequentemente se usam apenas duas baquetas – uma em cada mão (Tullio, 2005).

Figura 5.5 – *Set-up* de percussão múltipla

Segundo Morais e Stasi (2010), a percussão múltipla é uma vertente na qual um executante reúne diversos instrumentos para serem tocados alternada ou simultaneamente, de acordo com as especificidades e necessidades impostas pela obra (solo, de câmara ou sinfônica).

Os mesmos autores ressaltam que "a reunião de diferentes instrumentos em um conjunto próprio, na maioria das vezes específico e exclusivo de uma só peça musical, é denominada em inglês de *set* ou *set-up*" (Morais; Stasi, 2010, p. 63). Conforme aponta Stephan (1981), a organização dos instrumentos no *set-up* de percussão deve ser feita de forma cômoda, com distanciamento e alturas relativas ao corpo do instrumentista, de modo a favorecer a execução sucessiva e simultânea de vários instrumentos.

Além da compreensão dessa unidade poli-instrumental concebida como percussão múltipla, essa quarta categoria também contempla os demais instrumentos de percussão não referenciados anteriormente e que são frequentemente usados em diferentes contextos percussivos, como bumbo, pratos, triângulo, pandeiro, *woodblocks*, carrilhão, gongo, tam-tam, campanário, bongôs, tom-tons e tumbadoras.

Para uma aproximação entre o ensino coletivo da percussão e as metodologias de ensino da música, podemos resgatar o conceito de *Instrumental Orff* (apresentado na Seção 2.2), que compreende "um conjunto de instrumentos idealizado por Carl Orff com o objetivo de proporcionar [desde a infância] o envolvimento efetivo com a prática de conjunto musical, numa dinâmica de funcionamento semelhante a uma orquestra" (Veloso, 2020, p. 262). O Instrumental Orff é composto majoritariamente por instrumentos de percussão – de altura definida (teclados Orff) e de altura não definida (pequena percussão). Segundo Figueiredo (2012, p. 86), esse conjunto instrumental "inclui xilofones, metalofones, tambores e diversos instrumentos de percussão, além de violas da gamba e flautas doces", recursos que podem ser utilizados para uma prática em conjunto de inegável riqueza sonora, que, conforme Fonterrada (2008, p. 149), motiva a criança "a executar música em grupo desde os primeiros estágios" de formação.

Paiva (2004, 2005) discute o ensino coletivo de percussão com base em uma perspectiva integradora em educação musical, especialmente nas fases iniciais do aprendizado do instrumento (anteriormente ou simultaneamente às primeiras etapas da formação especializada). A seguir, apresentamos os quatro pressupostos metodológicos desse autor que podem embasar o ensino coletivo desses instrumentos.

Quadro 5.2 – Propostas para o ensino coletivo de instrumentos de percussão

Integração entre aulas individuais e ensino coletivo	"Através do coletivo, os estudantes trocam suas experiências e vivências musicais, adquirindo e construindo o conhecimento tanto a nível individual quanto de grupo. Já nas aulas individuais busca-se trabalhar questões pendentes, dúvidas e dificuldades ocorridas durante as atividades em grupo" (Paiva, 2005, p. 1190).
Equilíbrio entre as preferências musicais de alunos e professores	"A proposta busca estar adequada e adaptada ao contexto sociocultural e educacional em questão, respeitando as referências musicais trazidas pelos alunos, conectando-as às referências pessoais do professor. Uma proposta contextualizada torna-se interessante e ao mesmo tempo viável, enquanto sua aplicação mantém-se coerente com a realidade dos alunos" (Paiva, 2005, p. 1191).
Utilização dos diferentes instrumentos e abordagens percussivas	"As tradições da música popular e erudita com sua gama enorme de instrumentos oferecem uma interessante ferramenta que possibilita aliar a diversidade instrumental com os interesses didático-pedagógicos. Por isso, a intenção não é se concentrar em um instrumento ou em uma linguagem musical específica. Considera-se a diversidade como um pressuposto para que os alunos possam compreender as características dos mais variados ritmos e manifestações musicais que constituem o universo da percussão, assim como as características de cada instrumento" (Paiva, 2005, p. 1191).

(continua)

(Quadro 5.2 – conclusão)

Articulação entre diversas atividades musicais	"Nesta proposta metodológica busca-se o desenvolvimento musical [...] com ênfase na prática e na vivência musical. As atividades de performance, apreciação, criação, prática de ritmos e de repertório possibilitam a vivência e o fazer musical de uma maneira prática, auxiliando no desenvolvimento de uma atitude ou postura musical mais autônoma, crítica e reflexiva [...]. As atividades de técnica, independência, leitura e escrita musical [...] são propostas sempre no sentido de apoiar a realização musical" (Paiva, 2005, p. 1191-1192).

Fonte: Elaborado com base em Paiva, 2005, p. 1190-1192.

Ampliando o repertório

Conheça o Projeto Guri e os materiais didáticos para o ensino de percussão.

COLARES, A.; PAIVA, R. G. **Percussão**. Livro do aluno do Projeto Guri. São Paulo: Associação Amigos do Projeto Guri, 2016. Disponível em: <http://www.projetoguri.org.br/novosite/wp-content/uploads/2017/11/aluno_percussao_2016.pdf>. Acesso em: 15 jan. 2022.

COLARES, A. **Percussão**. Livro didático do Projeto Guri. São Paulo: Associação Amigos do Projeto Guri, 2011. Disponível em: <http://www.projetoguri.org.br/novosite/wp-content/uploads/2017/11/Livro-Educador-Percussao_2011.pdf>. Acesso em: 15 jan. 2022.

Com base nas informações expostas ao longo desta seção, a seguir apresentaremos algumas orientações para a prática docente em Música referentes ao ensino coletivo da percussão como instrumento musicalizador. Nosso foco será o ensino superior, mas as considerações são passíveis de adaptação para outros contextos.

Organização didático-musical

Descrição dos objetivos pedagógicos

Figura 5.6 – Exemplos de instrumentos de percussão

O ensino coletivo do instrumento musicalizador percussão dá enfoque ao desenvolvimento de habilidades para a prática de diversos instrumentos percussivos em contextos grupais, com finalidades artísticas e pedagógico-musicais. Almeja-se que os alunos desenvolvam as seguintes competências:

- conhecer e aplicar as técnicas básicas de execução dos principais instrumentos de percussão;

- realizar práticas musicais em conjunto por meio da utilização desses instrumentos;
- empreender iniciativas criativo-musicais por meio de adaptações, arranjos e composições musicais;
- planejar e aplicar atividades para contextos de musicalização e arranjos didáticos para o ensino de percussão em grupo, tendo como referência a análise crítica do repertório e da literatura dos materiais didáticos para esses instrumentos.

Possíveis tópicos de estudo:
- Conhecimento acerca da constituição física/organológica dos diferentes instrumentos de percussão de acordo com a classificação tradicional (por famílias) e pelo sistema Hornbostel-Sachs.
- Principais técnicas de execução na percussão por meio do uso de duas baquetas (referenciando a técnica básica da caixa-clara), aplicadas às membranas, aos teclados e a instrumentos de pequena percussão.
- Aspectos relativos ao desenvolvimento rítmico, incluindo competências de percepção e execução rítmico-corporal.
- Leitura musical aplicada aos instrumentos de percussão de altura definida (teclados em geral) e não definida (instrumentos de pequena percussão).
- Práticas de improvisação rítmica dirigida e livre mediante a utilização desses instrumentos, podendo-se fazer uso da percussão corporal.
- Elaboração de arranjos e composição de miniaturas musicais para percussão.

- Prática do repertório para grupos de percussão em diferentes formações: música popular, étnica e folclórica, didática (elementar) e de concerto (com destaque para a música contemporânea para percussão).

Mãos à obra!

Prática de repertório de percussão corporal

A peça de música corporal *Conversa boa*, de Cristiane Otutumi (2013, p. 344), apresenta nível de dificuldade intermediário, faz uso de diferentes padrões rítmicos e explora diferentes possibilidades sonoras do corpo.

Partitura 5.2 – Bula da obra *Conversa boa* (2006) – Cristiane Otutumi

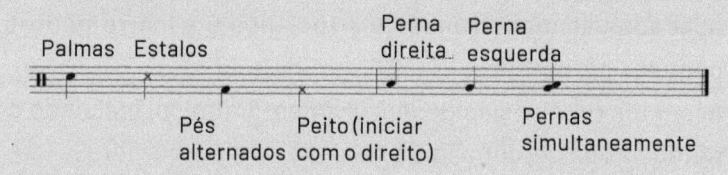

Palmas   Estalos   Pés alternados   Peito (iniciar com o direito)   Perna direita   Perna esquerda   Pernas simultaneamente

R (Right): Mão direita   **L** (left): Mão esquerda

Fonte: Otutumi, 2013, p. 344.

A estrutura da Obra compreende duas vozes distintas, a serem executadas pelos grupos 1 e 2. A construção, baseada em um jogo de perguntas e respostas entre tempos e contratempos, parece justificar o título da música, visto que o resultado sonoro sugere um diálogo/conversa.

Partitura 5.3 – *Conversa boa* (2006) – Cristiane Otutumi

Fonte: Otutumi, 2013, p. 344.

Prática de repertório de percussão

O arranjo aqui apresentado – proposto por Paiva e Alexandre (2010, p. 29) – baseia-se na execução rítmica do tema da cantiga folclórica *Samba Lelê*.

Partitura 5.4 – Partitura da canção *Samba Lelê*

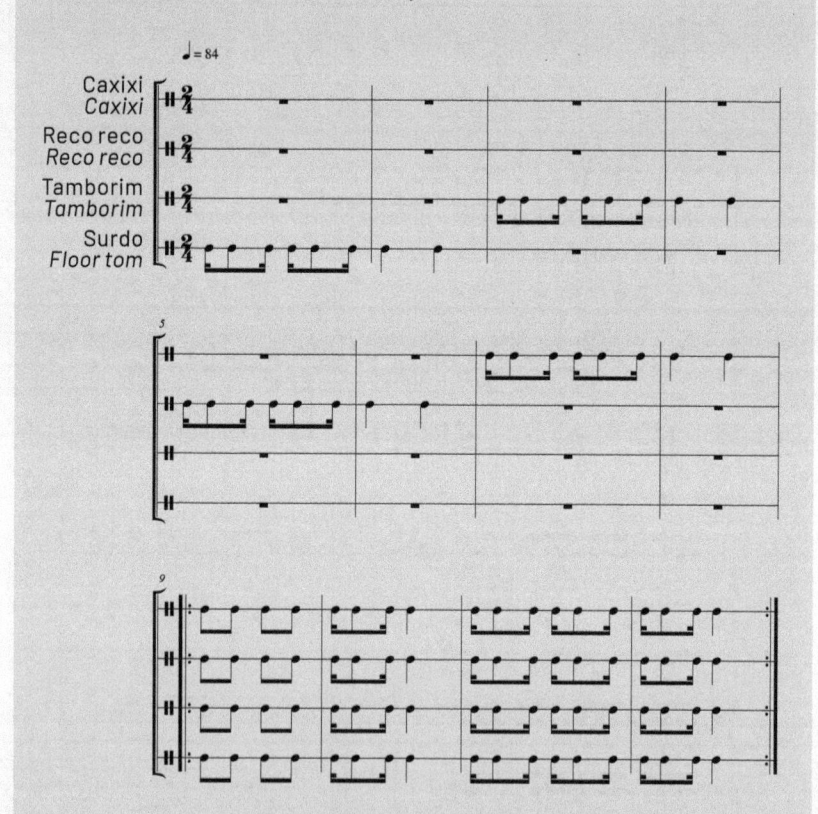

O nível de dificuldade é fácil, a instrumentação é predefinida e inclui os seguintes instrumentos de percussão: caxixi, reco-reco, tambores e surdo. A estrutura da obra consiste na reiteração do tema em forma de diálogo (pergunta e resposta), explorando os timbres dos diferentes instrumentos do conjunto selecionado e concluindo com a apresentação do tema em uníssono.

Vamos ouvir?

SERRA do Cipó – Uakti – Fire. 2 min. Disponível em: <https://www.youtube.com/watch?v=4HFwYLwB-wg>. Acesso em: 15 jan. 2022.

Essa indicação consiste em uma versão da obra *Fire*, do grupo Uakti. Aprecie a obra observando especialmente seus aspectos formais/estruturais e a construção melódica e rítmica.

5.5.1 Caminhos para o ensino coletivo de instrumentos de sopro e cordas: contribuições do Projeto Guri

Tendo em vista indicar alguns direcionamentos para o ensino coletivo de instrumentos (além dos instrumentos musicalizadores flauta doce e percussão), apresentamos nesta seção uma seleção de livros do acervo de materiais didáticos para o ensino de música disponibilizado pela Secretaria de Cultura do Governo do Estado de São Paulo por meio do Projeto Guri, um dos mais importantes programas socioculturais com foco na prática, no ensino e na aprendizagem da música no Brasil. Segundo Arantes (2009, p. 97), esse programa foi "empreendido pelo governo do Estado de São Paulo a partir do ano de 1995. Desenvolvendo-se em mais de 200 polos, o projeto oferece cursos de instrumentos, canto coral e teoria e é voltado a crianças e jovens de baixa renda".

De acordo com Mestrinel (2013, p. 76),

> O Projeto Guri faz parte de uma política pública de cultura do governo estadual paulista e visa ao ensino de diversos instrumentos musicais e canto a crianças e jovens dos 8 aos 18 anos. As aulas ocorrem no contraturno escolar, duas vezes por semana, e há mais de 40 mil vagas em todo o estado. Presente em cerca de 300 municípios do interior e do litoral, o projeto foi implantado em 1995 pela Secretaria de Cultura do Estado de São Paulo e desde 2004 é gerido pela organização social de cultura Associação Amigos do Projeto Guri (AAPG).

Os materiais aqui selecionados dão enfoque ao ensino coletivo de instrumentos de sopro (madeiras e metais), cordas dedilhadas (particularmente o violão) e cordas friccionadas (abrangendo violino, viola, violoncelo e contrabaixo). Ao longo de dez unidades, os livros oferecem embasamento teórico-prático para o ensino e aprendizagem de instrumentos, contemplando os seguintes tópicos:

- Considerações gerais sobre o ensino coletivo de instrumentos musicais, incluindo os princípios pedagógicos relacionados à exploração do material didático, ao planejamento da prática pedagógico-musical, às avaliações e às estratégias para a condução de aulas em grupo.
- Considerações específicas sobre as famílias – madeiras, metais, cordas friccionadas e violão –, a constituição física e organológica dos instrumentos, as técnicas de execução instrumental e as possibilidades de produção sonora.
- Abordagem de temas relacionados à história e apreciação musical, aos aspectos da leitura e escrita tradicional (partituras) e

aos conhecimentos estruturantes da música (relacionados a ritmo, harmonia, melodia, métrica, organização tonal, forma, entre outros aspectos) na aprendizagem e prática instrumental coletiva.
- Abordagem de elementos da prática musical e da execução instrumental individual e coletiva, incluindo exercícios, repertórios e atividades musicalizadoras.
- Considerações a respeito das dimensões social e afetiva das realizações musicais em grupo, destacando-se aspectos como a interação entre os musicistas e o viés expressivo e emocional da *performance* musical.

Ampliando o repertório

COELHO, W. **Cordas friccionadas**: contrabaixo, viola, violino e violoncelo – básico 1. Guia didático do Projeto Guri. São Paulo: Associação Amigos do Projeto Guri, 2011. Disponível em: <http://www.projetoguri.org.br/novosite/wp-content/uploads/2013/07/Guia-Educador-Cordas-Friccionadas_2011.pdf>. Acesso em: 15 jan. 2022.

CRUZ, V. **Violão**: livro do(a) aluno(a) do Projeto Guri. São Paulo: Associação Amigos do Projeto Guri, 2016. Disponível em: <http://www.projetoguri.org.br/novosite/wp-content/uploads/2017/11/aluno_violao_turma_a_2016.pdf>. Acesso em: 15 jan. 2022.

OZZETTI, M.; HEIMANN, E. **Madeiras**: básico 1, turma A. Livro didático do Projeto Guri – Educador. São Paulo: Associação Amigos do Projeto Guri, 2013. Disponível em:

<http://www.projetoguri.org.br/novosite/wp-content/uploads/2017/11/Livro-Educador-Madeiras_edicao-revisada_2013.pdf>. Acesso em: 15 jan. 2022.

PROJETO GURI. **Livros didáticos**. Disponível em: <http://www.projetoguri.org.br/livros-didaticos/>. Acesso em: 15 jan. 2022.

SCHEFFER, J. A. **Metais**: básico 1. Livro didático do Projeto Guri. São Paulo: Associação Amigos do Projeto Guri, 2011. Disponível em: <http://www.projetoguri.org.br/novosite/wp-content/uploads/2017/11/Livro-Educador-Metais_2011.pdf>. Acesso em: 15 jan. 2022.

▶▶ Resumo da ópera

A seguir, apresentamos uma síntese dos principais temas e desdobramentos teóricos abordados ao longo deste capítulo.

I. Novos olhares em educação musical
- Revisão dos paradigmas tradicionais e das perspectivas atuais de educação musical.

II. Criatividade na educação musical
- Ensino criativo, ensino para a criatividade e aprendizagem criativa em música.

III. O ensino coletivo de instrumentos
- Aspectos didático-pedagógicos e musicais.
- O ensino de instrumentos musicalizadores.

iv. Ensino coletivo de flauta doce
- A flauta doce como instrumento musicalizador: usos, recursos, funções e benefícios.

v. Ensino coletivo de percussão
- A percussão como instrumento musicalizador: usos, recursos, funções e benefícios.

Teste de som

1. Segundo Borém (2006), a aquisição de habilidades técnicas requeridas na prática instrumental não garante o desenvolvimento da compreensão do discurso musical. Não raramente, os processos de ensino e aprendizagem da *performance* supervalorizam a virtuosidade técnica e secundarizam o desenvolvimento da musicalidade. Diante desse cenário, deparamo-nos com o seguinte dilema: "consolidar uma base musical mais sólida ou avançar sem atrasos o repertório a ser cumprido em cada semestre" (Borém, 2006, p. 48).

   A crítica construída pelo autor é direcionada:

   a) às práticas relacionadas ao paradigma tradicional do ensino de instrumentos.
   b) às práticas de ensino da composição musical.
   c) às práticas formais no ensino de instrumento musical.
   d) às práticas relacionadas às pedagogias musicais ativas.
   e) às práticas vinculadas ao estudo deliberado.

2. A aprendizagem musical criativa oferece aos alunos a oportunidade de um envolvimento (individual e coletivo) com as experiências musicais de modo a valorizar a autonomia criativa, a liberdade expressiva e a autenticidade musical, ofertando também espaços para vivenciarem novas descobertas musicais e elaborarem novas perguntas a respeito dessa arte. Com base nos conteúdos trabalhados neste capítulo, relacione cada abordagem à respectiva definição.

1) Ensino criativo
2) Ensino para a criatividade
3) Aprendizagem criativa

( ) Enfatiza a figura docente e descreve a aplicação de abordagens criativas que tornem o aprender mais efetivo, dinâmico e instigante.
( ) Contempla professores e alunos e abarca uma diversidade de variáveis relativas aos conceitos de aprendizagem e criatividade.
( ) Contempla os aprendizes e trata das estratégias de ensino que visam instigar pensamentos e comportamentos criativos nos alunos.

Agora, assinale a alternativa que apresenta a sequência correta:

a) 2 - 1 - 3.
b) 2 - 3 - 1.
c) 1 - 3 - 2.
d) 3 - 1 - 2.
e) 1 - 2 - 3.

3. Considerando as práticas relacionadas ao ensino coletivo de instrumentos musicais, analise as afirmações a seguir e marque V para as verdadeiras e F para as falsas.

( ) O ensino coletivo de instrumentos musicais não deve ser confundido com o ensino individual oferecido em grupo, uma vez que tem como foco os objetivos da dinâmica coletiva.
( ) Embora efetivo, o ensino coletivo não possibilita o alcance dos mesmos níveis satisfatórios de aprendizagem musical atingidos no ensino individual.
( ) O ensino coletivo de instrumentos inclui a perspectiva dos instrumentos musicalizadores, especialmente no contexto do ensino superior.
( ) A aprendizagem de instrumentos musicalizadores compreende as experiências de sensibilização musical, o desenvolvimento de habilidades interpretativas e a criação de recursos para o exercício docente.

Agora, assinale a alternativa que apresenta a sequência correta:

a) F – V – V – F.
b) F – F – V – V.
c) V – F – V – V.
d) V – V – V – F.
e) F – F – V – F.

4. A respeito do ensino de flauta doce, assinale a alternativa correta:
   a) As complexidades das técnicas de execução para flauta doce inviabilizam a sua utilização nas práticas de iniciação instrumental.

b) As práticas musicais relacionadas à flauta doce são, em sua maioria, individuais, o que desfavorece a utilização desse instrumento nos contextos coletivos.

c) As dificuldades de acesso a um repertório variado são um empecilho para o trabalho coletivo com flauta doce.

d) As limitações na prática de flauta doce não possibilitam o desenvolvimento de competências como a percepção auditivo-musical.

e) Além de uma série de justificativas essencialmente musicais, a utilização da flauta doce no ensino coletivo justifica-se pelo baixo custo do instrumento.

5. A respeito do ensino de percussão, analise as afirmações a seguir e marque V para as verdadeiras e F para as falsas.

( ) A percussão é dividida em instrumentos de alturas determinadas (como os teclados e os tímpanos) e instrumentos de alturas indeterminadas (a exemplo da maioria dos membranofones e de muitos idiofones, como o triângulo, o caxixi e o reco-reco).

( ) O Instrumental Orff, composto majoritariamente por instrumentos de percussão, apresenta-se como um recurso para o ensino coletivo de percussão rico em possibilidades sonoras.

( ) No que concerne aos estilos e gêneros musicais, a utilização de diferentes instrumentos e abordagens percussivas deve ser levada em consideração no ensino coletivo por meio dos instrumentos de percussão.

( ) Os conhecimentos a respeito da diversidade de instrumentos percussivos, das técnicas para a execução desses instrumentos e das possibilidades de repertório devem ser considerados na condução de aulas coletivas de percussão.

Agora, assinale a alternativa que apresenta a sequência correta:

a) V – V – V – F.
b) V – F – V – V.
c) V – F – V – F.
d) V – V – F – V.
e) V – V – V – V.

Treinando o repertório

Questões para reflexão

1. Você já participou de classes coletivas de instrumento musical? Se sim, responda às perguntas a seguir:
   a) Havia interações com os colegas de classe?
   b) Você acredita que as relações estabelecidas com os outros estudantes colaboraram com sua aprendizagem?
   c) Você acredita que sua experiência como aluno em aulas coletivas de instrumento poderia ter sido mais satisfatória? Por quais razões?

2. Em um exercício de reflexão e organização dos conhecimentos aqui construídos, liste os pontos positivos e as possíveis fragilidades do ensino coletivo de instrumentos musicais.

Atividade aplicada: prática

1. Considerando seus conhecimentos sobre o ensino coletivo de instrumentos musicais – seus pressupostos, objetivos e estratégias centrais –, elabore uma atividade para o contexto de uma aula de instrumento ou canto em grupo (de acordo com suas aptidões musicais) em concordância com as abordagens pedagógico-musicais que você conheceu neste capítulo.

   No planejamento da atividade, considere os seguintes aspectos:

   - Para qual contexto a atividade é destinada?
     (Natureza do curso, nível musical da demanda – iniciantes ou avançados –, faixa etária dos alunos etc.)
   - Quais são os materiais necessários para a realização da atividade?
     (Instrumentos musicais, partituras e recursos tecnológicos etc.).
   - Qual(is) obra(s) musical(is) será(ão) referenciada(s)?
   - Quais são os objetivos da atividade a ser realizada (o que se pretende desenvolver)?
   - Quais são os conteúdos musicais a serem trabalhados na atividade?
   - Como os princípios básicos de interação e socialização nas aulas coletivas de instrumento serão trabalhados?
   - Realize uma descrição sistemática da atividade.

Capítulo 6

CONTRIBUIÇÕES PARA PENSAR A PRÁTICA MUSICAL EM CONJUNTO E SEU ENSINO

Já consideramos aspectos da história da música e das práticas musicais em conjunto, o espaço do ensino e aprendizagem de música de maneira coletiva, aspectos educacionais, sociais e psicológicos das práticas musicais em conjunto, entre outros temas cuja abordagem nos permitiu tecer um panorama sobre o assunto. Ao longo deste livro, enfatizamos a prática docente por meio de sugestões de atividades e indicações diversas para enriquecer o repertório musical, pedagógico e de curiosidades do professor de música.

Este último capítulo apresenta algumas contribuições adicionais necessárias à compreensão das práticas musicais em conjunto e tem como objetivos específicos:

- analisar a inserção das práticas coletivas no âmbito da música de concerto;
- revisar o assunto das práticas em conjunto no contexto da música popular;
- discutir o ensino e aprendizagem de música de maneira coletiva em espaços que vão além da sala de aula, como os demais espaços escolares e as comunidades;
- apresentar alguns aportes à prática docente na atuação com grupos musicais de maneira coletiva;
- examinar o contexto de pesquisa para o tema central que vem sendo tratado ao longo de todo o livro.

6.1 Práticas de conjunto musical no âmbito da música de concerto: considerações a respeito da música de câmara

No contexto da música de concerto, as práticas de conjunto musical são organizadas sob o rótulo de *música de câmara*. Para Sadie (1994, p. 634), esse termo designa a "música adequada à execução em câmara ou aposento", fazendo uma referência ao fato de que historicamente as práticas de conjunto musical eram realizadas nas câmaras (pequenas salas) dos palácios. De acordo com o autor, "a expressão é geralmente aplicada à música instrumental (apesar de poder ser igualmente aplicada à vocal) para de três a oito executantes [contemplando também duos ou formações com mais de oito musicistas] com uma parte específica para cada um deles" (Sadie, 1994, p. 634).

A expressão *música de câmara* designa ao menos dois fenômenos específicos. O primeiro deles são os **grupos/conjuntos de câmara**, uma diversidade de formações que abrange de duos a pequenas orquestras e conjuntos instrumentais/vocais – importa frisar que o termo não contempla instrumento solo ou grandes grupos consagrados como as orquestras ou coros sinfônicos. As práticas conservadas nos grupos de câmara relacionam-se às tradições da música de concerto ocidental dos pontos de vista cultural, artístico e performático. Vale destacar que geralmente as práticas camerísticas prescindem da presença de um regente condutor, uma vez que a dinâmica de funcionamento do grupo é orientada pela interação orgânica entre os membros do conjunto musical.

Figura 6.1 – Quartetos de cordas, trio e quarteto com piano, quintetos de sopro e misto com piano e coro com piano: disposição da formação instrumental

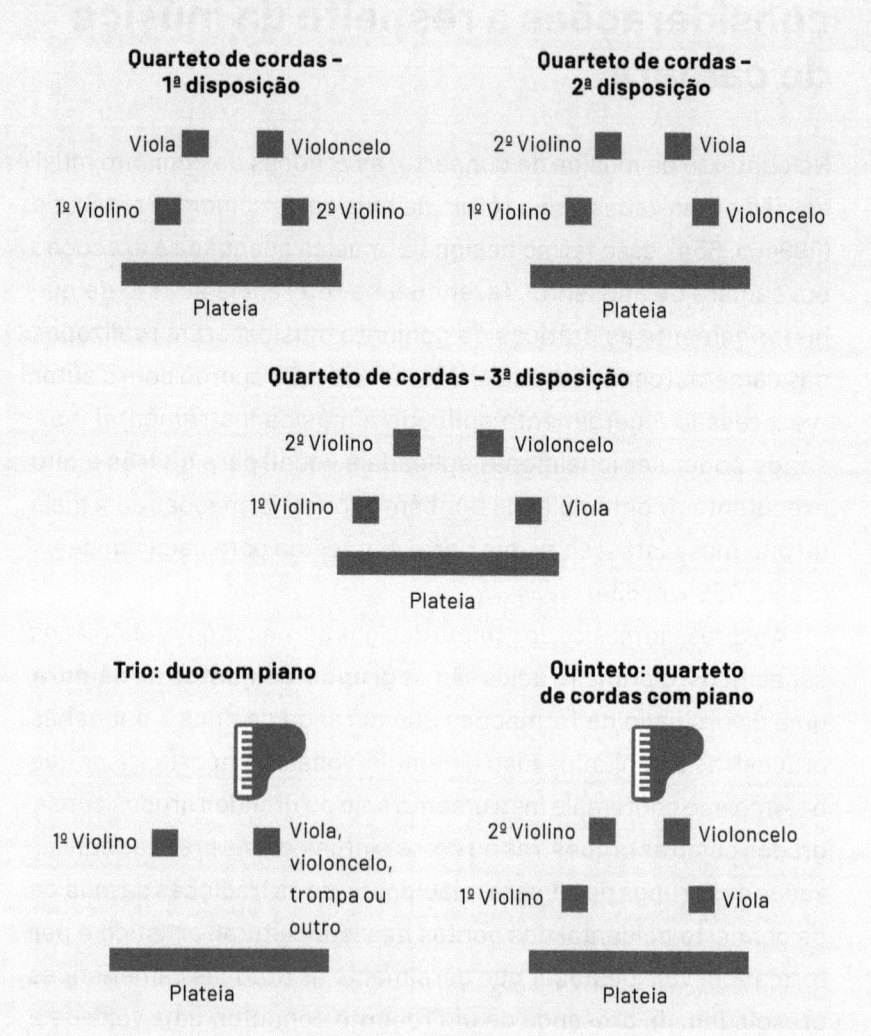

Quarteto de cordas – 1ª disposição

Viola   Violoncelo
1º Violino   2º Violino

Plateia

Quarteto de cordas – 2ª disposição

2º Violino   Viola
1º Violino   Violoncelo

Plateia

Quarteto de cordas – 3ª disposição

2º Violino   Violoncelo
1º Violino   Viola

Plateia

Trio: duo com piano

1º Violino   Viola, violoncelo, trompa ou outro

Plateia

Quinteto: quarteto de cordas com piano

2º Violino   Violoncelo
1º Violino   Viola

Plateia

(continua)

(Figura 6.1 - conclusão)

Quinteto: quarteto de sopros com piano

- Oboé
- Flauta
- Fagote ou trompa
- Clarinete

Plateia

Quinteto: quarteto misto com piano

- Viola
- 1º Violino
- Violoncelo
- Flauta, clarinete, trompa ou outro

Plateia

Coro com piano

coro

Plateia

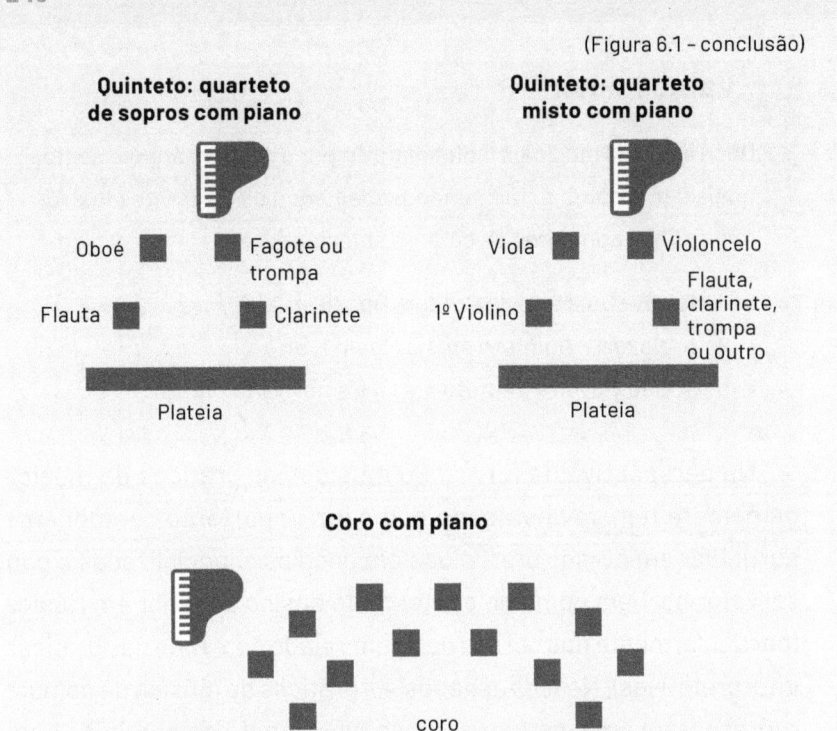

Fonte: Campanhã; Torchia, 1978, citados por Borusch, 2011, p. 5-6.

O segundo fenômeno se associa aos **repertórios camerísticos**, que incluem desde obras compostas especificamente para o contexto de câmara até arranjos e adaptações destinados às formações instrumentais/vocais usuais nesse âmbito. O repertório de câmara frequentemente se alinha às tradições da música de concerto europeia; seus "gêneros principais são trio com piano, quarteto com piano, quinteto com piano, trio de cordas, quarteto de cordas, quinteto de cordas e sonata-trio" (Sadie, 1994, p. 634).

> **Vamos ouvir?**
>
> Ouça as obras musicais indicadas a seguir e observe atentamente quais são e como estão sendo trabalhados os diferentes instrumentos nos conjuntos de câmara selecionados.
>
> - J. Haydn – Quarteto de Cordas, Op. 76, n. 1.
> - W. A. Mozart – Quinteto em Lá Maior, K 581.
> - L. W. Beethoven – Septeto em Mi Bemol Maior, Op. 20.

Na perspectiva da formação musical, as práticas de música de câmara têm se destacado como um importante componente curricular em cursos oferecidos em escolas especializadas e conservatórios, bem como no contexto do ensino superior em Música (particularmente nos cursos de bacharelado com foco nas práticas interpretativas). Nesses espaços, as práticas de música de câmara representam um lugar para o desenvolvimento de múltiplas competências artísticas e musicais, considerando-se as complexas interações e habilidades para a *performance* musical requeridas no trabalho em grupo.

Desse modo, é possível afirmar que as experiências no âmbito camerístico colaboram para o progresso de habilidades musicais individuais e coletivas, favorecendo uma formação ampla e alinhada às necessidades de atuação artística em nível profissional (Ray, 2019). Tais experiências capacitam os musicistas para a inserção em grupos vinculados às orquestras, às entidades artísticas/culturais e às instituições de ensino de música, garantindo uma atuação no campo das práticas interpretativas e no ensino da *performance* musical.

Para Arrais e Rodrigues (2011, p. 106), o ensino e aprendizagem da *performance* musical visa "desenvolver competências psicomotoras que permitam o controle meticuloso das nuances acústicas mais sutis da voz ou de um instrumento, num dado contexto estético". Além desses aspectos, o aprendizado das práticas interpretativas no âmbito da música de câmara envolve conhecimentos, competências e habilidades específicas. Nesse sentido, fundamentados diretamente em Goodman (2002) e indiretamente nas contribuições de autores como Yamauchi, Sinico e Gualda (2012) e Ray (2019), analisaremos a seguir três aspectos particulares: manutenção do tempo na *performance*, comunicação baseada em sinais auditivos e visuais e fatores sociais.

6.1.1 Manutenção do tempo na *performance*

Esse aspecto refere-se à percepção e manutenção do pulso e do andamento, particularmente nas entradas e saídas das partes individuais, nas variações/oscilações de andamento (inflexões de agógica) e nas cesuras estruturais presentes nas peças musicais para grupos de câmara (incluindo as pausas gerais). Goodman (2002) destaca as referências gestuais estabelecidas por membros específicos do conjunto, em consonância com as características da obra musical executada. Tais referências operam como o "relógio do grupo" e incluem alguns mecanismos motores relacionados à regulação da pulsação (como "pulsar" com os dedos dentro do calçado).

Além disso, cognitivamente os músicos de um grupo podem orientar suas ações por antecipação (previsão) e reação às nuances de andamento na execução que cada musicista realiza. Trata-se de um processo dinâmico de interação baseado no ajuste mútuo e na cooperação entre os *performers*. Esse processo é afetado tanto pelas características musicais e de personalidade de cada musicista quanto pelas características e pela natureza das obras musicais trabalhadas.

6.1.2 Comunicação baseada em sinais auditivos e visuais

Na *performance* em grupo, os musicistas interagem e compartilham informações por duas vias principais: audição e visão. Desse modo, sinais (ou dicas) são constantemente oferecidos em termos sonoros e por meio de contato visual, gestos e movimento corporal. A esse respeito, Davidson (1997, citada por Goodman, 2002, p. 158, tradução nossa) esclarece que "as expressões físicas da estrutura musical", como adotar uma postura agitada e enérgica ou uma gestualidade calma e branda, "oferecem um canal para o entendimento e compartilhamento das intenções musicais". Os "musicistas se olham e se escutam não apenas para coordenar as ações, mas também para comunicar ideias sobre a expressão e a interpretação musical", sendo a comunicação auditiva mais preponderante em comparação com a visual (Goodman, 2002, p. 156, tradução nossa).

Nas práticas em conjunto, o desafio de orientar as ações musicais com base nos sinais auditivos (monitorando a si mesmo e a terceiros) é a necessária acurácia da percepção auditiva para notar nuances sutis na execução dos colegas, como oscilações agógicas e de dinâmica, mudanças na articulação e explorações timbrísticas e de entonação. A reatividade também integra esse processo, considerando-se que, mediante a percepção de oscilações interpretativas, os membros do grupo vão – consciente ou inconscientemente – reagir, ajustando suas realizações musicais em busca de coerência, clareza, equilíbrio e homogeneidade sonora.

6.1.3 Fatores sociais: permanecendo juntos

Um grupo musical funciona como um organismo, uma unidade social na qual a interação entre os membros requer certo nível de autoconhecimento e de conhecimento sobre o outro, o que demanda pensar e agir com empatia. Nesse grupo social, há hierarquias estabelecidas e, portanto, alguns membros desempenharão papéis de liderança enquanto a maioria estará seguindo orientações e comandos. A posição de liderança, então, implica o domínio da direção musical para a condução dos ensaios.

Goodman (2002) destaca também o estereótipo da funcionalidade e do valor que cada membro do grupo assume no que se refere aos papéis musicais que desempenham em diferentes obras, a exemplo das posições de acompanhamento ou solista. Desse modo, a autora cita as crenças comuns no "papel supostamente inferior assumido pelo segundo violinista em um quarteto ou a [presumida] subserviência de um pianista acompanhador" (Goodman, 2002, p. 164, tradução nossa).

Além das contribuições de um possível líder do grupo de câmara, devemos salientar a interação social entre os musicistas, "um processo de construção constante" evidenciado quando os membros de um grupo "abertamente negociam ideias, lidam com conflitos e tentam manter seus compromissos"; assim, "as relações sociais e musicais precisam ser nutridas, tendo em vista que os conflitos de personalidade podem surgir depois de um período de tempo" (Goodman, 2002, p. 164-165, tradução nossa).

Em resumo, a prática e a aprendizagem na música de câmara – no sentido de construção da *performance* – envolvem uma série de fatores musicais e extramusicais, tais como as habilidades sociais necessárias à interação, ao compartilhamento e à construção coletiva de ideias. Assim, a coexistência entre a individualidade e a coletividade deve ocorrer de maneira harmoniosa e construtiva, contribuindo para a qualidade da experiência musical nos níveis artístico, social e psicológico.

6.2 Práticas musicais em conjunto no contexto da música popular

Para iniciar nossas reflexões sobre as práticas musicais em conjunto no contexto da música popular, precisamos entender o que significa chamar uma música de *popular*. Elliott e Silverman (2016b) afirmam que há uma grande dificuldade em definir precisamente o que é música popular, pois esse conceito está em constante mudança. Nesse sentido, os autores consideram que o ideal é ter em mente que se trata de um fenômeno variado: "um conceito aberto e poroso, que reconhece que os gêneros estão continuamente mudando, emergindo e se cruzando, dependendo dos músicos, dos ouvintes e das várias circunstâncias contextuais" (Elliott; Silverman, 2016b, p. 245, tradução nossa). A música popular também pode, muitas vezes, estar relacionada à mediação de massas, às atividades cotidianas, à ênfase no processo, à informalidade, entre outras características que devem ser estudadas com cautela e sem preconceitos, como características específicas que compõem determinadas práticas musicais (Bowman, 2004; Elliott; Silverman, 2015).

No Brasil, tendemos a pensar a música popular tendo em vista gêneros musicais consagrados, como o choro, a música popular brasileira (MPB) e o samba. Dessa forma, é possível perceber que os gêneros e estilos musicais no âmbito da música popular são os mais diversos, reunindo-se todos sob um mesmo rótulo que, geralmente, não dá conta das características singulares de cada tipo de produto e processo musical.

Comumente, a música popular é colocada em contraposição à música de concerto ou erudita, aquela que é executada por orquestras ou outras formações musicais (quartetos de sopro, solo etc.) em salas de concerto ou outros espaços. Contudo, é importante destacar que as músicas de concerto também se utilizam de temas e melodias encontradas nas canções folclóricas e de origem popular (como feito pelo compositor Villa-Lobos no Brasil), além de contarem com a utilização de instrumentações muito variadas, frequentemente identificadas na música popular. Nesse sentido, reforçamos uma postura de não privar o aluno do contato com ambos os repertórios, devendo-se sempre buscar músicas que possam contribuir com sua formação musical e pessoal.

No ensino de música, podem ser constatadas diferentes vivências musicais entre os alunos. Grande parte delas estão relacionadas a tradições musicais populares das mais diversas, como o pai que toca cavaquinho em uma roda de samba aos sábados, a adolescente que foi ao *show* de seu ídolo *pop*, o tio que é baterista de um trio de *jazz*, o irmão que tem uma banda de *rock* e ensaia na garagem, entre outros exemplos. Dessa maneira, é preciso ter em mente que a música popular promove uma integração constante dentro de um grupo, ao se fazer, escutar ou compartilhar música. Levando em consideração esse cenário, Elliott e Silverman (2016b) afirmam que a música popular está intimamente associada às emoções dos jovens, pois costumam ser compartilhadas de maneira coletiva.

> Os jovens podem interpretar, sentir, crescer e se transformar por meio de suas interações com múltiplas variáveis musicais-emocionais, o que abrange as variáveis intrínsecas e extrínsecas envolvidas na percepção e na resposta a peças, *performances* e contextos em que os jovens vivenciam as músicas populares, incluindo as personalidades pessoais e musicais dos intérpretes de músicas populares, quer essas experiências ocorram ou não no local [shows, apresentações etc.], ou por meio de gravações, visualizações do YouTube e assim por diante. (Elliott; Silverman, 2016b, p. 246-247, tradução nossa)

O fato de as músicas populares estarem no cotidiano e serem comumente executadas em atividades práticas de maneira coletiva pode explicar a forte conexão das crianças e dos jovens com tal repertório. No entanto, isso não significa que esse tipo de música deva ter espaço exclusivo dentro da sala de aula, uma vez que nosso dever como professores de música perpassa a ampliação dos repertórios e práticas musicais dos alunos.

Curiosamente, Hargreaves (1986) posicionou a música de concerto como um interesse minoritário no mundo, o que Juslin (2013) relaciona à ideia de que a música popular frequentemente envolve questões emocionais do próprio cotidiano das pessoas (alegria, tristeza etc.), inclusive nas letras das canções. No que se refere às questões afetivas, Neder (2012) discute como a afetividade pode ser relevante no desenvolvimento criativo em ambientes informais de ensino e aprendizagem do *jazz*, gênero musical posicionado nas práticas populares. Para o autor, as ligações afetivas dos alunos com seus modelos musicais (professores ou outros músicos) são importantes para o ensino e aprendizagem de música. Afinal, a imitação fundamentada em modelos musicais e o ensino informal são aspectos comuns nas práticas de música popular.

Ampliando o repertório

A Universidade Federal do Paraná (UFPR) mantém o Grupo de MPB da UFPR. Esse grupo tem como objetivo a execução de músicas da cultura popular brasileira de diferentes vertentes por meio de uma prática coletiva do repertório. Os trabalhos culminam em apresentações artísticas que envolvem coro, instrumentos musicais e, em algumas interpretações, atuações cênicas. Confira as produções do grupo em:

GRUPO DE MPB DA UFPR - OFICIAL. Disponível em: <https://www.youtube.com/channel/UCj_YiDC4B_ncj0EWoDVWoOA>. Acesso em: 18 jan. 2022.

Aqui, cabe retomar os conceitos de ensino musical formal e informal. O ensino formal é geralmente concebido como aquele que ocorre em ambientes institucionais (como a escola) e envolve procedimentos estruturados/organizados, ao passo que o ensino informal é entendido, muitas vezes, como aquele que implica a aprendizagem independente por meio da enculturação e da interação de indivíduos em diferentes grupos que ocorre em contextos variados (Green, 2008, 2012; Wille, 2005).

Ao discutir a presença da música popular no currículo escolar, a pesquisadora e educadora musical Lucy Green (2008, 2012) destaca que os alunos tendem a avaliar a música popular nas aulas como desconexas com as práticas da "vida real". A autora argumenta que isso pode estar relacionado à maneira como a música popular é realizada fora da sala de aula e ao fato de os professores de música não darem atenção a essa perspectiva, uma vez que a produção e a transmissão desse tipo de música são relevante nas práticas cotidianas, e as estratégias de ensino em sala de aula devem levar em consideração essas questões.

Green (2008, 2012) ressalta que uma das principais características atribuídas aos músicos populares é a aprendizagem informal, mesmo que cada vez mais músicos populares estejam estudando em contextos formais e graduando-se em cursos superiores de Música. Essa constatação leva a autora a pensar em uma proposta pedagógico-musical que se fundamenta na aprendizagem informal dos músicos populares. Tal proposta apresenta cinco princípios dessas práticas a serem incorporados nos contextos formais de sala de aula:

1. os alunos escolhem as músicas com as quais querem trabalhar, o que movimenta sua familiaridade e identificação com as músicas;
2. eles tiram as músicas "de ouvido", sem o uso de partituras;
3. a aprendizagem ocorre por meio de práticas em grupo, e os alunos escolhem os colegas com os quais querem trabalhar;
4. a aprendizagem é pessoal e não apresenta uma ordem preestabelecida, além de evidenciar experiências musicais do "mundo real" do aluno;
5. há uma integração entre audição, interpretação, improvisação e composição, com ênfase na criatividade musical dos alunos.

Na aprendizagem informal de música popular proposta por Green (2008, 2012), o professor tem de se "afastar" dos alunos para que eles possam trabalhar de maneira independente e autônoma.

Ainda assim, o docente deve supervisionar todo o processo e buscar diagnosticar possíveis problemas enfrentados pelos aprendizes com a finalidade de auxiliá-los de forma a serem modelos musicais. Esses princípios da aprendizagem musical informal foram estudados em um modelo que envolve sete estágios, em que os alunos (Green, 2012; Narita, 2015):

1. selecionam as músicas que querem tocar, juntam-se em grupos e direcionam a aprendizagem de acordo com seus interesses;
2. recebem materiais escolhidos pelo professor, o qual lhes pede que escutem e toquem a música proposta em seus grupos;
3. repetem o primeiro estágio com um cuidado maior na escolha das músicas;
4. envolvem-se em atividades de composição musical;
5. recebem modelos para escrever músicas ou canções e são apresentados a músicos convidados ou alunos em estágios mais avançados;
6. são apresentados a músicas de concerto mais conhecidas (como músicas presentes em comerciais de TV) a serem trabalhadas como no primeiro estágio;
7. são apresentados a músicas de concerto menos familiares.

A utilização da música de concerto ocorreu porque Green (2008, 2012) buscou compreender como os alunos se engajavam tanto com músicas de sua preferência e de seu cotidiano, geralmente músicas populares, quanto com músicas que eles relatavam não gostar, como a música de concerto ou outras músicas mais distantes de seu universo musical. Muitos dos estudantes pesquisados pela autora afirmaram que "odiavam" a música de concerto, o que a incentivou a testar se as práticas de aprendizagem informal de música popular que apresentavam resultados muito positivos poderiam ser transferidas para outros repertórios musicais estudados em sala de aula. Os resultados de Green (2008, 2012) são positivos no sentido de demonstrar que um engajamento autêntico na aprendizagem musical é possível mediante o uso dessa proposta de ensino de música.

É interessante considerar que a aprendizagem informal de música popular proposta por Green (2008) pode ser adaptada para repertórios variados e distintos. Além disso, as aproximações com o fazer musical real, ou seja, próximo do cotidiano dos alunos e realizado de maneira prática em grupos musicais, parecem favorecer o engajamento na aprendizagem musical (Green, 2008, 2012; O'Neill; Bespflug, 2011; O'Neill, 2014). Nas próximas seções, retomaremos o assunto do engajamento musical dos alunos.

Para finalizar estas reflexões, destacamos que Bastião (2012) chama atenção para os Parâmetros Curriculares Nacionais – PCN (Brasil, 1997, 1998a) e suas orientações para a inclusão das músicas de tradição popular nas práticas coletivas em sala de aula. Ademais, a educadora musical Violeta de Gainza (2004, 2011) também enfatiza as possibilidades de utilizar as músicas de tradições orais e populares em sala de aula e oportunizar o contato dos aprendizes com diversas manifestações culturais musicais.

6.3 Para além da sala de aula: práticas musicais em conjunto no espaço escolar e na comunidade

Depois de discutirmos as práticas musicais em conjunto nos contextos da música de câmara e das músicas populares, prosseguiremos para a reflexão sobre as práticas coletivas que acontecem para além da sala de aula no espaço escolar e as práticas coletivas na comunidade.

A aprendizagem de música em ambientes escolares que não sejam a sala de aula pode acontecer de maneira mais formal/estruturada ou de maneira informal. Quando a aprendizagem está sistematizada, pode ser encontrada em grupos de fanfarras, corais, aulas de música de caráter extracurricular e, até mesmo, em eventos musicais na escola direcionados para públicos infantis ou juvenis, como concertos didáticos, teatros musicalizados e festivais de talentos (ver, por exemplo, Fucci Amato, 2007, 2009; Sasse, 2016; Toni et al., 2017). Esses espaços também apresentam a qualidade de, geralmente, serem constituídos por grupos de alunos em uma prática musical coletiva. Ainda, há uma ampliação das possíveis atuações do professor de música no espaço escolar, o que pode envolver os estudantes em diversos projetos musicais propostos pelo docente ou construídos em conjunto com os aprendizes e a comunidade escolar.

Por outro lado, a aprendizagem musical informal no ambiente escolar está relacionada à forma como os alunos e os membros da comunidade compartilham a vivência, a prática e a escuta musical sem a necessidade de intervenção pedagógica do professor. Podemos citar como exemplo o caso de estudantes que se reúnem no intervalo das aulas para tocar violão juntos, possibilidade que pode ser ampliada quando eles passam a compor juntos e chamar outros colegas para aprenderem e participarem em grupo. Entre outros exemplos possíveis, devemos ter em mente que a autonomia musical dos alunos é um fator importante na atuação docente, visto que eles trazem consigo um universo musical pessoal que é mediado por suas vivências individuais e coletivas.

Quando pensamos na música realizada em comunidade, logo podemos imaginar práticas corais, orquestras comunitárias, as músicas cantadas dentro de igrejas ou outros espaços religiosos, no âmbito de projetos sociais, entre outros possíveis locais e contextos. De fato, a música se encontra presente em grande parte de nossa vida em sociedade. A coesão de grupo é comumente citada nas discussões sobre como nós, humanos, tendemos a fazer música de maneira coletiva com base em um senso de compartilhamento de ligações entre as pessoas envolvidas, sentimentos e outros relacionamentos em comunidade (Cross, 2016; Elliott; Silverman; Bowman, 2016). Independentemente do repertório musical que esteja sendo executado e colocado em prática, devemos considerar as possibilidades de realizações musicais éticas e empoderadoras para e junto das pessoas com as quais estamos nos relacionando.

Diante disso, reforçamos a necessidade de o professor de música prestar atenção no potencial que ele tem em suas mãos para mobilizar questões sociais e éticas que permeiam o espaço educativo e musical. Dessa forma, o professor pode transpor as práticas musicais em espaços escolares ou em outros contextos da comunidade para as práxis musicais: decisões pedagógico-musicais tomadas com base em reflexões ativas e ações criticamente reflexivas para a transformação e o bem-estar da comunidade (Elliott; Silverman, 2015; Elliott; Silverman; Bowman, 2016; Freire, 2018).

As práticas musicais em comunidade nem sempre se apresentam de maneira estruturada, o que representa desafios adicionais nos processos pedagógico-musicais. Um exemplo desse processo em comunidade, que leva em consideração aspectos reflexivos e éticos sobre o espaço político-social para o empoderamento das pessoas envolvidas, é o coral feminino Comhcheol. Esse coral foi criado com o objetivo de unir comunidades irlandesas e de imigrantes, uma vez que se estabeleceu na cidade de Limerick, que teve uma forte imigração e tornou-se amplamente diversificada. Elliott e Silverman (2016a, p. 93-94, tradução nossa) afirmam que o Comhcheol "ajudou a transpor problemas sociais, políticos, étnicos e emocionais que as mulheres estavam enfrentando, especialmente experiências relacionadas a questões de isolamento".

Figura 6.2 – Prática musical popular em espaço público

Ampliando o repertório

O *Playing for Change* é um projeto que nasceu da ideia de gravar músicos de rua em suas situações cotidianas. Essa intenção inicial

> levou seus fundadores a viajar o mundo, com a finalidade de romper fronteiras e conectar pessoas por meio da música.
>
> PLAYING FOR CHANGE. Disponível em: <https://playingforchange.com/>. Acesso em: 18 jan. 2022.

Segundo Gainza (2011), a música pode ser utilizada como uma ferramenta de mudança e intervenção sociocultural fundamentada em projetos de orquestras, bandas, coros e outros grupos musicais que permitam às pessoas em vulnerabilidade e que vivenciam exclusões diversas (raciais, sociais, culturais, econômicas etc.) o acesso ao aprendizado musical e ao acolhimento em comunidade. No contexto brasileiro, Joly e Joly (2011) analisaram as práticas musicais coletivas de uma orquestra comunitária, a Orquestra Experimental da UFSCar. Conforme as autoras, essa orquestra está pautada em uma formação humana e conta com uma participação ativa dos integrantes, inclusive na escolha das músicas a serem executadas, buscando-se desenvolver repertórios da música brasileira com uma instrumentação diversificada. Além disso, Joly e Joly (2011) afirmam que as aprendizagens musicais podem ser ampliadas por meio de práticas coletivas e inclusivas que valorizam o grupo, o qual é entendido como um conjunto que apresenta grandes potenciais e desafios nas práticas pedagógico-musicais.

Outro exemplo é a pesquisa de Kleber (2006), que estudou as práticas musicais em projetos de duas organizações não governamentais (ONGs) com grupos de crianças e jovens em situação de desigualdade e exclusão social. A autora destaca que sua investigação permitiu identificar que os processos de ensino e aprendizagem foram permeados pela noção de coletividade e pelo senso de pertencimento, os quais foram discutidos com base em questões socioculturais ligadas à busca de transformação e justiça social.

No cenário nacional, instituições diversas mantêm projetos que buscam promover práticas musicais voltadas à comunidade. Muitos municípios brasileiros têm casas de cultura ou escolas de música que desenvolvem práticas musicais individuais e coletivas, como projetos de orquestras, bandas e coral. Universidades costumam ser instituições que apresentam projetos de extensão voltados à comunidade nos quais as práticas musicais em conjunto estão presentes em orquestras universitárias, grupos corais ou instrumentais, projetos de musicalização infantil etc. Também há organizações sociais, como o Instituto Baccarelli e o Olodum, que promovem ações musicais em comunidades que apresentam vulnerabilidades sociais, por meio de aulas de musicalização, coral, formação de grupos musicais como orquestras, grupos de percussão e outras frentes de atuação musical, artística e social.

Por fim, trabalhos colaborativos nas esferas pública e privada, em diferentes frentes e localidades (Projeto Guri, Grupo Cultural AfroReggae, entre outros), têm demonstrado a importância desses espaços para todos os envolvidos: alunos, professores, comunidade e sociedade.

6.4 Realizações coletivas na aula de música: aportes à prática docente

Iniciaremos esta seção esclarecendo o que é o engajamento musical dos estudantes e qual é a importância de pensar nesse aspecto quando se trata de práticas musicais coletivas. O engajamento musical pode estar presente em diferentes atividades, como a interpretação, a criação e a escuta musical (Elliott; Silverman, 2015). Além disso, caracteriza-se como uma qualidade em determinada ação, de forma que a atividade seja avaliada como significativa e interessante para quem esteja participando. De acordo com O'Neill (2012), o engajamento é comumente definido em pesquisas nas áreas de educação e psicologia como uma atividade que envolve componentes psicológicos (atribuição de significado, identidade, senso de pertencimento etc.) e comportamentais (atenção focalizada, esforço etc.).

Os fatores que proporcionam o engajamento musical dos estudantes estão relacionados a atividades que promovem a autonomia com objetivos bem definidos, contextualizados, desafiadores, interessantes e relacionados à "vida real" dos alunos (O'Neill, 2016). Tal discussão é importante para os professores de música, uma vez que ter em mente a maneira de tornar o conteúdo interessante para os alunos pode auxiliar em seu engajamento em atividades musicais e no desenvolvimento de suas habilidades musicais e pessoais. Ainda, não podemos esquecer que essa qualidade na atividade musical pode desencadear transformações positivas em indivíduos e grupos, de maneira a promover uma formação ativa, crítica e empoderada.

No contexto brasileiro, Madalozzo (2019) e Toni (2020) obtiveram resultados interessantes em suas pesquisas que envolveram práticas musicais com estudantes. Grande parte dos dados dessas duas pesquisas convergiram no sentido de explicar o envolvimento/engajamento de estudantes de música, mesmo em se tratando de grupos distintos: crianças e jovens adultos. Nesse contexto, o envolvimento/engajamento dos aprendizes esteve relacionado:

- às dimensões musicais ou ao repertório musical estudado em sala de aula;
- às dimensões sociais, como a didática dos professores envolvidos e os relacionamentos aluno-aluno e aluno-professor,
- às dimensões emocionais, como o interesse e aspectos afetivos da própria experiência de fluxo (rever Capítulo 4).

Essas convergências podem ajudar a pensar em como planejar as aulas de música que envolvam práticas coletivas e em como proporcionar envolvimento/engajamento musical com base nesses parâmetros.

Agora, apresentaremos alguns direcionamentos com a finalidade de fornecer aportes práticos para a formulação de aulas que envolvam práticas musicais em conjunto. Inicialmente, consideraremos os direcionamentos de Romanelli (2014), que foram propostos para as salas de aula em ambientes coletivos de ensino de música na educação infantil. Contudo, faremos um exercício de transpor algumas dessas orientações para outras etapas da educação básica e outros espaços, contextos e idades. Romanelli (2014) nos orienta a pensar as aulas de música com base nos seguintes aspectos:

- valorização de experiências práticas de fazer música (cantar, interpretar, compor, improvisar) que priorizem a ampliação do repertório musical dos alunos e seu desenvolvimento musical;
- atenção à exploração de diferentes materiais sonoros, de percussão corporal e de criação de instrumentos musicais com a finalidade de propor a criação musical de modo coletivo a partir dessas experiências;
- escuta musical que enriqueça as experiências dos alunos com a música. Nesse sentido, destacam-se:

- os espaços na escola que permitam o relativo silêncio para as atividades musicais e os momentos da aula que priorizem esse silêncio para a escuta musical;
- gestos, movimentos e outros objetos que possam ser utilizados na escuta musical para auxiliar na atenção e na realização de atividades de escuta musical ativa;
- um repertório diversificado que possibilite o contato dos alunos com diversas culturas, o que implica ir além da música veiculada pela mídia.

Tendo em vista os direcionamentos iniciais expostos, bem como as discussões realizadas ao longo do livro, apresentaremos a seguir algumas orientações que consideramos pertinentes ao se refletir sobre o ensino de música de maneira coletiva. Salientamos que as orientações não são prescritivas e, mesmo quando direcionadas para um público específico, podem ser pensadas para diferentes espaços, contextos e idades:

- É preciso valorizar os laços e relacionamentos dos alunos em sala de aula de maneira a promover a cooperação e o desenvolvimento musical, pessoal e coletivo.
- É importante haver a participação ativa de todos os professores presentes na aula: cantando, dançando ou executando as atividades propostas. Pesquisas na área de cognição musical demonstram a relevância da experiência vicária (quando os alunos aprendem pela comparação e observação dos pares) e da modelação (quando os alunos buscam o professor como modelo para a realização de determinada atividade) no ensino e aprendizagem de música (Ilari, 2009; Ilari; Araújo, 2010; Araújo, 2013; Hallam, 2010).

- Cada faixa etária, bem como cada contexto, demanda uma atenção específica para a realização das práticas musicais em conjunto.
- Na prática musical com crianças, é fundamental considerar questões relacionadas à segurança do espaço e dos recursos utilizados, bem como em questões disciplinares e necessidades individuais de cada criança. Dessa forma, é sempre interessante que mais de um professor esteja em sala de aula para colaborar de maneira ativa com as atividades musicais e auxiliar no que for necessário.
- Na prática musical com crianças maiores, adolescentes e jovens, outras dimensões aparecem, como o senso de pertencimento ao grupo (muitas vezes, influenciando o gosto musical dos alunos) e o aumento da complexidade das atividades. Diante disso, as experiências emocionais podem ser mais exploradas, assim como debates, diálogos e práticas diversas que coloquem os alunos para tocar, cantar, compor, improvisar e escutar juntos.
- A prática musical em conjunto com adultos ou mesmo no ensino superior em Música demanda a atenção do professor para uma formação que possa apresentar um caráter mais profissional ou que promova o desenvolvimento de habilidades musicais específicas. Essa formação pode contemplar experiências que valorizem as ideias propostas pelos alunos, a autonomia, o interesse, o direcionamento didático e a contextualização das práticas com a "vida real" dos alunos.
- O professor deve estar atento a um planejamento que abarque todos os alunos do grupo e reconhecer as individualidades presentes em cada grupo. Assim, há uma simultaneidade de

atenção entre o grupo como um todo e as individualidades que o compõem.
- As orientações teórico-pedagógicas podem ajudar o professor de música a elaborar e pensar suas práticas educativo-musicais.
- Por fim, cabe lembrar que cada prática musical é flexível na medida em que cada aula, cada contexto, cada grupo de alunos tem as próprias características e interesses.

Com relação à postura do professor e ao papel das emoções no ensino e aprendizagem de música, Hallam (2010, p. 806, tradução nossa) afirma que a literatura da área sobre professores de música bem-sucedidos aponta a necessidade de um equilíbrio entre: (1) qualidades internas, que "incluem estabilidade emocional, energia, entusiasmo e entusiasmo pela música e ser feliz e otimista", e (2) qualidades relacionadas ao relacionamento com os outros/gerenciamento social ou do grupo, que "inclui ser cuidadoso, empático, encorajador, amigável, ser voltado para as pessoas, interessado nos estudantes, ter sensibilidade emocional e senso de humor". De fato, são "super-habilidades" que demandam muito da formação musical e pedagógica para a atuação como professor de música, o que se constitui em um exercício contínuo da prática docente e na reflexão sobre a prática.

Finalmente, consideramos que é preciso discutir uma prática pedagógica que esteve presente ao longo de nossa formação musical em contextos coletivos de ensino e aprendizagem de música e em nossas práticas atuais como professores. Trata-se da situação de permitir que os alunos possam também liderar e estar à frente da sala de aula ou em outros espaços de ensino e aprendizagem de música, de tal maneira que possam demonstrar o que sabem e auxiliar os demais colegas que precisarem de sua ajuda e entendimento musical, sempre sob supervisão e incentivo do professor. Nessa perspectiva, como explicam Elliott e Silverman (2015, p. 273, tradução nossa),

> O que alguns professores falham em reconhecer é que é muito possível para os alunos aprenderem quando "o professor" não está à frente da sala ou direcionando um conjunto a partir de um pódio. É incrível o que os alunos podem aprender e aprenderão ao tomarem o pódio para eles mesmos de tempos em tempos, em episódios curtos ou longos, quando apropriado (mesmo em contextos escolares do ensino fundamental e ensino médio), ou tomando papéis de maior liderança como professores deles mesmos (como no ensino por pares). Se nosso objetivo é desenvolver a independência das habilidades de fazer música dos alunos em sua participação musical ao longo de sua vida, é essencial que professores deem um passo para trás e permitam aos alunos aplicar seus entendimentos que estão em desenvolvimento em papéis que dão a eles poder para "liderar" em vários caminhos nas situações musicais.

Há uma flexibilidade que permite um compartilhamento de responsabilidades entre estudantes e professores. O professor deve oportunizar espaços que possibilitem aos alunos ensinar uns aos outros, estar à frente e construir em conjunto o conhecimento. Os contextos em que tais experiências podem ocorrer são os mais diversos.

Em nossa formação e atuação docente, destacamos a musicalização infantil, aulas de solfejo e percepção musical, ambientes de ensino coletivo de percussão e fanfarras e práticas musicais na educação básica e no ensino superior. Além disso, Elliott e Silverman (2015) também salientam ambientes que envolvam a prática de banda, grupos musicais ou orquestras, entre outros possíveis contextos de práticas musicais em conjunto. Tal compartilhamento de responsabilidades ao ensinar é capaz de gerar nos alunos um senso de comunidade e pertencimento ao grupo, segurança, confiança, felicidade, emoções positivas, engajamento e motivação para a prática musical em questão e sua vida pessoal e musical (Elliott; Silverman, 2015).

Sem dúvida, podemos contribuir para um ambiente que estimule a cooperação e o crescimento em conjunto, bem como o exercício da empatia e o apreço pelo ensino. Também não escondemos nossa afinidade com a ideia de fornecer espaços para o desenvolvimento da autonomia, visto que a coerência docente implica o respeito e a promoção da curiosidade dos alunos, assim como o estabelecimento de relações dialógicas e do compartilhamento entre professores e alunos na construção do conhecimento e na reflexão crítica sobre o saber construído (Freire, 2018).

6.5 Perspectivas para as pesquisas sobre práticas musicais em conjunto

Encerramos a seção anterior destacando a necessidade da reflexão crítica sobre o conhecimento. Então, não poderia faltar um espaço para ponderarmos sobre o conhecimento produzido na área e as direções que se vislumbram para a pesquisa. O tema das práticas musicais em conjunto foi apresentado neste livro sob diferentes visões e linhas de pensamento. Iniciamos a obra expondo alguns marcos importantes para as práticas musicais coletivas. A partir da revisão do percurso histórico das práticas musicais em conjunto e das pedagogias da área de educação musical, algumas considerações educacionais já puderam ser traçadas para a formação dos alunos de música.

Ainda há muito a ser pesquisado e proposto em relação aos processos de ensino e aprendizagem de música em grupo, principalmente no contexto brasileiro. Nesse sentido, a curiosidade que incide na busca e na pesquisa para a solidificação de conhecimentos criticamente construídos deve ser uma de nossas principais premissas como educadores. Nessa linha de pensamento, Freire (2018) sugere duas questões importantes para a prática docente: (1) a importância da relação constante entre teoria e prática; e (2) a pesquisa como aspecto intrínseco da docência: "Faz parte da natureza da prática docente a indagação, a busca, a pesquisa. [...] Não há ensino sem pesquisa e pesquisa sem ensino"(Freire, 2018, p. 30).

Na sequência das discussões apresentadas no presente livro, abrimos um leque de possibilidades de estudos com base em considerações sobre aspectos educacionais, sociais e psicológicos das práticas musicais em conjunto. A pesquisa em música apresentou um forte aumento em sua produção em nível mundial no final do século passado, mediante o estabelecimento e a solidificação de diversas áreas e subáreas de pesquisa, como a psicologia da música/cognição musical, estudos sociais e antropológicos da música e suas interfaces, bem como o ensino e aprendizagem de música em diferentes vertentes e contextos. Vivemos em um momento em que o acesso à informação permitiu a difusão de diversos estudos e propostas práticas provenientes de diferentes lugares do mundo para pensar a educação geral e a educação musical.

Com relação às práticas musicais em conjunto, ressaltamos que o cenário de pesquisa indica grandes possibilidades de investigação, uma vez que existe uma escassa bibliografia específica sobre o tema, tanto em nível internacional quanto em língua portuguesa. Assim, o pesquisador interessado pode vir a propor pesquisas que se insiram nos temas elencados sob diversas óticas, como questões sociais, criatividade e motivação, particularidades afetivas e demais aspectos psicológicos, o fazer musical (canto, *performance*, improvisação, composição, regência, entre outros) e a escuta em grupo, o desenvolvimento de competências musicais, práticas musicais com materiais alternativos, uso de tecnologias etc. Enfim, o campo é vasto e rico para o contexto investigativo da pesquisa científica em diferentes direções.

Finalmente, na presente obra, colocamos em destaque o ensino coletivo de instrumentos musicais e discussões sobre as práticas musicais em conjunto em diferentes contextos e espaços de atuação. O campo de estudos sobre o engajamento musical parece ser um tema em ascensão nas pesquisas sobre a psicologia e a educação musical e que ainda não alcançou grandes proporções no Brasil. Trata-se de um tema que tem um grande potencial de pesquisa, visto que envolve perspectivas psicológicas/cognitivas (interesses, comportamentos, motivações etc.), educacionais e, até mesmo, sociais, que são potencializadas ao se pensar em práticas musicais em conjunto (O'Neill, 2012, 2016; Toni, 2020). Outro espaço de pesquisa é a atenção ao contexto brasileiro e suas diversas manifestações culturais e musicais em projetos sociais realizados de maneira coletiva, que promovem a manutenção da expressão cultural e a inclusão das pessoas.

No Brasil, o ensino superior em Música costuma ter disciplinas de práticas musicais em conjunto em seus currículos, mas, conforme Salgado e Aragão (2018), não há uma grande literatura que concentre pesquisas e reflexões sobre o tema. Os autores concordam que as práticas musicais em conjunto – discutidas no ensino superior, mas possíveis de serem aplicadas a diferentes níveis e contextos – apresentam um espaço rico de investigação, pois contam com diferentes pessoas, interesses, repertórios e propostas pedagógicas.

De acordo com Salgado e Aragão (2018), o professor de música pode lidar com duas situações distintas e desafiantes nas práticas em conjunto. A primeira situação é quando o repertório ou as formações musicais (*big band*, grupo de choro, coral etc.) são previamente definidos, podendo-se citar como exemplo a proposta de uma prática musical vocal de madrigais renascentistas de Carlo Gesualdo (1566-1613). A segunda situação é quando não há repertório e formações musicais definidos, o que implica considerar como o professor pode gerenciar as preferências e ideias coletivas para dar continuidade à prática musical em conjunto. Além disso, os autores afirmam que disciplinas de práticas musicais em conjunto normalmente envolvem uma apresentação final do repertório musical para o público, o que demanda espaços adicionais para se pensar em concepções relacionadas ao ensino e à aprendizagem de música e em como a prática musical coletiva bem desenvolvida pode auxiliar em uma formação mais completa no ensino superior em Música e em outros contextos.

Um aspecto relevante refere-se à forma como a didática pode interferir no interesse e na motivação dos estudantes do ensino superior, assim como em diferentes contextos de ensino e aprendizagem de música (Bento; Araújo, 2016; Ramos; Toni, 2016, 2018). Sem dúvida, o papel do professor costuma ser de grande influência, mesmo que ele não tome consciência disso (Freire, 2018). Ademais, o tema traz à tona a importância de garantir uma estruturação curricular que permita uma boa formação do futuro docente.

Especificamente sobre a formação do licenciando em Música, Penna (2007) propõe uma discussão interessante sobre a necessidade de uma formação pedagógica para a atuação docente em música, visto que a autora defende que não basta tocar para se dizer um professor.

Desse modo, Penna (2007) afirma que um professor de música deve contar com uma formação musical sólida, mas que não pode abrir mão de entender a complexidade das relações pedagógicas na educação básica ou em outros contextos de ensino (projetos sociais, escolas de música etc.). Essa discussão foi reforçada quando evidenciamos que o balanceamento entre a formação musical e a formação pedagógica é de grande importância para o professor de Música (Elliott; Silverman, 2015). As perspectivas para as pesquisas sobre práticas musicais em conjunto são amplas, visto que não há um grande volume de materiais práticos e teóricos publicados. Tal situação reforça a postura de um professor que também é pesquisador para atuar em sala de aula com grupos de alunos, um professor curioso e atento ao seu contexto, um professor que detém tanto habilidades de fazer e escutar quanto de ensinar música de maneira profissional, ética e educativa.

Resumo da ópera

A seguir, apresentamos uma síntese dos principais temas e desdobramentos teóricos abordados ao longo deste capítulo.

I. A música de câmara e as práticas coletivas

- Os grupos de câmara, seus repertórios e práticas artístico-culturais.
- Habilidades musicais e sociais mobilizadas nas práticas camerísticas.

II. A música popular e as práticas em conjunto

- O fazer e a escuta musical coletivos nas práticas em conjunto de música popular.
- Ensino informal de música popular como possibilidade pedagógico-musical.

III. Para além da sala de aula: espaço escolar e comunidade

- Possibilidades de a música ocorrer em espaços e situações escolares mais ou menos sistematizados.
- Prática musical coletiva em projetos realizados em comunidades

IV. Aportes à prática docente

- Engajamento musical de alunos no ensino e aprendizagem de música.
- Orientações pertinentes para o ensino coletivo de música.
- Postura didática do professor.

V. Perpectivas para pesquisas sobre práticas em conjunto

- Direcionamentos futuros para investigações e pesquisas orientadas conforme a visão que cada capítulo do livro apresentou sobre o panorama das práticas musicais em conjunto.

Teste de som

1. Com base nos conhecimentos construídos a respeito das práticas da música de câmara, analise as afirmações a seguir e marque V para as verdadeiras e F para as falsas.

    ( ) Os grupos/conjuntos de câmara consistem em uma diversidade de formações que contemplam de duos a pequenas orquestras e conjuntos instrumentais/vocais.
    ( ) Os repertórios camerísticos incluem desde obras compostas especificamente para o contexto de câmara até arranjos e adaptações destinados às formações instrumentais/vocais desse âmbito.
    ( ) Os repertórios e as práticas artísticas e culturais da música de câmara frequentemente estão alinhados às tradições da música de concerto europeia.
    ( ) Na perspectiva da formação musical, as práticas da música de câmara ainda não alcançaram destaque nos currículos de cursos de escolas especializadas e universidades.

    Agora, assinale a alternativa que apresenta a sequência correta:

    a) F – F – V – V.
    b) V – F – V – V.
    c) V – V – V – F.
    d) F – V – V – F.
    e) F – F – V – F.

2. A pesquisadora e educadora Lucy Green (2008, 2012) destaca que uma das principais características atribuídas aos músicos populares é a aprendizagem informal. Essa constatação levou a autora a pensar em uma proposta pedagógico-musical que se baseia na aprendizagem informal desses músicos.

   Assinale a alternativa que expressa corretamente um dos cinco princípios das práticas de música popular a serem incorporados no contexto formal das salas de aula, de acordo com Green:

   a) A aprendizagem ocorre por meio de práticas em grupo. Os alunos escolhem os colegas com os quais querem trabalhar em sua prática musical.
   b) Os alunos não têm possibilidades de escolha de repertórios musicais para serem estudados.
   c) O uso da leitura de partitura é imprescindível para a realização das práticas musicais em sala de aula.
   d) As experiências do "mundo real" do aluno são incorporadas nas práticas musicais em uma ordem de aprendizagem estritamente estabelecida.
   e) A ênfase está nas práticas que envolvem apenas o desenvolvimento da habilidade de escuta musical dos alunos.

3. Tomando como base discussões sobre as práticas musicais em conjunto, no espaço escolar e na comunidade, realizadas neste capítulo, analise as afirmações a seguir e marque V para as verdadeiras e F para as falsas.

   ( ) Projetos de fanfarra, bandas e corais podem ser considerados exemplos de prática musical em conjunto que ocorrem no ambiente escolar e em comunidade.

( ) As práticas musicais em conjunto ocorrem apenas dentro de sala de aula sob a orientação do professor de música.
( ) A autonomia dos alunos é um processo desejável no ensino e aprendizagem de música, assim como o professor deve levar em consideração a vivência musical prévia de cada um deles.
( ) A música pode ser utilizada como uma ferramenta de mudança e intervenção sociocultural por meio de práticas coletivas que conferem atenção às individualidades e à construção da identidade de grupo.

Agora, assinale a alternativa que apresenta a sequência correta:

a) F – V – V – V.
b) V – F – F – V.
c) V – F – V – V.
d) F – F – F – V.
e) V – F – F – F.

4. Considere a seguinte citação: "Uma forma de envolvimento ou participação em uma atividade que detém tanto um componente psicológico (por exemplo, valores, significado, identidade, senso de pertencimento) quanto um componente comportamental (por exemplo, esforço, intensidade, concentração focalizada)" (O'Neill, 2012, p. 165, tradução nossa). Nesse trecho, a educadora e pesquisadora Susan O'Neill se refere a um processo que movimenta questões psicológicas e comportamentais. Assinale a alternativa que corresponde corretamente a esse processo:

a) Música e emoção.
b) Identidade musical.

c) Engajamento político.

d) Música e pertencimento.

e) Engajamento musical.

5. As perspectivas para as investigações sobre as práticas musicais em conjunto são _____ para professores e pesquisadores interessados. As discussões a respeito das pesquisas sobre o tema reforçam a postura de um professor que também seja pesquisador para atuar em sala de aula com grupos de alunos: um professor _____ e que demonstre tanto habilidades de fazer e escutar quanto de _____ música de maneira profissional, ética e educativa.

   Agora, assinale a sequência que preenche corretamente as lacunas:

   a) amplas; curioso; cantar.

   b) restritas; curioso; cantar.

   c) restritas; acomodado; ler.

   d) amplas; acomodado; ensinar.

   e) amplas; curioso; ensinar.

Treinando o repertório

Questões para reflexão

1. Você já parou para pensar em sua formação musical? Quais eram as propostas pedagógicas que seus professores utilizavam? Eram aulas individuais ou coletivas?

2. Convidamos você a traçar uma linha do tempo de seu desenvolvimento musical. Os assuntos discutidos ao longo de todo este livro podem ajudá-lo a compreender aspectos de ensino e aprendizagem trilhados por você.

3. Se você participou ou participa de práticas musicais coletivas, aproveite para refletir sobre os assuntos estudados. O que você já observou em seu contexto e vivência musical que foi discutido ao longo deste livro?

Atividade aplicada: prática

1. Ao pensar nas práticas em sala de aula, Penna (2008, p. 79) apresenta o seguinte questionamento: "como reconhecer, acolher e trabalhar com a diversidade cultural no processo pedagógico?". Tal questionamento nos faz refletir sobre o desafio de propor atividades pedagógico-musicais em espaços e contextos multifacetados, que geralmente encontramos nas práticas musicais em conjunto no Brasil.

Tendo em vista um panorama das práticas musicais em conjunto construído com base em diferentes visões e o incentivo para pensar em direções futuras relacionadas à área, propomos a atividade prática a seguir.

O primeiro passo consiste em buscar conhecer se existe em seu bairro ou cidade algum projeto social, coral, casa de cultura, associação etc. Se possível, procure saber como esse lugar funciona e como estrutura seus processos de ensino e aprendizagem de música. Você também pode perguntar a um amigo ou colega que participa de alguma prática musical em conjunto como funciona sua aprendizagem musical em tal prática. Outra sugestão é pesquisar na internet sobre determinado projeto, buscando vídeos e informações complementares.

Sintetize as características-chave das práticas musicais selecionadas. Elabore um esquema que mostre como os professores atuam, quais são as propostas didáticas, qual é a postura dos alunos etc. Por fim, apresente críticas construtivas às propostas examinadas.

Considerando essa análise pedagógico-musical, pense em como você poderia propor uma aula de prática musical em conjunto que responda ao desafio de reconhecer, acolher e contemplar a diversidade cultural em sala de aula.

CONSIDERAÇÕES FINAIS

As experiências musicais emergem das relações humanas, influenciando-as e exercendo impacto no desenvolvimento humano em suas múltiplas dimensões: intelectual, psicológica, biológica, cultural e social. Assim, podemos conceber que as realizações musicais são tipicamente sociais e, portanto, os processos de criação (compor e improvisar), execução (tocar e cantar) e recepção musical (apreciar) demandam um compartilhamento em nível social. A tríade compositor – intérprete – ouvinte é um bom exemplo do referido compartilhamento: ao criar, o compositor espera que sua obra se torne objeto de interesse interpretativo para ganhar vida por meio das realizações de um ou mais intérpretes; ao executarem uma obra, os musicistas almejam que sua *performance* – em tempo real ou registrada digitalmente – alcance ouvintes que compartilhem a apreciação musical individual e socialmente. Estabelecendo essas premissas, podemos supor que as realizações musicais envolvem necessariamente distribuições e interações sociais, simbólicas ou concretas.

Nessa perspectiva, a concepção de ensino de música defendida ao longo deste livro esteve relacionada à valorização da autonomia, à reflexão crítica, ao progresso das habilidades de fazer e escutar música e à promoção de emoções, sentimentos e demais atributos psicológicos e sociais positivos nos alunos. Tratamos do assunto das práticas musicais em conjunto com base no ensino coletivo, embora também tenhamos destacado a identificação e o trabalho com as individualidades. Em sua atuação profissional, o professor de música possivelmente entrará em contato com turmas de tamanhos, interesses e faixas etárias diferentes. Desse modo, a reflexão sobre o tema se torna necessária para apoiarmos nossas ações e decisões nas práticas musicais em conjunto.

Nesta obra, buscamos apresentar referenciais teóricos e empíricos consagrados nas pesquisas científicas atuais, a fim de compor um panorama do objeto em questão. De fato, trata-se de um tema desafiador e instigante, pois o ensino e a aprendizagem de música costumam ser potencializados pelo coletivo. Além disso, nas práticas pedagógico-musicais, os "alunos inevitavelmente influenciam e são influenciados por suas relações sociais-empáticas-musicais com os outros", inclusive com o professor de música (Elliott; Silverman, 2015, p. 278, tradução nossa). Por essa razão, não podemos perder de vista nossa responsabilidade diária com a vida das pessoas e seus mundos musicais, pessoais e coletivos.

LISTA DE SIGLAS

ASA – *Auditory Scene Analysis* (análise da cena auditiva)
LDBEN – Lei de Diretrizes e Bases da Educação Nacional
MPB – Música popular brasileira
ONG – Organização não governamental
PCN – Parâmetros Curriculares Nacionais
PPC – Projeto Pedagógico de Curso
PPP – Projeto Político Pedagógico
RCNEI – Referencial Curricular Nacional para a Educação Infantil
UFPR – Universidade Federal do Paraná
UFSCar – Universidade Federal de São Carlos

REFERÊNCIAS

ALMADA, C. **Arranjo**. Campinas: Ed. da Unicamp, 2000.

ALVES, A. C.; FREIRE, R. D. Aspectos cognitivos no desenvolvimento da expertise musical. In: INTERNATIONAL CONFERENCE ON PERFORMANCE STUDIES, 2013, Porto Alegre. **Anais**... Porto Alegre: Instituto de Artes da UFRGS, 2013. Disponível em: <https://www.academia.edu/3638990/Aspectos_cognitivos_no_desenvolvimento_da_expertise_musical>. Acesso em: 11 jan. 2022.

AMATO, R. de C. F. Breve retrospectiva histórica e desafios do ensino de música na educação básica brasileira. **Opus**, v. 12, p. 144-166, 2006. Disponível em: <http://www.anppom.com.br/revista/index.php/opus/article/view/319/298>. Acesso em: 11 jan. 2022.

ARANTES, L. F. Educação musical em ações sociais: uma discussão antropológica sobre o Projeto Guri. **Revista da Abem**, Porto Alegre, v. 21, 97-98, mar. 2009. Disponível em: <http://www.abemeducacaomusical.com.br/revistas/revistaabem/index.php/revistaabem/article/view/230/162>. Acesso em: 11 jan. 2022.

ARAÚJO, M. V. **Comportamentos autorreguladores e experiências de fluxo na prática musical**: um inquérito com performers de nível avançado. 228 f. Tese (Doutorado em Música) – Universidade de Aveiro, Aveiro, 2015.

ARAÚJO, M.; HEIN, C. A Survey to Investigate Advanced Musicians' Flow Disposition in Individual Music Practice. **International Journal of Music Education**, v. 37, n. 1, p. 107-117, 2019.

ARAÚJO, R. C. de. Crenças de autoeficácia e teoria do fluxo na prática, ensino e aprendizagem musical. **Percepta – Revista de Cognição Musical**, Campinas, v. 1, p. 55-66, 2013.

ARAÚJO, R. C. de. Motivação e ensino de música. In: ILARI, B.; ARAÚJO, R. C. (Org.). **Mentes em música**. Curitiba: Ed. da UFPR, 2010. p. 111-130.

ARAÚJO, R. C. de. Motivação para prática e aprendizagem da música. In: ARAÚJO, R. C.; RAMOS, D. (Org.). **Estudos sobre motivação e emoção em cognição musical**. Curitiba: Ed. da UFPR, 2015. p. 45-58.

ARAÚJO, R. C. de; CAMPOS, F. de A.; BANZOLI, C. R. V. de A. Prática musical infantil e teoria do fluxo: duas surveys em contexto brasileiro. **Epistemus**, v. 4, n. 2, p. 38-53, 2016. Disponível em: <https://revistas.unlp.edu.ar/Epistemus/article/download/2867/3385>. Acesso em: 11 jan. 2022.

ARAÚJO, R. C.; VELOSO, F. D. D.; SILVA, F. A. C. Criatividade e motivação nas práticas musicais: uma perspectiva exploratória sobre a confluência dos estudos de Albert Bandura e Mihaly Csikszentmihalyi. In: ARAÚJO, R. C. (Org.). **Educação musical**: criatividade e motivação. Curitiba: Appris, 2019. p. 17-40.

ARRAIS, N.; RODRIGUES, H. Contributos da psicologia da música para a formação de professores do ensino vocacional de música. In: LOPES, E. (Org.). **Perspectivando o ensino do instrumento musical no séc. XXI**. Évora: Eborense, 2011. p. 99-115.

ASSIS, O. Z. M.; COLETO, A. P. Desenvolvimento e aprendizagem segundo o ponto de vista de Jean Piaget. In: BORUCHOVITCH, E.; AZZI, R.; SOLIGO, Â. (Org.). **Temas em psicologia educacional**: contribuições para a formação de professores. Campinas: Mercado de Letras, 2017. p. 123-150.

AZZI, R. G.; BASQUEIRA, A. P. Aprendizagem observacional na visão da teoria social cognitiva. In: BORUCHOVITCH, E.; AZZI, R. G.; SOLIGO, Â. (Org.). **Temas em psicologia educacional**: contribuições para a formação de professores. Campinas: Mercado de Letras, 2017. p. 13-36.

BANDURA, A. A evolução da teoria social cognitiva. In: BANDURA, A.; AZZI, R., G.; POLYDORO, S. (Org.). **Teoria social cognitiva**: conceitos básicos. Porto Alegre: Artmed, 2008. p. 15-42.

BARRETT, M. O conto de um elefante: explorando o quê, o quando, o onde, o como e o porquê da criatividade. **Música, Psicologia e Educação**, Porto, n. 2, p. 31-45, 2000.

BARRY, N.; HALLAM, S. Practice. In: PARNCUTT, R.; MCPHERSON, G. E. (Ed.). **The Science and Psychology of Music Performance**. Oxford: Oxford University Press, 2002. p. 151-165.

BARTOLONI, C. **Propostas para o ensino da percussão utilizando ritmos e instrumentos étnicos brasileiros**. 126 f. Dissertação (Mestrado em Música) – Universidade Federal do Paraná, Curitiba, 2011.

BASTIÃO, Z. A. Prática de conjunto instrumental na educação básica. **Música na Educação Básica**, Londrina, v. 4, n. 4, p. 58-69, 2012.

BEINEKE, V. Aprendizagem criativa na escola: um olhar para a perspectiva das crianças sobre suas práticas musicais. **Revista da Abem**, v.19, n. 26, p. 92-104, jul./dez. 2011. Disponível em: <http://www.abemeducacaomusical.com.br/revistas/revistaabem/index.php/revistaabem/article/view/177/112>. Acesso em: 11 jan. 2022.

BEINEKE, V. Ensino musical criativo em atividades de composição na escola básica. **Revista da Abem**, v. 23, n. 34, p. 42-57, jan./jun. 2015. Disponível em: <http://www.abemeducacaomusical.com.br/revistas/revistaabem/index.php/revistaabem/article/view/531/441>. Acesso em: 11 jan. 2022.

BEINEKE, V. **Processos intersubjetivos na composição musical de crianças**: um estudo sobre a aprendizagem criativa. 289 f. Tese (Doutorado em Música) – Universidade Federal do Rio Grande do Sul, Porto Alegre, 2009.

BENNETT, R. **Elementos básicos da música**. Rio de Janeiro: Agir, 1990.

BENNETT, R. **Instrumentos da orquestra**. Rio de Janeiro: J. Zahar, 1985.

BENNETT, R. **Uma breve história da música**. Rio de Janeiro: J. Zahar, 1986.

BENTO, V. L.; ARAÚJO, R. C. de. Crenças de autoeficácia e motivação de alunos de graduação: um estudo sobre a disciplina de Prática Musical de Conjunto. In: ENCONTRO REGIONAL SUL DA ASSOCIAÇÃO BRASILEIRA DE EDUCAÇÃO MUSICAL, 17., 2016, Curitiba. **Anais**... Curitiba, 2016.

BERGMANN FILHO, J. **Museu dos instrumentos musicais**. Curitiba: Ed. da UFPR, 2014.

BOAL PALHEIROS, G.; BOURSCHEIDT, L. Jos Wuytack:
a pedagogia musical ativa. In: MATEIRO, T.; ILARI, B. (Org.).
Pedagogias em educação musical. Curitiba: InterSaberes,
2012. p. 305-341.

BONA, M. Carl Orff: um compositor em cena. In: MATEIRO, T.;
ILARI, B. (Org.). **Pedagogias em educação musical**. Curitiba:
InterSaberes, 2012. p. 125-156.

BORÉM, F. Por uma unidade e diversidade da pedagogia
da performance. **Revista da Abem**, Porto Alegre, v. 13,
p. 45-54, mar. 2006. Disponível em: <http://www.
abemeducacaomusical.com.br/revistas/revistaabem/index.
php/revistaabem/article/view/311>. Acesso em: 11 jan. 2022.

BORUSCH, D. S. **Transcrição/arranjo de músicas para conjuntos
de câmara**. São Paulo: Projeto Guri, 2011. Suplemento Música –
Seção Prática de Conjunto, v. 10.

BOURSCHEIDT, L. **A aprendizagem musical por meio da
utilização do conceito de totalidade do sistema Orff/
Wuytack**. 123 f. Dissertação (Mestrado em Música) –
Universidade Federal do Paraná, Curitiba, 2008.

BOWMAN, W. D. Pop goes...? Taking Popular Musicseriously. In:
RODRIGUEZ, C. X. (Ed.). **Bridging the Gap**: Popular Music and
Music Education. Reston: National Association for Music
Education, 2004. p. 29-49.

BRAGHIROLLI, E. M. et al. **Psicologia geral**. 35. ed. Petrópolis:
Vozes, 2014.

BRASIL. Lei n. 5.692, de 11 de agosto de 1971. **Diário Oficial da
União**, Poder Legislativo, Brasília, DF, 12 ago. 1971. Disponível
em: <http://www.planalto.gov.br/ccivil_03/leis/l5692.htm>.
Acesso em: 11 jan. 2022.

BRASIL. Lei n. 9.394, de 20 de dezembro de 1996. **Diário Oficial da União**, Poder Legislativo, Brasília, DF, 20 dez. 1996. Disponível em: <http://www.planalto.gov.br/ccivil_03/leis/L9394.htm>. Acesso em: 11 jan. 2022.

BRASIL. Lei n. 11.769, de 18 de agosto de 2008. **Diário Oficial da União**, Poder Legislativo, Brasília, DF, 18 ago. 2008. Disponível em: <http://www.planalto.gov.br/ccivil_03/_ato2007-2010/2008/lei/l11769.htm>. Acesso em: 11 jan. 2022.

BRASIL. Lei n. 13.278, de 2 de maio de 2016. **Diário Oficial da União**, Poder Legislativo, Brasília, DF, 2 maio 2016. Disponível em: <http://www.planalto.gov.br/ccivil_03/_ato2015-2018/2016/lei/l13278.htm>. Acesso em: 11 jan. 2022.

BRASIL. Ministério da Educação. **Base Nacional Comum Curricular**: educação é a base. Brasília, 2017. Disponível em: <http://basenacionalcomum.mec.gov.br/images/BNCC_EI_EF_110518_versaofinal_site.pdf>. Acesso em: 11 jan. 2022.

BRASIL. Ministério da Educação e do Desporto. Secretaria de Educação Fundamental. **Parâmetros Curriculares Nacionais**: Arte. Brasília, 1997. Disponível em: <http://portal.mec.gov.br/seb/arquivos/pdf/livro06.pdf>. Acesso em: 11 jan. 2022.

BRASIL. Ministério da Educação e do Desporto. Secretaria de Educação Fundamental. **Parâmetros Curriculares Nacionais**: Arte – terceiro e quarto ciclos do ensino fundamental. Brasília, 1998a. 3 v. Disponível em: <http://portal.mec.gov.br/seb/arquivos/pdf/arte.pdf>. Acesso em: 11 jan. 2022.

BRASIL. Ministério da Educação e do Desporto. **Parâmetros Curriculares Nacionais**: Ensino Médio. Parte II: Linguagens, códigos e suas tecnologias. Brasília, 2000. 4 v. Disponível em: <http://portal.mec.gov.br/seb/arquivos/pdf/14_24.pdf>. Acesso em: 11 jan. 2022.

BRASIL. Ministério da Educação e do Desporto. Secretaria de Educação Fundamental. **Referencial Curricular Nacional para a Educação Infantil**. Brasília, 1998b. 3 v. Disponível em: <http://portal.mec.gov.br/seb/arquivos/pdf/volume3.pdf>. Acesso em: 11 jan. 2022.

BRITO, T. de A. **Música na educação infantil**: propostas para a formação integral da criança. São Paulo: Peirópolis, 2003.

CERQUEIRA, D. L.; ZORZAL, R. C.; ÁVILA, G. A. Considerações sobre a aprendizagem da performance musical. **Per Musi**, Belo Horizonte, n. 26, p. 94-109, 2012. Disponível em: <https://www.scielo.br/j/pm/a/ WDJYfRMwwDq883W CPFY8nsB/?format=pdf&lang=pt#:~:text= Resume%2Dse% 20%C3%A0%20utiliza%C3%A7%C3%A3o%20eficiente, primeira%20ferramenta%20a%20ser%20utilizada>. Acesso em: 11 jan. 2022.

CIAVATTA, L.; FERREIRA, D.; SANTOS, J. Lucas Ciavatta: O Passo - corpo e mente no mesmo andamento. In: MATEIRO, T.; ILARI, B. (Org.). **Pedagogias brasileiras em educação musical**. Curitiba: InterSaberes, 2016. p. 207-230.

COPLAND, A. **Como ouvir e entender música**. Rio de Janeiro: Artenova, 2011.

CORRÊA, A. F. O sentido da análise musical. **Opus**, v. 12, p. 33-53, 2006. Disponível em: <https://www.anppom.com.br/revista/index.php/opus/article/view/313/292>. Acesso em: 11 jan. 2022.

COUTO, A. C. N. do. Repensando o ensino de música universitário brasileiro: breve análise de uma trajetória de ganhos e perdas. **Opus**, v. 20, n. 1, p. 233-256, 2014. Disponível em: <http://www.anppom.com.br/revista/index.php/opus/article/view/111/89>. Acesso em: 11 jan. 2022.

CRAFT, A.; JEFFREY, B. Learner Inclusiveness for Creative Learning. **Education**, v. 32, n. 2, p. 39-43, 2004.

CROSS, I. The Nature of Music and Its Evolution. In: HALLAM, S.; CROSS, I.; THAUT, M. (Ed.). **The Oxford Handbook of Music Psychology**. 2. ed. Oxford: Oxford University Press, 2016. p. 3-18.

CRUVINEL, F. M. O ensino coletivo de instrumentos musicais na educação básica: compromisso com a escola a partir de propostas significativas de ensino musical. In: CONGRESSO REGIONAL CENTRO-OESTE DA ASSOCIAÇÃO BRASILEIRA DE EDUCAÇÃO MUSICAL, 2008, Brasília. **Anais**... Brasília: Abem, 2008. p. 1-13.

DAMÁSIO, A. **O erro de Descartes**: emoção, razão e o cérebro humano. São Paulo: Companhia das Letras, 1996.

DAVIDSON, J. W. Developing the Ability to Perform. In: RINK, J. (Ed.). **Musical Performance**: a Guide to Understanding. Cambridge: Cambridge University Press, 2002. p. 89-101.

ELLIOTT, D. J. Music and Affect: the Praxial View. **Philosophy of Music Education Review**, v. 8, n. 2, p. 79-88, 2000.

ELLIOTT, D. J.; SILVERMAN, M. Arts Education as/for Artistic Citizenship. In ELLIOTT, D. J.; SILVERMAN, M.; BOWMAN, W. D. (Ed.). **Artistic Citizenship Artistry, Social Responsibility, and Ethical Praxis**. New York: Oxford University Press, 2016a. p. 81-103.

ELLIOTT, D. J.; SILVERMAN, M. Felt Experiences of Popular Musics. In: MCPHERSON, G. E. (Ed.). **The Child as Musician**: a Handbook of Musical Development. 2. ed. Oxford: Oxford University Press, 2016b. p. 244-264.

ELLIOTT, D. J.; SILVERMAN, M. **Music Matters**: a Philosophy of Music Education. 2. ed. New York: Oxford Press, 2015.

ELLIOTT, D. J.; SILVERMAN, M. Rethinking Philosophy, Re-Viewing Musical-Emotional Experiences. In: BOWMAN, W.; FREGA, A. L. (Ed.). **The Oxford Handbook of Philosophy in Music Education**. Oxford: Oxford University Press, 2012. p. 37-62.

ELLIOTT, D. J.; SILVERMAN, M.; BOWMAN, W. D. Artistic Citizenship: Introduction, Aims, and Overview. In: ELLIOTT, D. J.; SILVERMAN, M.; BOWMAN, W. D. (Ed.). **Artistic Citizenship Artistry, Social Responsibility, and Ethical Praxis**. New York: Oxford University Press, 2016. p. 3-21.

FERNANDES, J. N. Antônio de Sá Pereira: o ensino racionalizado da música. In: MATEIRO, T.; ILARI, B. (Org.). **Pedagogias brasileiras em educação musical**. Curitiba: InterSaberes, 2016. p. 61-96.

FERRAZ, G. Heitor Villa-Lobos e o canto orfeônico: o nacionalismo na educação musical. In: MATEIRO, T.; ILARI, B. (Org.). **Pedagogias brasileiras em educação musical**. Curitiba: InterSaberes, 2016. p. 27-60.

FIGUEIREDO, S. L. F. A educação musical do século XX: os métodos tradicionais. In: JORDÃO, G. et al. (Org.). **A música na escola**. São Paulo: Alucci & Associados Comunicações, 2012. p. 85-87.

FILIPAK, R.; ILARI, B. Mães e bebês: vivência e linguagem musical. **Música Hodie**, Goiânia, v. 5, n. 1, p. 85-100, 2005.

FONTERRADA, M. T. de O. **De tramas e fios**: um ensaio sobre música e educação. 2. ed. São Paulo: Ed. da Unesp; Rio de Janeiro: Funarte, 2008.

FONTERRADA, M. T. de O. Raymond Murray Schafer: o educador musical em um mundo em mudança. In: MATEIRO, T.; ILARI, B. (Org.). **Pedagogias em educação musical**. Curitiba: InterSaberes, 2012. p. 275-303.

FRANÇA, C. C.; BEAL, A. D. D. Redimensionando a performance instrumental: pesquisa-ação no ensino de piano de nível médio. **Em Pauta**, v. 14, n. 22, p. 65-84, 2004. Disponível em: <https://seer.ufrgs.br/EmPauta/article/view/8521/4947>. Acesso em: 11 jan. 2022.

FRANÇA, C. C.; SWANWICK, K. Composição, apreciação e performance na educação musical: teoria, pesquisa e prática. **Em Pauta**, v. 13, n. 21, p. 5-41, 2002. Disponível em: <https://seer.ufrgs.br/EmPauta/article/view/8526/4948>. Acesso em: 11 jan. 2022.

FREIRE, P. **Pedagogia da autonomia**: saberes necessários à prática educativa. 57. ed. Rio de Janeiro/São Paulo: Paz & Terra, 2018.

FRIGERI, A. M. **A rítmica musical de José Eduardo Gramani e a aprendizagem autorregulada**: movimento, atenção, flexibilidade e divertimento. 150 f. Tese (Doutorado em Música) – Universidade Federal do Paraná, Curitiba, 2019.

FRUNGILLO, M. **Dicionário de percussão**. São Paulo: Ed. da Unesp, 2003.

FUCCI AMATO, R. Música e políticas socioculturais: a contribuição do canto coral para a inclusão social. **Opus**, v. 15, n. 1, p. 91-109, jun. 2009. Disponível em: <https://www.anppom.com.br/revista/index.php/opus/article/view/264/244>. Acesso em: 11 jan. 2022.

FUCCI AMATO, R. O canto coral como prática sócio-cultural e educativo-musical. **Opus**, v. 13, n. 1, p. 75-96, jun. 2007. Disponível em: <https://www.anppom.com.br/revista/index.php/opus/article/view/295/273>. Acesso em: 11 jan. 2022.

GABRIELSSON, A. Music Performance Research at the Millenium. **Psychology of Music**, v. 31, p. 221-272, 2003.

GABRIELSSON, A. Strong Experiences with Music. In: JUSLIN, P. N.; SLOBODA, J. A. (Ed.). **Handbook of Music and Emotion**: Theory, Research, Applications. 2. ed. Oxford: Oxford University Press, 2010. p. 547-574.

GABRIELSSON, A. **Strong Experiences with Music**: Music is Much More than Just Music. New York: Oxford University Press, 2011.

GAINZA, V. H. de. Educación musical siglo XXI: problemáticas contemporáneas. **Revista da Abem**, Londrina, v. 19, n. 25, p. 11-18, jan./jun. 2011. Disponível em: <http://www.abemeducacaomusical.com.br/revistas/revistaabem/index.php/revistaabem/article/view/186/118>. Acesso em: 11 jan. 2022.

GAINZA, V. H. de. **Estudos de psicopedagogia musical**. São Paulo: Summus, 1988.

GAINZA, V. H. de. La educación musical en el siglo XX. **Revista Musical Chilena**, Buenos Aires, ano 58, n. 201, p. 74-81, 2004.

GALVÃO, A. Cognição, emoção e expertise musical. **Psicologia: Teoria e Pesquisa**, Brasília, v. 22, n. 2, p. 169-174, 2006. Disponível em: <http://www.scielo.br/pdf/ptp/v22n2/a06v22n2.pdf>. Acesso em: 11 jan. 2022.

GARCÍA, I. M. **A prática instrumental coletiva no contexto do ensino integrado de música da Casa Pia de Lisboa**. 105 f. Dissertação (Mestrado em Ensino de Música) - Universidade Lusíada de Lisboa, Lisboa, 2014.

GOMES, S. M. **A inserção profissional de licenciados em música**: um estudo sobre egressos de instituições de ensino superior do estado do Paraná. Tese (Doutorado em Música) - Universidade Federal do Rio Grande do Sul, Porto Alegre, 2016.

GOODMAN, E. Ensemble Performance. In: RINK, J. (Org.). **Musical Performance**: a Guide to Understanding. Cambridge: Cambridge University Press, 2002. p. 153-167.

GORDON, E. **Teoria de aprendizagem musical para recém-nascidos e crianças em idade pré-escolar**. 3. ed. Lisboa: Calouste Gulbenkian, 2008.

GRAMANI, D.; CUNHA, G. P. José Eduardo Gramani: rítmica do Gramani - a consciência musical do ritmo. In: MATEIRO, T.; ILARI, B. (Org.). **Pedagogias brasileiras em educação musical**. Curitiba: InterSaberes, 2016. p. 183-206.

GREEN, L. Ensino da música popular em si, para si mesma e para "outra" música: uma pesquisa atual em sala de aula. **Revista da Abem**, Londrina, v. 20, n. 28, p. 61-80, 2012. Disponível em: <http://www.abemeducacaomusical.com.br/revistas/revistaabem/index.php/revistaabem/article/view/104>. Acesso em: 11 jan. 2022.

GREEN, L. **How Popular Musicians Learn**. London: Ashgate, 2001.

GREEN, L. **Music, Informal Learning and the School**: a New Classroom Pedagogy. Aldershot: Ashgate, 2008.

GRIFFITHS, P. **A música moderna**: uma história concisa e ilustrada de Debussy a Boulez. Rio de Janeiro: J. Zahar, 1998.

GROUT, D. J.; PALISCA, C. V. **História da música ocidental**. 5. ed. Lisboa: Gradiva, 2007.

HALLAM, S. Music Education: the Role of Affect. In: JUSLIN, P. N.; SLOBODA, J. A. (Ed.). **Handbook of Music and Emotion**: Theory, Research, Applications. 2. ed. Oxford: Orford University Press, 2010. p. 791-817.

HALLAM, S.; JØRGENSEN, H. Practising. In: HALLAM, S.; CROSS, I.; THAUT, M. (Org.). **Oxford Handbook of Music Psychology**. New York: Oxford University Press, 2011. p. 265-273.

HARDER, R. Algumas considerações a respeito do ensino de instrumento: trajetória e realidade. **Opus**, v. 14, n. 1, p. 127-142, 2008. Disponível em: <http://www.anppom.com.br/revista/index.php/opus/article/download/240/220>. Acesso em: 11 jan. 2022.

HARGREAVES, D. J. **The Developmental Psychology of Music**. Cambridge: Cambridge University Press, 1986.

HARGREAVES, D.; ZIMMERMAN, M. Teorias do desenvolvimento da aprendizagem musical. In: ILARI, B. (Org.). **Em busca da mente musical**: ensaios sobre os processos cognitivos em música – da percepção à produção. Curitiba: Ed. da UFPR, 2006. p. 231-269.

HODGES, D. The Child Musician's Brain. In: MCPHERSON, G. (Ed.). **The Child as Musician**. 2. ed. Oxford: Oxford University Press, 2016. p. 52-66.

HUMMES, J. M. Por que é importante o ensino de música? Considerações sobre as funções da música na sociedade e na escola. **Revista da Abem**, Porto Alegre, v. 11, 17-25, set. 2004. Disponível em: <http://www.abemeducacamusical.com.br/revistas/revistaabem/index.php/revistaabem/article/view/343>. Acesso em: 11 jan. 2022.

ILARI, B. **Música na infância e adolescência**: um livro para pais, professores e aficionados. Curitiba: Ibpex, 2009.

ILARI, B. S.; ARAÚJO, R. C. de. **Mentes em música**. Curitiba: Ed. da UFPR, 2010.

ILARI, B. Shinichi Suzuki: a educação do talento. In: MATEIRO, T.; ILARI, B. (Org.). **Pedagogias em educação musical**. Curitiba: InterSaberes, 2012. p. 185-218.

IVO, L. F. A prática coletiva da flauta doce no contexto do ensino superior: uma investigação de três grupos musicais ligados à universidades. In: CONGRESSO NACIONAL DA ASSOCIAÇÃO BRASILEIRA DE EDUCAÇÃO MUSICAL, 22., 2015, Natal. **Anais**... Natal, 2015. Disponível em: <http://abemeducacamusical.com.br/anais_congresso/v1/papers/1499/public/1499-4395-1-PB.pdf>. Acesso em: 11 jan. 2022.

JEFFREY, B.; WOODS, P. **Creative Learning in the Primary School**. London: Routledge, 2009.

JOLY, M. C. L.; JOLY, I. Z. L. Práticas musicais coletivas: um olhar para a convivência em uma orquestra comunitária. **Revista da Abem**, Londrina, v. 19, n. 26, p. 79-91, jul./dez. 2011. Disponível em: <http://www.abemeducacaomusical.com.br/revista_abem/ed26/revista26_artigo7.pdf>. Acesso em: 11 jan. 2022.

JUSLIN, P. N. Emotional Reactions to Music. In: HALLAM, S.; CROSS, I.; THAUT, M. (Ed.). **The Oxford Handbook of Psychology of Music**. 2. ed. Oxford: Oxford University Press, 2016. p. 197-213.

JUSLIN, P. N. What Does Music Express? Basic Emotions and Beyond. **Frontiers in Psychology**, v. 4, p. 1-14, 2013.

KIRST, G.; KUSSLER, L. M. Prática de conjunto instrumental no ensino médio: aprendizagem, protagonismo e alteridade. **Revista da Fundarte**, Montenegro, ano 18, n. 35, p. 113-125, 2018.

KLEBER, M. O. **A prática de educação musical em ONGs**: dois estudos de caso no contexto urbano brasileiro. 355 f. Tese (Doutorado em Música) – Universidade Federal do Rio Grande do Sul, Porto Alegre, 2006.

LAMONT, A. Emotion, Engagement and Meaning in Strong Experiences of Music Performance. **Psychology of Music**, v. 40, n. 5, p. 574-594, 2012.

LEVITIN, D. J. **A música no seu cérebro**: a ciência de uma obsessão humana. 2. ed. Rio de Janeiro: Civilização Brasileira, 2010.

LUBART, T. **Psicologia da criatividade**. Porto Alegre: Artmed, 2007.

MADALOZZO, T. **A prática criativa e a autonomia musical infantis**: sentidos musicais e sociais do envolvimento de crianças de cinco anos de idade em atividades de musicalização. 152 f. Tese (Doutorado em Música) – Universidade Federal do Paraná, Curitiba, 2019.

MADALOZZO, T.; COSTA, V. S. Musicalização infantil no Brasil: um estudo sobre cursos de educação musical para crianças vinculados a instituições de ensino superior. In: ENCONTRO REGIONAL SUL DA ASSOCIAÇÃO BRASILEIRA DE EDUCAÇÃO MUSICAL, 17., 2016, Curitiba. **Anais**... Curitiba: Unespar, 2016.

MADALOZZO, T. et al. **Fazendo música com crianças**. Curitiba: Ed. da UFPR, 2011.

MADEIRA, L. R. B. **Estratégias de autorregulação da aprendizagem no ensino instrumental**. 90 f. Dissertação (Mestrado em Ensino de Música) – Universidade de Aveiro, Aveiro, 2014.

MARIANI, S. Émile Jaques-Dalcroze: a música e o movimento. In: MATEIRO, T.; ILARI, B. (Org.). **Pedagogias em educação musical**. Curitiba: InterSaberes, 2012. p. 25-54.

MARQUES, M. **O ensino da flauta doce nas aulas de música na escola**. Maringá: Eduem, 2012.

MATEIRO, T. John Paynter: A música criativa nas escolas. In: MATEIRO, T.; ILARI, B. (Org.). **Pedagogias em educação musical**. Curitiba: InterSaberes, 2012. p. 243-273.

MATEIRO, T.; ILARI, B. (Org.). **Pedagogias em educação musical**. Curitiba: InterSaberes, 2012.

MCPHERSON, G. E.; HALLAM, S. Musical Potential. In: HALLAM, S.; CROSS, I.; THAUT, M. (Ed.). **Oxford Handbook of Music Psychology**. Oxford: Oxford University Press, 2016. p. 433-448.

MERRIAM, A. O. **The Anthropology of Music**. Evanston: Northwestern University Press, 1964.

MESTRINEL, F. de A. S. O fazer musical por meio da prática coletiva: processos de ensino e aprendizagem musical no Projeto Guri e na bateria da escola de samba Nenê de Vila Matilde. In: SOUZA, E. C. (Org.). **De experiências e aprendizagens**: educação não formal, música e cultura popular. São Carlos: EdUFSCar, 2013. p. 69-84. Disponível em: <http://livresaber.sead.ufscar.br:8080/jspui/bitstream/123456789/2719/1/EM_Conegundes_Experi%C3%AAnciasAprendizagens.pdf>. Acesso em: 11 jan. 2022.

MICHELS, U. **Atlas de musica**. Madrid: Alianza, 1992. v. 1.

MONTANDON, M. I. Ensino coletivo, ensino em grupo: mapeando questões da área. In: ENCONTRO NACIONAL DE ENSINO MUSICAL, 1., 2004, Goiânia. **Anais**... Goiânia, 2004. p. 44-48. Disponível em: <https://files.cercomp.ufg.br/weby/up/888/o/Anais_I_ENECIM.pdf>. Acesso em: 11 jan. 2022.

MORAIS, R. G. de; STASI, C. Múltiplas faces: surgimento, contextualização histórica e características da percussão múltipla. **Opus**, v. 16, n. 2, p. 61-79, 2010. Disponível em: <https://www.anppom.com.br/revista/index.php/opus/article/view/218/198>. Acesso em: 11 jan. 2022.

MORATO, C. T.; GONÇALVES, L. N. Observar a prática pedagógico-musical é mais do que ver! In: MATEIRO, T.; SOUZA, J. (Org.). **Práticas de ensinar música**. 3. ed. Porto Alegre: Sulina, 2014. p. 119-132.

NARITA, F. M. Em busca de uma educação musical libertadora: modos pedagógicos identificados em práticas baseadas na aprendizagem informal. **Revista da Abem**, Londrina, v. 23, n. 35, p. 62-75, jul./dez. 2015. Disponível em: <http://www.abemeducacaomusical.com.br/revistas/revistaabem/index.php/revistaabem/article/view/553>. Acesso em: 11 jan. 2022.

NEDER, A. "Permita-me que o apresente a si mesmo": o papel da afetividade para o desenvolvimento da criatividade na educação musical informal da comunidade jazzística. **Revista da Abem**, Londrina, v. 20, n. 27, p. 117-130, jan./jun. 2012. Disponível em: <http://www.abemeducacamusical.com.br/revistas/revistaabem/index.php/revistaabem/article/view/165>. Acesso em: 11 jan. 2022.

O'NEILL, S. A. Mind the Gap: Transforming Music Engagement through Learner-Centred Informal Music Learning. **The Recorder: Journal of the Ontario Music Educators' Association**, v. 56, n. 2, p. 18-22, 2014.

O'NEILL, S. A. Becoming a Music Learner: toward a Theory of Transformative Music Engagement. In: MCPHERSON, G. E.; WELCH, G. F. (Ed.). **The Oxford Handbook of Music Education**. New York: Oxford University Press, 2012. v. 1. p. 163-186.

O'NEILL, S. A. Transformative Music Engagement and Musical Flourishing. In: MCPHERSON, G. E. (Org.). **The Child as Musician**: a Handbook of Musical Development. 2. ed. Oxford: Oxford University Press, 2016. p. 606-625.

O'NEILL, S. A.; BESPFLUG, K. Musical Futures Comes to Canada: Engaging Students in Real-World Music Learning. **Canadians Music Educator**, v. 53, n. 2, p. 25-34, 2011.

OLIVEIRA, A. de J. A educação musical no Brasil: Abem. **Revista da Abem**, Porto Alegre, v. 1, n. 1, p. 35-40, 1992. Disponível em: <http://www.abemeducacaomusical.com.br/revistas/revistaabem/index.php/revistaabem/article/view/513/422>. Acesso em: 11 jan. 2022.

OTUTUMI, C. H. V. **Percepção musical e a escola tradicional no Brasil**: reflexões sobre o ensino e propostas para melhoria no contexto universitário. 368 f. Tese (Doutorado em Música) - Universidade Estadual de Campinas, Campinas, 2013.

PAIVA, R. G. **Percussão**: uma abordagem integradora nos processos de ensino e aprendizagem desses instrumentos. 151 f. Dissertação (Mestrado em Música) - Universidade Estadual de Campinas, Campinas, 2004.

PAIVA, R. G. Percussão: uma abordagem integradora nos processos de ensino e aprendizagem desses instrumentos. In: CONGRESSO DA ASSOCIAÇÃO NACIONAL DE PESQUISA E PÓS-GRADUAÇÃO EM MÚSICA, 15., 2005, Rio de Janeiro. **Anais**... Rio de Janeiro, 2005.

PAIVA, R. G.; ALEXANDRE, R. C. **Bateria e percussão brasileira em grupo**: composições para prática de conjunto e aulas coletivas. Edição do autor. Itajaí: [S.n.], 2010.

PATRÍCIO, M. F. Por uma escola centrada na aprendizagem e ordenada para promover o poder criador do homem. In: PATRÍCIO, M. F. (Org.). **Escola, aprendizagem e criatividade**. Lisboa: Porto, 2001. p. 235-250.

PENNA, M. A dupla dimensão da política educacional e a música na escola: I – analisando a legislação e termos normativos. **Revista da Abem**, Porto Alegre, v. 10, p. 18-28, mar. 2004. Disponível em: <http://www.abemeducacaomusical.com.br/revistas/revistaabem/index.php/revistaabem/article/view/358>. Acesso em: 11 jan. 2022.

PENNA, M. A função dos métodos e o papel do professor: em questão, "como" ensinar música. In: MATEIRO, T.; ILARI, B. (Org.). **Pedagogias em educação musical**. Curitiba: InterSaberes, 2012. p. 13-24.

PENNA, M. **Música(s) e seu ensino**. Porto Alegre: Sulina, 2008.

PENNA, M. Não basta tocar? Discutindo a formação do educador musical. **Revista da Abem**, Porto Alegre, v. 16, p. 49-56, mar. 2007. Disponível em: <http://www.abemeducacaomusical.com.br/revistas/revistaabem/index.php/revistaabem/article/view/291/221>. Acesso em: 11 jan 2022.

PEREIRA, M. V. M. Licenciatura em música e habitus conservatorial: analisando o currículo. **Revista da Abem**, Londrina, v. 22, n. 32, p. 90-103, jan./jun. 2014. Disponível em: <http://www.abemeducacaomusical.com.br/revistas/revistaabem/index.php/revistaabem/article/view/464>. Acesso em: 11 jan. 2022.

PORTILHO, E. M. L. **Como se aprende?** Estratégias, estilos e metacognição. 2. ed. Rio de Janeiro: Wak, 2011.

QUIMELLI, K. V. M. **Identidade cultural brasileira presente nas representações dos capoeiristas do Grupo Muzenza**. 189 f. Dissertação (Mestrado em Ciências Sociais Aplicadas) – Universidade Estadual de Ponta Grossa, Ponta Grossa, 2017.

RAMOS, C. E. de A. e S. **A música da Folia do Divino e a Festa do Divino em Guaratuba, estado do Paraná**: um estudo de caso sob a perspectiva da teoria das representações sociais. 344 f. Tese (Doutorado em Música) – Universidade Federal do Paraná, Curitiba, 2019.

RAMOS, D.; TONI, A. Reflexões curriculares sobre perfil e demandas dos estudantes de música da UFPR. **Revista Vórtex**, Curitiba, v. 6, n. 3, p. 1-30, 2018.

RAMOS, D.; TONI, A. Reflexões sobre os currículos dos cursos de música da UFPR e as expectativas dos alunos ingressos em 2016. In: ENCONTRO REGIONAL SUL DA ASSOCIAÇÃO BRASILEIRA DE EDUCAÇÃO MUSICAL, 17., 2016, Curitiba. **Anais**... Curitiba, 2016.

RANDEL, D. M. **The Harvard Dictionary of Music**. Cambridge: Belknap Press of Harvard University Press, 2003.

RAY, S. Considerações sobre o pânico de palco na preparação de uma performance musical. In: ILARI, B. S.; ARAÚJO, R. C. de (Org.). **Mentes em música**. Curitiba: Ed. da UFPR, 2010. p. 153-172.

RAY, S. Prática e didática da música de câmara. **Orfeu**, Florianópolis, v. 4, n. 1, p. 151-165, 2019.

REEVE, J. **Motivação e emoção**. 4. ed. Rio de Janeiro: LTC, 2006.

RIBEIRO, F. H. G. **Performance musical na cultura popular contemporânea de João Pessoa/PB**. 407 f. Tese (Doutorado em Música) – Universidade Federal da Paraíba, João Pessoa, 2017.

RIO DE JANEIRO. **Escuta!**: a paisagem sonora da cidade. Secretaria Municipal do Meio Ambiente/Seminário de Música Pró-Arte, 1998.

ROCHA, I. de A. Liddy Chiaffarelli Mignone: sensibilidade e renovação no estudo de música. In: MATEIRO, T.; ILARI, B. (Org.). **Pedagogias brasileiras em educação musical**. Curitiba: InterSaberes, 2016. p. 97-120.

ROMANELLI, G. G. B. Antes de falar as crianças cantam! Considerações sobre o ensino de música na educação infantil. **Revista Teoria e Prática da Educação**, v. 17, n. 3, p. 61-71, set./dez. 2014.

ROMANELLI, G. G. B. Educação musical no Brasil: conquistas e desafios. In: SCHMID, A. L. (Org.). **Espaços para aprender e ensinar música**: construção e adequação. Brasília: Capes; Programa Pró-Cultura; Pacto Ambiental, 2013. p. 7-11.

ROMANELLI, G. G. B. Falando sobre a arte na Base Nacional Comum Curricular (BNCC): um ponto de vista da educação musical. **Linguagens: Revista de Letras, Artes e Comunicação**, Blumenau, v. 10, n. 3, p. 476-490, 2016.

ROMANELLI, G. G. B. Planejamento de aulas de estágio. In: MATEIRO, T.; SOUZA, J. (Org.). **Práticas de ensinar música**. Porto Alegre: Sulina, 2008. p. 130-142.

ROMANELLI, G.; ILARI, B.; BOSÍSIO, P. Algumas ideias de Paulo Bosísio sobre aspectos da educação musical instrumental. **Opus**, v. 14, n. 2, p. 7-20, dez. 2008. Disponível em: <https://www.anppom.com.br/revista/index.php/opus/article/view/242/222>. Acesso em: 11 jan. 2022.

SACKS, O. **Alucinações musicais**: relatos sobre a música e o cérebro. São Paulo: Companhia das Letras, 2007.

SADIE, S. (Org.). **Dicionário Grove de música**: edição concisa. Rio de Janeiro: J. Zahar, 1994.

SALGADO, J. A.; ARAGÃO, P. Refletindo sobre a prática de conjuntos musicais no currículo universitário. **Revista da Abem**, v. 26, n. 40, p. 75-90, jan./jun. 2018. Disponível em: <http://www.abemeducacaomusical.com.br/revistas/revistaabem/index.php/revistaabem/article/view/730>. Acesso em: 11 jan. 2022.

SANTIAGO, D. Estratégias e técnicas para a otimização da prática musical: algumas contribuições da literatura em língua inglesa. In: ILARI, B.; ARAÚJO, R. C. (Org.). **Mentes em música**. Curitiba: Ed. da UFPR, 2010. p. 137-157.

SANTIAGO, P. F. A integração da prática deliberada e da prática informal no aprendizado da música instrumental. **Per Musi**, Belo Horizonte, n. 13, p. 52-62, 2006. Disponível em: <http://musica.ufmg.br/permusi/permusi/port/numeros/13/num13_cap_04.pdf>. Acesso em: 11 jan. 2022.

SASSE, A. D. **Doce flauta doce**: um estudo de caso sobre o papel do espetáculo didático infantil em atividades de apreciação musical direcionadas ao público infantil. 145 f. Dissertação (Mestrado em Música) – Universidade Federal do Paraná, Curitiba, 2016.

SCHAFER, R. M. **O ouvido pensante**. São Paulo: Unesp, 1991.

SCHELLENBERG, E. G.; WEISS, M. W. Music and Cognitive Abilities. In: DEUTSCH, D. (Ed.). **The Psychology of Music**. 3. ed. Amsterdam: Elsevier, 2013. p. 499-550. Disponível em: <http://www.erin.utoronto.ca/~w3psygs/SchellenbergWeissPoM.pdf>. Acesso em: 11 jan. 2022.

SCHUBERT, E.; MCPHERSON, G. E. Underlying Mechanisms and Processes in the Development of Emotion Perception in Music. In: MCPHERSON, G. E. (Ed.). **The Child as Musician**: a Handbook of Musical Development. 2. ed. New York: Oxford University Press, 2016. p. 221-243.

SILVA, F. A. C. **Motivação e criatividade em aulas de musicalização infantil sob a perspectiva da teoria do fluxo**. 115 f. Dissertação (Mestrado em Música) – Universidade Federal do Paraná, Curitiba, 2019.

SILVA, W. M. Zoltán Kodály: alfabetização e habilidades musicais. In: MATEIRO, T.; ILARI, B. (Org.). **Pedagogias em educação musical**. Curitiba: InterSaberes, 2012. p. 55-87.

SLOBODA, J. A. **A mente musical**: a psicologia cognitiva da música. Londrina: Eduel, 2008.

SLOBODA, J. A. et al. The Role of Practice in the Development of Performing Musicians. **British Journal of Psycology**, v. 87, n. 2, p. 287-309, 1996.

SOUZA, J. V. Gertrud Meyer-Denkamnn: uma educadora musical na Alemanha pós-Orff. In: MATEIRO, T.; ILARI, B. (Org.). **Pedagogias em educação musical**. Curitiba: Ibpex, 2012. p. 219-242.

SOUZA, L. S. Ensino coletivo de instrumentos musicais: algumas considerações. In: ENCONTRO NACIONAL DE ENSINO COLETIVO DE INSTRUMENTOS MUSICAIS, 6., 2014, Salvador. **Anais**... Salvador, 2014. p. 1-9

STEPHAN, C. **Percussão**: visão de um brasileiro. São Paulo: Novas Metas, 1981.

STERNBERG, R. J.; STERNBERG, K. **Psicologia cognitiva**. 2. ed. São Paulo: Cengage Learning, 2016.

SULPICIO, E. C. M. G. **O desenvolvimento da técnica de quatro baquetas para marimba**: dos primórdios às primeiras composições brasileiras. 294 f. Tese (Doutorado em Música) – Escola de Comunicação e Artes da Universidade de São Paulo, São Paulo, 2011.

SWAMINATHAN, S.; SCHELLENBERG, E. G. Music Training and Cognitive Abilities: Associations, Causes, and Consequences. In: THAUT, M. H.; HODGES, D. A. (Ed.). **The Oxford Handbook of Music and Neuroscience**. New York: Oxford University Press, 2018. Disponível em: <https://www.researchgate.net/publication/333678115_Music_Training_and_Cognitive_Abilities_Associations_Causes_and_Conse-quences>. Acesso em: 11 jan. 2022.

SWANWICK, K. **Música, mente e educação**. Belo Horizonte: Autêntica, 2014.

TEIXEIRA, J. F. **O que é filosofia da mente**. 2. ed. Porto Alegre: FI, 2016.

TONI, A. A educação musical no Brasil e formação de professores: experiência de estágio docente na Licenciatura em Música da UFPR. In: CONGRESSO NACIONAL DE EDUCAÇÃO, 13., 2017, Curitiba. **Anais**... Curitiba, 2017. p. 18994-19004.

TONI, A. **A relação entre emoção e engajamento em aulas de prática em conjunto em um curso superior de Música**. 130 f. Dissertação (Mestrado em Música) – Universidade Federal do Paraná, Curitiba, 2020.

TONI, A. et al. Relatos e reflexões sobre experiências práticas na disciplina de "Projetos Integrados em Educação Musical I" em escolas de educação infantil, ensino fundamental e educação especial em Curitiba no ano de 2015. In: ENCONTRO REGIONAL SUL DA ASSOCIAÇÃO BRASILEIRA DE EDUCAÇÃO MUSICAL, 17., 2017, Curitiba. **Anais**... Curitiba, 2017.

TORRES, G. F.; ARAÚJO, R. C. de A. Comunidade de prática musical: um estudo à luz da teoria de Etienne Wenger. **Revista Científica/FAP**, Curitiba, v. 4, n. 1, p. 1-23, 2009. Disponível em: <http://periodicos.unespar.edu.br/index.php/revistacientifica/article/view/1599/939>. Acesso em: 11 jan. 2022.

TOURINHO, C. Ensino coletivo de instrumentos musicais: crenças, mitos, princípios e um pouco de história. In: ENCONTRO NACIONAL DA ASSOCIAÇÃO BRASILEIRA DE EDUCAÇÃO MUSICAL, 16., 2007, Campo Grande. **Anais**... Campo Grande, 2007.

TULLIO, E. F. **O idiomatismo nas composições para percussão de Luiz D'Anunciação, Ney Rosauro e Fernando Iazzetta**: análise, edição e performance de obras selecionadas. 108 f. Dissertação (Mestrado em Música) – Universidade Federal de Goiás, Goiânia, 2005.

TUNES, E.; TACCA, M. C. V. R.; BARTHOLO JÚNIOR, R. dos S. O professor e o ato de ensinar. **Cadernos de Pesquisa**, São Paulo, v. 35, n. 126, p. 689-698, dez. 2005. Disponível em: <http://www.scielo.br/scielo.php?script=sci_arttext&pid=S0100-15742005000300008&lng=es&nrm=iso>. Acesso em: 11 jan. 2022.

TURINO, T. Music, Social Change, and Alternative Forms of Citizenship. In: ELLIOTT, D. J.; SILVERMAN, M.; BOWMAN, W. D. (Ed.). **Artistic Citizenship Artistry, Social Responsibility, and Ethical Praxis**. New York: Oxford University Press, 2016. p. 297-312.

VELOSO, F. D. D. **Autorregulação da aprendizagem instrumental**: um estudo de caso com uma percussionista. 184 f. Dissertação (Mestrado em Música) – Universidade Federal do Paraná, Curitiba, 2019.

VELOSO, F. D. D. **Improvisação e o ensino de música**: aportes à prática docente. Curitiba: InterSaberes, 2020.

VELOSO, F. D. D.; ARAÚJO, R. C. de. A aprendizagem da performance musical na visão sociocognitiva: aportes da abordagem multidimensional da autorregulação. **Opus**, v. 25, n. 3, p. 133-157, 2019. Disponível em: <https://www.anppom.com.br/revista/index.php/opus/article/view/opus2019c2507/pdf>. Acesso em: 11 jan. 2022.

VELOSO, F. D. D. V.; ARAÚJO, R. C. de. A disciplina de madeiras (flauta doce) nos cursos de graduação em música da UFPR: relatos discentes. In: SIMPÓSIO ACADÊMICO DE FLAUTA DOCE DA EMBAP, 4., 2017, Curitiba. **Anais**... Curitiba, Embap, 2017a. p. 92-102. Disponível em: <http://www.embap.pr.gov.br/arquivos/File/2017/ANAIS_SIMPOSIO_DE_FLAUTA_DOCE/A_disciplina_de_Madeiras_Flauta_Doce_nos_cursos_de_Graduacao_da_UFPR.pdf>. Acesso em: 11 jan. 2022.

VELOSO, F. D. D.; ARAÚJO, R. C. de. Desafios da prática instrumental e autorregulação: um estudo com percussionistas. **Revista Vórtex**, Curitiba, v. 5, n. 2, p. 1-19, 2017b. Disponível em: <http://periodicos.unespar.edu.br/index.php/vortex/article/view/2142/1415>. Acesso em: 11 jan. 2022.

VELOSO, F. D. D.; SILVA, F. de A. C.; BENTO, V. L. A trilha sonora na sala de aula: um relato de experiência no contexto do ensino médio. In: ENCONTRO REGIONAL SUL DA ASSOCIAÇÃO BRASILEIRA DE EDUCAÇÃO MUSICAL, 18., 2018, Santa Maria. **Anais**... Santa Maria: UFSM, 2018. p. 1-15.

WIESE, T. **O(s) conceito(s) de musicalidade na perspectiva de experts, professores e bacharéis da área de flauta doce**. 137 f. Dissertação (Mestrado em Música) – Universidade Federal do Paraná, Curitiba, 2011.

WILLE, R. B. Educação musical formal, não formal ou informal: um estudo sobre processos de ensino e aprendizagem musical de adolescentes. **Revista da Abem**, Porto Alegre, v. 13, p. 39-48, set. 2005. Disponível em: <http://www.abemeducacaomusical.com.br/revistas/revistaabem/index.php/revistaabem/article/view/323>. Acesso em: 11 jan. 2022.

YAMAUCHI, R.; SINICO, A.; GUALDA, F. O interesse pela reflexão teórica no processo de criação da interpretação: um estudo da prática interpretativa coletiva em música de câmara. In: SIMPÓSIO INTERNACIONAL DE COGNIÇÃO E ARTES MUSICAIS, 8., 2012, Florianópolis. **Anais**... Florianópolis: Abcogmus, 2012. p. 156-161.

BIBLIOGRAFIA COMENTADA

ELLIOTT, D. J.; SILVERMAN, M. **Music Matters**: a Philosophy of Music Education. 2. ed. New York: Oxford Press, 2015.

Voltado a um estudo mais aprofundado sobre o ensino e aprendizagem de música, esse livro apresenta uma ampla revisão de discussões sobre educação, psicologia, antropologia, estudos culturais e curriculares para embasar uma proposta de filosofia da educação musical. Para além das discussões sobre o que é música, filosofia, educação e pessoalidade, os autores buscam desenvolver um projeto curricular que abarque reflexões sobre o fazer e a escuta musical de maneira integrada. Outros assuntos referentes a dimensões dos produtos musicais, desenvolvimento de habilidades musicais e criatividade e valores na prática e ensino de música também são discutidos ao longo do livro. Para o ensino coletivo de música, a obra ainda possibilita a reflexão sobre os processos de ensino e aprendizagem que levem em consideração o acolhimento da diversidade em sala de aula, bem como o estabelecimento da importância de se pensar a música como uma atividade compartilhada coletivamente.

ILARI, B.; ARAÚJO, R. C. de. (Org.). **Mentes em música**. Curitiba: Ed. da UFPR, 2010.

Esse livro busca apresentar um panorama das áreas de estudo da cognição musical fundamentado na pesquisa e na reflexão de autores brasileiros. Os temas expostos ao longo da obra estão relacionados ao estabelecimento do campo da cognição musical: linguagem, composição, criatividade, motivação, ensino de música, prática musical e musicoterapia. As revisões e discussões realizadas permitem estabelecer importantes apontamentos para as atividades musicais em conjunto, como o ensino coletivo de música e a motivação dos alunos ao longo da prática e questões relacionadas à situação de apresentação musical para um público e suas articulações individuais e coletivas.

JORDÃO, G. et al. (Org.). **A música na escola**. São Paulo: Alucci & Associados Comunicações, 2012.

Essa obra é uma iniciativa que contou com a participação de importantes educadores musicais brasileiros. O livro é estruturado em duas grandes partes. A primeira apresenta quatro capítulos que discutem temas como a aproximação entre música e educação (com destaque para o ensino básico), os fundamentos e as metodologias do ensino de música e os aspectos socioculturais das manifestações artístico-musicais. A segunda parte concentra-se em propostas de atividades de prática musical em conjunto que contemplam todas as etapas da educação básica: educação infantil, ensino fundamental e ensino médio.

MATEIRO, T.; ILARI, B. (Org.). **Pedagogias brasileiras em educação musical**. Curitiba: InterSaberes, 2016.

O livro apresenta um recorte de propostas para se pensar o ensino e aprendizagem de música desenvolvido no Brasil. Dividido em oito capítulos, aborda as perspectivas de educadores musicais que produziram seus trabalhos principalmente ao longo do século XX no Brasil (com exceção de Ciavatta, que se mantém ativo). São eles: Villa-Lobos, Sá Pereira, Liddy Mignone, Gazzi de Sá, Koellreutter, Esther Scliar, Gramani e Ciavatta. O ensino de música com base em práticas coletivas tem seu destaque nas propostas de Villa-Lobos, Sá Pereira e Liddy Mignone. Além disso, as concepções de Gramani e Ciavatta para uma educação musical rítmica consideram o grupo como aspecto de grande importância.

MATEIRO, T.; ILARI, B. (Org.). **Pedagogias em educação musical**. Curitiba: InterSaberes, 2012.

Trata-se de um material para se pensar a formação de professores de música. Dessa forma, supre uma necessidade de grande importância para a sistematização de materiais sobre as metodologias de ensino de música. O volume está distribuído em dez capítulos, nos quais se descrevem as propostas de educadores musicais que desenvolveram seus trabalhos principalmente ao longo do século XX. São eles: Jaques-Dalcroze, Kodály, Willems, Orff, Martenot, Suzuki, Meyer-Denkmann, Paynter, Schafer e Wuytack. Alguns desses autores apresentam um trabalho voltado ao ensino coletivo, como é o caso de Jaques-Dalcroze e Wuytack. Além disso, as propostas de Orff, Kodály e Suzuki também reservam um espaço para as práticas instrumentais coletivas em suas atividades. Alguns educadores musicais da segunda geração discutem o ensino em sala de aula ou em grupos de pessoas e seus diálogos, como é o caso de Paynter e Schafer.

SOUZA, J. et al. **Arranjos de músicas folclóricas**. 2. ed. Porto Alegre: Sulina, 2012.

> Essa obra apresenta 51 arranjos de melodias tradicionais folclóricas voltados à prática musical em conjunto. Os arranjos são destinados a diferentes formações instrumentais que incluem instrumentos de percussão (particularmente o Instrumental Orff - teclados percussivos, pequena percussão, flautas e violoncelo), o uso da voz e de piano/teclado. A música corporal é contemplada nos arranjos por meio da utilização do estalar de dedos, de palmas e ataques com os pés. A diversidade de fontes sonoras, a variedade de possibilidades musicais e o nível de complexidade das obras (que varia entre fácil e intermediário) evidenciam a versatilidade desse material, que oferece interessantes contribuições para o exercício docente no âmbito da prática musical em conjunto.

MADALOZZO, T. et al. **Fazendo música com crianças**. Curitiba: Ed. da UFPR, 2011.

> Essa obra apresenta contribuições práticas propostas pelos professores do extinto curso de Musicalização Infantil da Universidade Federal do Paraná (UFPR). Tendo como foco o ensino de música no âmbito da infância em contextos formais e informais, o livro compila 44 atividades de prática musical que contemplam aspectos como a audição musical ativa, a criação e a execução musical, as brincadeiras e jogos musicais, entre outras perspectivas relacionadas ao fazer musical ativo. Integram o material as partituras dos arranjos propostos, os áudios das obras em CD e a descrição detalhada de cada atividade. O público-alvo contempla desde professores de música que atuam em diferentes contextos até qualquer pessoa interessada em desfrutar de momentos de prática musical com crianças.

RESPOSTAS

Capítulo 1
Teste de som

1. a
2. c
3. c
4. e
5. b

Capítulo 2
Teste de som

1. c
2. d
3. b
4. e
5. c

Capítulo 3
Teste de som

1. d
2. a
3. d

4. d
5. d

Capítulo 4
Teste de som

1. d
2. c
3. e
4. d
5. d

Capítulo 5
Teste de som

1. a
2. c
3. c
4. e
5. e

Capítulo 6
Teste de som

1. c
2. a
3. c
4. e
5. e

SOBRE OS AUTORES

Anderson Toni é doutorando e mestre em Música, com ênfase em Cognição/Educação Musical, pela Universidade Federal do Paraná (UFPR), graduado em Licenciatura em Música pela mesma instituição e técnico em Informática pelo Instituto Federal Catarinense – Campus Araquari. É integrante do grupo de pesquisa Processos Formativos e Cognitivos em Educação Musical (PROFCEM/UFPR). Seus interesses profissionais se concentram nas áreas de educação e cognição musical, com enfoque no engajamento e em suas relações com as experiências emocionais e as conexões sociais entre as pessoas nas práticas musicais. Tem experiência no ensino de musicalização infantil em escolas da rede privada e no ensino de teoria musical, percepção e solfejo para jovens e adultos. Além disso, atua como professor colaborador do curso de Licenciatura em Música da Universidade Estadual do Paraná (Unespar/Fap) e na produção de materiais didáticos para a educação básica e o ensino superior.

Flávio Denis Dias Veloso é doutorando e mestre em Música, com ênfase em Cognição/Educação Musical, pela Universidade Federal do Paraná (UFPR), graduado em Licenciatura em Música pela mesma instituição e bacharelando em Música (Instrumento/Percussão) pela Escola de Música e Belas Artes do Paraná (Unespar/Embap). É integrante do grupo de pesquisa Processos Formativos e Cognitivos em Educação Musical (PROFCEM/UFPR). Seus interesses profissionais se concentram nas áreas de educação musical, cognição musical, *performance* musical e percussão sinfônica. É professor auxiliar dos cursos de Licenciatura em Música e Produção Musical da Pontifícia Universidade Católica do Paraná (PUCPR) e professor colaborador do curso de Licenciatura em Música da Universidade Estadual do Paraná (Unespar/Embap). Além disso, atua na produção de materiais didáticos para o ensino superior.

Os papéis utilizados neste livro, certificados por instituições ambientais competentes, são recicláveis, provenientes de fontes renováveis e, portanto, um meio **responsável** e natural de informação e conhecimento.

MISTO
Papel produzido a partir de fontes responsáveis
FSC® C103535

Impressão: Reproset
Janeiro/2023